# 1권

KB084295

# 제1회
# 코레일 한국철도공사
# 고졸채용

# NCS 직업기초능력평가

www.sdedu.co.kr

⟨문항 및 시험시간⟩

| 평가영역 | 문항 수 | 시험시간 | 모바일 OMR 답안분석 |
|---|---|---|---|
| 의사소통능력＋수리능력＋문제해결능력 | 50문항 | 60분 | |

# 제1회 모의고사

문항 수 : 50문항
시험시간 : 60분

---

※ 다음 기사를 읽고 이어지는 질문에 답하시오. **[1~2]**

(가) 또한, 코레일 사장은 오는 6월 한국에서 개최되는 국토교통부 주관 글로벌 스마트레일 콘퍼런스(GSRC)를 소개하고, SNCF(프랑스 국영철도), UIC(국제철도연맹), CER 등 스마트레일 콘퍼런스에 참석한 전문가들의 관심과 적극적인 참여를 당부했다.
　　한편, 콘퍼런스 참석에 앞서 SNCF, UIC, RATP(파리교통공사)를 방문한 코레일 사장은 한국 철도와 유럽 철도와의 실질적인 협력방안을 논의했다.

(나) 이번 콘퍼런스에는 네덜란드, 체코, 노르웨이 등 유럽의 철도공사 사장, 유럽철도운영자협회(CER) 사무총장, 프랑스 등 유럽 철도 전문가 약 300명이 참석했다. 철도운영사 CEO가 참석한 패널토론에서 코레일 사장은 "철도산업계에서는 더 저렴하며 더 효율적이고 안전한 솔루션이 있음에도 오래된 역사로 인해 고정관념, 이해관계 등으로 새로운 솔루션 도입을 주저하는 경향이 있다. 우리는 새로운 솔루션 도입에 보다 용감해야 한다."라고 말하며 변화에 두려워하는 철도산업계에 대한 용기 있는 자세를 강조하여 참석자들로부터 큰 호응을 얻었다.

(다) 코레일 사장은 지난 1일부터 6일간 프랑스와 네덜란드를 방문하여 유럽 철도 기관장면담, 스마트레일 콘퍼런스 패널 참석 등 10개 철도 기관장과의 면담, 9개 철도 시설에 대한 산업시찰을 통해 유럽 철도와의 실질적인 협력을 위한 발판을 마련했다.
　　특히, 코레일 사장은 5일과 6일 이틀간 네덜란드 암스테르담에서 열린 스마트레일 콘퍼런스에 패널로 참석하여 세계적 화두가 된 4차 산업혁명과 관련하여 철도분야에서 선도적 역할을 하는 한국 철도의 다양한 면모와 우수성을 소개했다.

(라) 코레일 사장은 SNCF CEO 기욤 페피와의 회의에서 지난달 8일과 9일 이틀간 한국에서 개최된 '한·불 철도차량부품 우수공급업체 박람회'의 성과에 공감하고 향후 행사의 규모를 확대하자는 것에 인식을 같이했다. 더불어 경영 우수사례 공유, KTX 차량유지보수 기술 및 부품 공급, 사물인터넷(IoT)을 활용한 효율적 철도 운영 유지보수 등에 대한 전방위적 협력을 강화하기로 했다. 한국 철도의 기술혁신 사례에 대해 많은 관심을 보인 페피 사장은 '한·불 고속철도 기술세미나 개최'를 제안했고, 코레일 사장의 동의로 합의에 이르렀다. 고속철도 기술세미나는 코레일과 SNCF가 공동 주관하여 매년 한국과 프랑스에서 교차로 개최되며, 첫 세미나는 10월 한국에서 개최하고 페피 사장이 프랑스 기술진과 함께 직접 참석하기로 했다.

(마) 코레일 사장은 이번 출장을 통해 SNCF 이외에도 RATP(파리교통공사)와도 도시철도 자동운전 및 교통카드와 호환문제 논의, AREP(SNCF 산하 역사 디자인 전문회사)와의 전략적 파트너십 체결 등을 제안했고 향후 협력을 위한 합의를 이끌어 냈다.
　　코레일 사장은 "기술혁신에 대한 의지와 투자가 향후 코레일의 100년을 준비하는 중요한 일이 될 것"이라며, "유럽 등 철도선진국과의 활발한 교류를 통해 최고 수준의 기술력을 갖춘 글로벌 철도 기업인 코레일을 만들겠다."라고 밝혔다.

---

(바) 마지막으로, 코레일 사장은 이번 유럽 방문의 첫 공식일정으로 2일(일) 영업운행 중인 프랑스의 2층 고속열차 운전실에 탑승하는 등 파리 – 스트라스부르까지 500km 구간을 시승하며 2층 열차의 효율성과 운행 안전성을 살펴봤다. 이 구간은 2007년도 4월 3일 TGV 열차가 시속 574.8km의 속도를 기록했던 구간으로, 이날은 최고 속도 시속 320km의 속도로 안정적인 운행을 했다. 프랑스는 전체 고속열차 428편성 중 약 47%에 달하는 200편성이 2층 고속열차이며, 2007년부터는 2층 고속열차만 도입하여 기존 고속차량보다 효율성을 높이고 있다. 프랑스 2층 열차는 중련 운행 시 1,020석에서 1,268석의 좌석을 갖고 있어 기존 고속열차 대비 40%만큼 많은 좌석을 제공할 수 있다.

**01** 다음 중 위 기사의 제목으로 가장 적절한 것은?

① 프랑스 TGV의 효율성과 운행 안전성

② 코레일, 유럽 철도와의 실질적 협력 발판 마련

③ 4차 산업혁명과 철도분야의 선도적 역할에 대한 고찰

④ '한·불 철도차량부품 우수공급업체 박람회'의 성과와 협약

⑤ 코레일, 국토교통부 주관 글로벌 스마트레일 콘퍼런스(GSRC) 초대

**02** 다음 중 위 기사의 문단을 논리적 순서대로 바르게 나열한 것은?

① (가) – (라) – (마) – (바) – (나) – (다)

② (나) – (다) – (가) – (바) – (라) – (마)

③ (나) – (라) – (가) – (바) – (다) – (마)

④ (다) – (나) – (가) – (라) – (마) – (바)

⑤ (다) – (나) – (가) – (라) – (바) – (마)

**03** 다음 글의 내용으로 적절하지 않은 것은?

프랑스의 과학기술자인 브루노 라투르는 아파트 단지 등에서 흔히 보이는 과속방지용 둔덕을 통해 기술이 인간에게 어떤 역할을 수행하는지를 흥미롭게 설명한다. 운전자들은 둔덕 앞에서 자연스럽게 속도를 줄인다. 그런데 운전자가 이렇게 하는 이유는 이웃을 생각해서가 아니라, 빠른 속도로 둔덕을 넘었다가는 차에 무리가 가기 때문이다. 즉, 둔덕은 "타인을 위해 과속을 하면 안 된다."는 사람들이 잘 지키지 않는 도덕적 심성을 "과속을 하면 내 차에 고장이 날 수 있다."는 사람들이 잘 지키는 이기적 태도로 바꾸는 역할을 한다. 라투르는 과속방지용 둔덕을 '잠자는 경찰'이라고 부르면서, 이것이 교통경찰의 역할을 대신한다고 보았다. 이렇게 라투르는 인간이 했던 역할을 기술이 대신 수행함으로써 우리 사회의 훌륭한 행위자가 된다고 하였다.

라투르는 총기의 예도 즐겨 사용한다. 총기 사용 규제를 주장하는 사람들은 총이 없으면 일어나지 않을 살인 사건이 총 때문에 발생한다고 주장한다. 반면에 총기 사용 규제에 반대하는 그룹은 살인은 사람이 저지르는 것이며, 총은 중립적인 도구일 뿐이라고 주장한다. 라투르는 전자를 기술결정론, 후자를 사회결정론으로 분류하면서 이 두 가지 입장을 모두 비판한다. 그의 주장은 사람이 총을 가짐으로써 사람도 바뀌고 총도 바뀐다는 것이다. 즉, 총과 사람의 합체라는 잡종이 새로운 행위자로 등장하며, 이 잡종 행위자는 이전에 가졌던 목표와는 다른 목표를 가지게 된다. 예를 들어 원래는 다른 사람에게 겁만 주려 했는데, 총이 손에 쥐어져 있어 살인을 저지르게 되는 식이다.

라투르는 서양의 학문이 자연, 사회, 인간만을 다루어 왔다고 강하게 비판한다. 라투르에 따르면 서양의 학문은 기술과 같은 '비인간'을 학문의 대상에서 제외했다. 과학이 자연을 탐구하려면 기술이 바탕이 되는 실험기기에 의존해야 하지만, 과학은 기술을 학문 대상이 아닌 도구로 취급했다. 사회 구성 요소 중에 가장 중요한 것은 기술이지만, 사회과학자들은 기술에는 관심이 거의 없었다. 철학자들은 인간을 주체 / 객체로 나누면서, 기술을 저급하고 수동적인 대상으로만 취급했다. 그 결과 기술과 같은 비인간이 제외된 자연과 사회가 근대성의 핵심이 되었다. 결국 라투르는 행위자로서 기술의 능동적 역할에 주목하면서 이를 통해 서구의 근대적 과학과 철학이 범했던 자연 / 사회, 주체 / 객체의 이분법을 극복하고자 하였다.

① 라투르는 인간이 맡았던 역할을 기술이 대신 수행하는 것을 인정했다.
② 라투르는 과속방지용 둔덕이 행위자로서의 능동적 역할을 한다고 주장했다.
③ 라투르는 행위자로서의 기술의 능동적 역할에 주목하여 자연과 사회의 이분법을 극복하고자 하였다.
④ 라투르는 서양의 학문이 자연, 사회, 인간만을 다루고 학문의 대상에서 기술을 제외했다고 비판했다.
⑤ 라투르는 총과 사람의 합체로 탄생되는 잡종 행위자를 막기 위해서는 총기 사용을 규제해야 한다고 주장했다.

**04** 다음 글의 빈칸에 들어갈 내용으로 가장 적절한 것은?

MZ세대 직장인을 중심으로 '조용한 사직'이 유행하고 있다. '조용한 사직'이라는 신조어는 2022년 7월 한 미국인이 SNS에 소개하면서 큰 호응을 얻은 것으로, 실제로 퇴사하진 않지만 최소한의 일만 하는 업무 태도를 말한다. 실제로 MZ세대 직장인은 '적당히 하자'라는 생각으로 주어진 업무는 하되 더 찾아서 하거나 스트레스 받을 수준으로 많은 일을 맡지 않고, 사내 행사도 꼭 필요할 때만 참여해 일과 삶을 철저히 분리하고 있다.

한 채용플랫폼의 설문조사 결과에 따르면 직장인 10명 중 7명이 '월급 받는 만큼만 일하면 끝'이라고 답했고, 20대 응답자 중 78.5%, 30대 응답자 중 77.1%가 '받은 만큼만 일한다.'라고 답했다.

설문조사 결과 연령대가 높아질수록 그 비율은 감소해 젊은 층을 중심으로 이 같은 인식이 확산하고 있음을 짐작할 수 있다.

이러한 인식이 확산하는 데는 인플레이션으로 인한 임금 감소, '돈을 많이 모아도 집 한 채를 살 수 있을까?' 등 전반적인 경제적 불만이 기저에 있다고 전문가들은 말했다. 또 MZ세대가 '노력에 상응하는 보상을 받고 있는지'에 민감하게 반응하는 특성을 가지고 있는 것도 한 몫 하고 있다.

문제점은 이러한 '조용한 사직' 분위기가 기업의 전반적인 생산성 저하로 이어지고 있는 것이다. 이에 맞서 기업도 '조용한 사직'으로 대응해 게으른 직원에게 업무를 주지 않는 '조용한 해고'를 하는 상황이 발생하고 있다. 이에 전문가들은 MZ세대 직장인을 나태하다고 구분 짓는 사고방식은 잘못되었다고 지적하며, 기업 차원에서는 "＿＿＿＿＿＿＿＿＿＿＿＿"이, 개인 차원에서는 "스스로 일과 삶을 잘 조율하는 현명함을 만드는 것"이 필요하다고 언급했다.

① 직원이 일한 만큼 급여를 올려주는 것
② 직원이 스트레스를 받지 않게 적당량의 업무를 배당하는 것
③ 젊은 세대의 채용을 신중히 하는 것
④ 젊은 세대의 특성을 이해하고 온전히 받아들이는 것
⑤ 젊은 세대가 함께할 수 있도록 분위기를 만드는 것

**05** 다음 글을 읽고 추론할 수 있는 내용으로 가장 적절한 것은?

10월 9일은 오늘의 한글을 창제해서 세상에 펴낸 것을 기념하고, 한글의 우수성을 기리기 위한 국경일이다. 한글은 인류가 사용하는 문자 중에서 창제자와 창제연도가 명확히 밝혀진 문자임은 물론, 체계적이고 과학적인 원리로 어린아이도 배우기 쉬운 문자이다. 한글의 우수성은 한자나 영어와 비교해 봐도 쉽게 알 수 있다. 기본적인 생활을 하기 위해서 3,000자에서 5,000자 정도의 수많은 문자의 모양과 의미를 외워야 하는 표의문자인 한자와는 달리, 한글은 소리를 나타내는 표음문자이기 때문에 24개의 문자만 익히면 쉽게 조합하여 학습할 수 있다.

한글의 이러한 과학적인 부분은 실제로 세계 학자들 사이에서도 찬탄을 받는다. 한글이 세계 언어학계에 본격적으로 알려진 것은 1960년대이다. 영국의 저명한 언어학자인 샘프슨(G. Sampson) 교수는 "한글은 세계에서 과학적인 원리로 창제된 가장 훌륭한 글자"라고 평가한다. 그는 특히 "발성 기관이 소리를 내는 모습을 따라 체계적으로 창제된 점이 과학적이며 문자 자체가 소리의 특징을 반영했다는 점이 놀랍다."라고 평가한다. 동아시아 역사가 라이샤워(O. Reichaurer)도 "한글은 전적으로 독창적이고 놀라운 음소문자로, 세계의 어떤 나라의 일상 문자에서도 볼 수 없는 가장 과학적인 표기 체계이다."라고 찬탄하고 있으며, 미국의 다이아몬드(J. Diamond) 교수 역시 "세종이 만든 28자는 세계에서 가장 훌륭한 알파벳이자 가장 과학적인 표기법 체계"라고 평가한다.

이러한 점을 반영하여 유네스코에서는 한글을 문화유산으로 등록함은 물론, 세계적으로 문맹 퇴치에 이바지한 사람에게 '세종대왕'의 이름을 붙인 상을 주고 있다. 이처럼 세계적으로 인정받는 우리의 독창적이고 고유한 글자인 '한글'에 대해 우리는 더욱더 큰 자긍심을 느껴야 할 것이다.

① 한글을 배우기 위해서는 문자의 모양과 의미를 외워야 한다.

② 한글은 소리를 나타내는 표음문자이기 때문에 한자와 달리 문자를 따로 익힐 필요는 없다.

③ 한글 창제에 담긴 세종대왕의 정신을 기리기 위해 유네스코에서는 세계적으로 문맹 퇴치에 이바지한 사람에게 '세종대왕상'을 수여한다.

④ 영국의 저명한 언어학자인 샘프슨(G. Sampson) 교수는 '세종이 만든 28자는 세계에서 가장 훌륭한 알파벳'이라고 평가했다.

⑤ 한글이 세계 언어학계에 본격적으로 알려진 것은 1970년대로, 언어학자 샘프슨(G.Sampson) 교수, 동아시아 역사가 라이샤워(O. Reichaurer) 등의 저명한 학자들로부터 찬탄을 받았다.

**06** 다음 글을 읽고 '한국인의 수면 시간'과 관련된 글을 쓴다고 할 때, 글의 주제로 적절하지 않은 것은?

인간은 평생 3분의 1 정도를 잠으로 보낸다. 잠은 낮에 사용한 에너지를 보충하고, 피로를 회복하는 중요한 과정이다. 하지만 한국인은 잠이 부족하다. 한국인의 수면 시간은 7시간 41분밖에 되지 않으며, 2016년 기준 경제협력개발기구(OECD) 회원국 가운데 꼴찌를 차지했다. 한 조사에 따르면, 전 국민의 17% 정도가 주 3회 이상 불면 증상을 갖고 있으며, 이는 연령이 높아짐에 따라 늘어났다. 이에 따라 불면증, 기면증, 수면무호흡증 등 수면장애로 병원을 찾는 사람은 2016년 기준 291만 8,976명으로 5년 새 13% 증가했다. 수면장애를 방치하면 삶의 질 저하는 물론 만성 두통, 심혈관계질환 등이 발생할 수 있다. 불면증은 수면 질환의 대명사로, 가장 흔하고 복합적인 질환이다. 불면증은 면역기능 저하, 인지감퇴뿐만 아니라 일상생활에 장애를 초래할 수 있으며, 우울증, 인지장애 등을 유발할 수 있다. 코를 골며 자다가 몇 초에서 몇 분 동안 호흡을 멈추는 수면무호흡증도 있다. 이 역시 인지기능 저하와 심혈관계질환 등 합병증을 일으킨다. 특히 수면무호흡증은 비만과 관계가 깊고, 졸음운전의 원인이 되기도 한다.

최근 고령 인구 증가로 뇌 퇴행성 질환인 렘수면 행동장애(RBD; Rem Sleep Behavior Disorder)도 늘고 있다. 이 병은 잠자는 동안 악몽을 꾸면서 소리를 지르고, 팔다리를 움직이고, 벽을 치고, 침대에서 뛰어내리는 등 난폭한 행동을 한다. 이 병을 앓는 상당수는 파킨슨병, 치매 환자로 이어진다. 또한, 잠들기 전에 다리에 이상 감각이나 통증이 생기는 하지불안증후군도 수면의 질을 떨어뜨리는 병이다. 낮 동안 졸리는 기면증(嗜眠症) 역시 일상생활에 심각한 장애를 초래한다. 한 정신건강의학과 교수는 "수면 문제는 결국 심혈관계 질환, 치매와 파킨슨병 등의 퇴행성 질환, 우울증, 졸음운전의 원인이 되므로 전문적인 치료를 받아야 한다."라고 했다.

① 수면장애의 종류　　　　　　　　② 수면 마취제의 부작용

③ 수면장애의 심각성　　　　　　　④ 한국인의 부족한 수면 시간

⑤ 전문 치료가 필요한 수면장애

**07** 다음 제시된 문단을 읽고, 이어질 내용을 논리적 순서대로 바르게 나열한 것은?

> 연금 제도의 금융 논리와 관련하여 결정적으로 중요한 원리는 중세에서 비롯된 신탁 원리다. 12세기 영국에서는 미성년 유족(遺族)에게 토지에 대한 권리를 합법적으로 이전할 수 없었다. 그럼에도 불구하고 영국인들은 유언을 통해 자식에게 토지 재산을 물려주고 싶어 했다.

> (가) 이런 상황에서 귀족들이 자신의 재산을 미성년 유족이 아닌, 친구나 지인 등 제3자에게 맡기기 시작하면서 신탁 제도가 형성되기 시작했다. 여기서 재산을 맡긴 성인 귀족, 재산을 물려받은 미성년 유족, 그리고 미성년 유족을 대신해 그 재산을 관리·운용하는 제3자로 구성되는 관계, 즉 위탁자, 수익자, 그리고 수탁자로 구성되는 관계가 등장했다.
>
> (나) 연금 제도가 이 신탁 원리에 기초해 있는 이상, 연금 가입자는 연기금 재산의 운용에 대해 영향력을 행사하기 어렵게 된다. 왜냐하면 신탁의 본질상 공·사 연금을 막론하고 신탁 원리에 기반을 둔 연금 제도에서는 수익자인 연금 가입자의 적극적인 권리 행사가 허용되지 않기 때문이다.
>
> (다) 이 관계에서 주목해야 할 것은 미성년 유족은 성인이 될 때까지 재산권을 온전히 인정받지는 못했다는 점이다. 즉, 신탁 원리에서 수익자는 재산에 대한 운용 권리를 모두 수탁자인 제3자에게 맡기도록 되어 있었기 때문에 수익자의 지위는 불안정했다.
>
> (라) 결국 신탁 원리는 수익자의 연금 운용 권리를 현저히 약화시키는 것을 기본으로 한다. 그 대신 연금 운용을 수탁자에게 맡기면서 '수탁자 책임'이라는, 논란이 분분하고 불분명한 책임이 부과된다. 수탁자 책임 이행의 적절성을 어떻게 판단할 수 있는가에 대해 많은 논의가 있었지만, 수탁자 책임의 내용에 대해서 실질적인 합의가 이루어지지는 못했다.

① (가) – (다) – (나) – (라)  
② (가) – (라) – (나) – (다)  
③ (나) – (가) – (다) – (라)  
④ (나) – (라) – (가) – (다)  
⑤ (다) – (가) – (나) – (라)

**08** K회사는 채용절차 중 토론면접을 진행하고 있다. 토론 주제는 '공공 자전거 서비스 제도를 실시해야 하는가.'이며, 다음은 토론면접의 일부이다. 이에 대한 추론으로 적절하지 않은 것은?

사회자 : 최근 사람들의 교통 편의를 위해 공공 자전거 서비스를 제공하는 지방 자치 단체가 늘고 있습니다. 공공 자전거 서비스 제도는 지방 자치 단체에서 사람들에게 자전거를 무상으로 빌려주어 일상생활에서 이용하게 하는 제도입니다. 이에 대해 '공공 자전거 서비스 제도를 시행해야 한다.'라는 논제로 토론을 하고자 합니다. 먼저 찬성 측 입론해 주십시오.

A씨 : 최근 회사나 학교 주변의 교통 체증이 심각한 상황입니다. 특히, 출퇴근 시간이나 등하교 시간에는 많은 자동차가 한꺼번에 쏟아져 나와 교통 혼잡이 더욱 가중되고 있습니다. 공공 자전거 서비스 제도를 도입하여 많은 사람이 자전거를 이용하여 출퇴근하게 되면 출퇴근이나 등하교 시의 교통 체증 문제를 완화할 수 있을 것입니다. 또한 공공 자전거 서비스 제도를 시행하면 자동차의 배기가스로 인한 대기 오염을 줄일 수 있고, 경제적으로도 교통비가 절감되어 가계에 도움이 될 것입니다.

사회자 : 반대 측에서 반대 질의해 주십시오.

B씨 : 공공 자전거 서비스 제도를 실시하면 교통 체증 문제를 완화할 수 있다고 하셨는데, 그럴 경우 도로에 자전거와 자동차가 섞이게 되어 오히려 교통 혼잡 문제가 발생하지 않을까요?

A씨 : 자전거 전용 도로를 만들면 자전거와 자동차가 뒤섞여 빚는 교통 혼잡을 막을 수 있어서 말씀하신 문제점을 해결할 수 있습니다.

사회자 : 이번에는 반대 측에서 입론해 주십시오.

B씨 : 공공 자전거 서비스 제도가 도입되면 자전거를 구입하거나 유지하는 데 드는 비용, 자전거 대여소를 설치하고 운영하는 데 드는 경비 등을 모두 지방 자치 단체에서 충당해야 합니다. 그런데 이 비용들은 모두 사람들의 세금으로 마련되는 것입니다. 따라서 자전거를 이용하지 않는 사람들도 공공 자전거 서비스에 필요한 비용을 지불해야 하기 때문에 형평성의 문제가 발생할 수 있습니다. 자신의 세금 사용에 대해 문제를 제기할 수 있는 사람들의 요구를 고려하여 신중한 접근이 필요하다고 봅니다.

사회자 : 그러면 이번에는 찬성 측에서 반대 질의해 주십시오.

A씨 : 공공 자전거 서비스 제도의 운용 경비를 모두 지방 자치 단체에서 충당해야 한다고 하셨는데, 통계 자료에 따르면 공공 자전거 서비스 제도를 시행하고 있는 지방 자치 단체 열 곳 중 여덟 곳이 공공 자전거 대여소를 무인으로 운영하고 있으며, 운영 경비의 70%를 정부로부터 지원받고 있다고 합니다. 이런 점에서 지방 자치 단체가 운영 경비를 모두 부담한다고 보기 어렵지 않나요? 그리고 공공 자전거 서비스는 사람들 모두가 이용할 수 있는 혜택이므로 세금 사용의 형평성 문제가 발생한다고 보기 어렵다고 생각합니다.

B씨 : 물론 그렇게 볼 수도 있습니다만, 정부의 예산도 국민의 세금에서 지출되는 것입니다. 공공 자전거 무인 대여소 설치에 들어가는 비용은 얼마나 되는지, 우리 구에 정부 예산이 얼마나 지원될 수 있는지 등을 더 자세하게 살펴봐야 합니다.

① 반대 측은 찬성 측의 주장을 일부 인정하고 있다.
② 반대 측은 형평성을 근거로 공공 자전거 서비스 제도에 대해 문제를 제기하고 있다.
③ 찬성 측은 공공 자전거 서비스 제도의 효과에 대해 구체적인 근거를 제시하고 있다.
④ 반대 측은 예상되는 상황을 제시해서 찬성 측의 주장에 대해 의문을 제기하고 있다.
⑤ 찬성 측과 반대 측은 공공 자전거 서비스 시행 시 발생할 수 있는 교통 체증 문제에 대립하는 논점을 가지고 있다.

인지부조화는 한 개인이 가지는 둘 이상의 사고, 태도, 신념, 의견 등이 서로 일치하지 않거나 상반될 때 생겨나는 심리적인 긴장상태를 의미한다. 인지부조화는 불편함을 유발하기 때문에 사람들은 이것을 감소시키려고 한다. 인지부조화를 감소시키는 방법은 서로 모순관계에 있어서 양립할 수 없는 인지들 가운데 하나 이상의 인지가 갖는 내용을 바꾸어 양립할 수 있게 만들거나, 서로 모순되는 인지들 간의 차이를 좁힐 수 있는 새로운 인지를 추가하여 부조화된 인지상태를 조화된 상태로 전환하는 것이다.

그런데 실제로 부조화를 감소시키는 행동은 비합리적인 면이 있다. 그 이유는 그러한 행동들이 사람들로 하여금 중요한 사실을 배우지 못하게 하고 자신들의 문제에 대해서 실제적인 해결책을 찾지 못하도록 할 수 있기 때문이다. 부조화를 감소시키려는 행동은 자기방어적인 행동이고, 부조화를 감소시킴으로써 우리는 자신의 긍정적인 이미지, 즉 자신이 선하고 현명하며 상당히 가치 있는 인물이라는 긍정적인 측면의 이미지를 유지하게 된다. 비록 자기방어적인 행동이 유용한 것으로 생각될 수 있지만, 이러한 행동은 부정적인 결과를 초래할 수 있다.

한 실험에서 연구자는 인종차별 문제에 대해서 확고한 입장을 보이는 사람들을 선정하였다. 일부는 차별에 찬성하였고, 다른 일부는 차별에 반대하였다. 선정된 사람들에게 인종차별에 대한 찬성과 반대 의견이 실린 글을 모두 읽게 하였는데, 어떤 글은 지극히 논리적이고 그럴듯하였고, 다른 글은 터무니없고 억지스러운 것이었다. 실험에서는 참여자들이 과연 어느 글을 기억할 것인지에 관심이 있었다. 인지부조화 이론에 따르면, 사람들은 현명한 사람을 자기 편, 우매한 사람을 다른 편이라 생각할 때 마음이 편안해질 것이다. 그렇다면 이 실험에서 인지부조화 이론은 다음과 같은 ⊙ 결과를 예측할 것이다.

**09** 다음 중 윗글의 내용으로 가장 적절한 것은?

① 사람들은 인지부조화가 일어날 경우 이것을 무시하고 방치하려는 경향이 있다.

② 부조화를 감소시키는 행동은 합리적인 면과 비합리적인 면이 함께 나타난다.

③ 부조화를 감소시키는 행동의 비합리적인 면 때문에 문제에 대한 본질적인 해결책을 찾지 못할 수 있다.

④ 부조화를 감소시키는 자기방어적인 행동은 사람들에게 긍정적인 결과를 가져온다.

⑤ 부조화의 감소는 사람들로 하여금 자신의 긍정적인 이미지를 유지할 수 있게 하고, 부정적인 이미지를 감소시킨다.

**10** 다음 중 밑줄 친 ⊙에 해당하는 내용으로 가장 적절한 것은?

① 참여자들은 자신의 의견과 동일한 주장을 하는 모든 글과 자신의 의견과 반대되는 주장을 하는 모든 글을 기억한다.

② 참여자들은 자신의 의견과 동일한 주장을 하는 모든 글과 자신의 의견과 반대되는 주장을 하는 모든 글을 기억하지 못한다.

③ 참여자들은 자신의 의견과 동일한 주장을 하는 형편없는 글과 자신의 의견과 반대되는 주장을 하는 형편없는 글을 기억한다.

④ 참여자들은 자신의 의견과 동일한 주장을 하는 논리적인 글과 자신의 의견과 반대되는 주장을 하는 형편없는 글을 기억한다.

⑤ 참여자들은 자신의 의견과 동일한 주장을 하는 형편없는 글과 자신의 의견과 반대되는 주장을 하는 논리적인 글을 기억한다.

**11** 다음 글의 내용으로 적절하지 않은 것은?

현재 전해지는 조선시대의 목가구는 대부분 조선 후기의 것들이다. 이는 단단한 소나무, 느티나무, 은행나무 등의 곧은결을 기둥이나 쇠목으로 이용하고, 오동나무, 느티나무, 먹감나무 등의 늘결을 판재로 사용하여 자연스런 나뭇결의 재질을 살렸다. 또한 대나무 혹은 엇갈리거나 소용돌이 무늬를 이룬 뿌리 부근의 목재 등을 활용하여 자연스러운 장식이 되도록 하였다.

조선시대의 목가구는 대부분 한옥의 온돌에서 사용되었기에 온도와 습도 변화에 따른 변형을 최대한 방지할 수 있는 방법이 필요하였다. 그래서 단단하고 가느다란 기둥재로 면을 나누고, 기둥재에 홈을 파서 판재를 끼워 넣는 특수한 짜임과 이음의 방법을 사용하였으며, 꼭 필요한 부위에만 접착제와 대나무 못을 사용하여 목재가 수축·팽창하더라도 뒤틀림과 휘어짐이 최소화될 수 있도록 하였다. 조선시대 목가구의 대표적 특징으로 언급되는 '간결한 선'과 '명확한 면 분할'은 이러한 짜임과 이음의 방법에 기초한 것이다. 짜임과 이음은 조선시대 목가구 제작에 필수적인 방법으로, 겉으로 드러나는 아름다움은 물론 보이지 않는 내부의 구조까지 고려한 격조 높은 기법이었다.

한편, 물건을 편리하게 사용할 수 있게 해주며, 목재의 결합부위나 모서리에 힘을 보강하는 금속 장석은 장식의 역할도 했지만 기능상 반드시 필요하거나 나무의 질감을 강조하려는 의도에서 사용되어, 조선 시대 목가구의 절제되고 간결한 특징을 잘 살리고 있다.

① 조선시대 목가구는 온도와 습도 변화에 따른 변형을 방지할 방법이 필요했다.
② 금속 장석은 장식의 역할도 했지만, 기능상 필요에 의해서도 사용되었다.
③ 나무의 곧은결을 기둥이나 쇠목으로 이용하고, 늘결을 판재로 사용하였다.
④ 접착제와 대나무 못을 사용하면 목재의 수축과 팽창이 발생하지 않게 된다.
⑤ 목재의 결합부위나 모서리에 힘을 보강하기 위해 금속 장석을 사용하였다.


**12** 다음 글의 주제로 가장 적절한 것은?

우리사회는 타의 추종을 불허할 정도로 빠르게 변화하고 있다. 가족정책도 4인 가족 중심에서 1 ~ 2인 가구 중심으로 변해야 하며, 청년실업율과 비정규직화, 독거노인의 증가를 더 이상 개인의 문제가 아닌 사회문제로 다뤄야 하는 시기이다. 여러 유형의 가구와 생애주기 변화, 다양해지는 수요에 맞춘 공동체 주택이야말로 최고의 주거복지사업이다. 공동체 주택은 공동의 목표와 가치를 가진 사람들이 커뮤니티를 이뤄 사회문제에 공동으로 대처해 나가도록 돕고, 나아가 지역사회와도 연결시키는 작업을 진행하고 있다.

임대료 부담으로 작품활동이나 생계에 어려움을 겪는 예술인을 위한 공동주택, 1인 창업과 취업을 위해 골몰하는 청년을 위한 주택, 지속적인 의료서비스가 필요한 환자나 고령자를 위한 의료안심주택은 모두 시민의 삶의 질을 높이고 선별적 복지가 아닌 복지사회를 이루기 위한 노력의 일환이다. 혼자가 아닌 '함께 가는' 길에 더 나은 삶이 있기 때문에 오늘도 수요자 맞춤형 공공주택은 수요자에 맞게 진화하고 있다.

① 주거난에 대비하는 주거복지 정책      ② 4차 산업혁명과 주거복지
③ 선별적 복지 정책의 긍정적 결과      ④ 수요자 중심의 대출규제 완화
⑤ 다양성을 수용하는 주거복지 정책

**13** 다음 문단을 논리적 순서대로 바르게 나열한 것은?

(가) 동아시아의 문명 형성에 가장 큰 영향력을 끼친 책을 꼽을 때, 그중에 『논어』가 빠질 수 없다. 『논어』는 공자(B.C 551 ~ 479)가 제자와 정치인 등을 만나서 나눈 이야기를 담고 있다. 공자의 활동기간으로 따져보면 『논어』는 지금으로부터 대략 2,500년 전에 쓰인 것이다. 지금의 우리는 한나절에 지구 반대편으로 날아다니고, 여름에 겨울 과일을 먹는 그야말로 공자는 상상할 수도 없는 세상에 살고 있다.

(나) 2,500년 전의 공자와 그가 대화한 사람 역시 우리와 마찬가지로 '호모 사피엔스'이기 때문이다. 2,500년 전의 사람도 배고프면 먹고, 졸리면 자고, 좋은 일이 있으면 기뻐하고, 나쁜 일이 있으면 화를 내는 오늘날의 사람과 다름없었다. 불의를 보면 공분하고, 전쟁보다 평화가 지속되기를 바라고, 예술을 보고 들으며 즐거워했는데, 오늘날의 사람도 마찬가지이다.

(다) 물론 2,500년의 시간으로 인해 달라진 점도 많고 시대와 문화에 따라 '사람다움이 무엇인가?'에 대한 답은 다를 수 있지만, 사람은 돌도 아니고 개도 아니고 사자도 아니라 여전히 사람일 뿐인 것이다. 즉, 현재의 인간이 과거보다 자연의 힘에 두려워하지 않고 자연을 합리적으로 설명할 수는 있지만, 인간적 약점을 극복하고 신적인 존재가 될 수는 없는 그저 인간일 뿐인 것이다.

(라) 『논어』의 일부는 여성과 아동, 이민족에 대한 당시의 편견을 드러내고 있어 이처럼 달라진 시대의 흐름에 따라 폐기될 수밖에 없지만, 이를 제외한 부분은 '오래된 미래'로서 읽을 가치가 있는 것이다.

(마) 이론의 생명 주기가 짧은 학문의 경우, 2,500년 전의 책은 역사적 가치가 있을지언정 이론으로서는 폐기 처분이 당연시된다. 그런데 왜 21세기의 우리가 2,500년 전의 『논어』를 지금까지도 읽고, 또 읽어야 할 책으로 간주하고 있는 것일까?

① (가) – (마) – (나) – (다) – (라)
② (가) – (마) – (나) – (라) – (다)
③ (가) – (마) – (다) – (나) – (라)
④ (나) – (다) – (가) – (마) – (라)
⑤ (마) – (가) – (나) – (다) – (라)

**14** 다음 글의 빈칸에 들어갈 내용으로 가장 적절한 것은?

최근 경제·시사 분야에서 빈번하게 등장하는 단어인 탄소배출권(CER; Certified Emission Reduction)에 대한 개념을 이해하기 위해서는 교토메커니즘(Kyoto Mechanism)과 탄소배출권거래제(Emission Trading)를 알아둘 필요가 있다.

교토메커니즘은 지구 온난화의 규제 및 방지를 위한 국제 협약인 기후변화협약의 수정안인 교토 의정서에서, 온실가스를 보다 효과적이고 경제적으로 줄이기 위해 도입한 세 유연성체제인 '공동이행제도', '청정개발체제', '탄소배출권거래제'를 묶어 부르는 것이다.

이 중 탄소배출권거래제는 교토의정서 6대 온실가스인 이산화탄소, 메테인, 아산화질소, 과불화탄소, 수소불화탄소, 육불화황의 배출량을 줄여야 하는 감축의무국가가 의무감축량을 초과 달성하였을 경우에 그 초과분을 다른 국가와 거래할 수 있는 제도로, _____

결국 탄소배출권이란 현금화가 가능한 일종의 자산이자 가시적인 자연보호성과인 셈이며, 이에 따라 많은 국가 및 기업에서 탄소배출을 줄임과 동시에 탄소감축활동을 통해 탄소배출권을 획득하기 위해 동분서주하고 있다. 특히 기업들은 탄소배출권을 확보하는 주요 수단인 청정개발체제 사업을 확대하는 추세인데, 청정개발체제 사업은 개발도상국에 기술과 자본을 투자해 탄소배출량을 줄였을 경우에 이를 탄소배출량 감축목표달성에 활용할 수 있도록 한 제도이다.

① 다른 국가를 도왔을 때 그로 인해 줄어든 탄소배출량을 감축목표량에 더할 수 있는 것이 특징이다.

② 교토메커니즘의 세 유연성체제 중에서도 가장 핵심이 되는 제도라고 할 수 있다.

③ 6대 온실가스 중에서도 특히 이산화탄소를 줄이기 위해 만들어진 제도이다.

④ 의무감축량을 준수하지 못한 경우에도 다른 국가로부터 감축량을 구입할 수 있는 것이 특징이다.

⑤ 다른 감축의무국가를 도움으로써 획득한 탄소배출권이 사용되는 배경이 되는 제도이다.

**15** 다음 중 밑줄 친 ㉠의 주장으로 가장 적절한 것은?

---

문화가 발전하려면 저작자의 권리 보호와 저작물의 공정 이용이 균형을 이루어야 한다. 저작물의 공정 이용이란 저작권자의 권리를 일부 제한하여 저작권자의 허락이 없어도 저작물을 자유롭게 이용하는 것을 말한다. 비영리적인 사적 복제를 허용하는 것이 그 예이다. 우리나라의 저작권법에서는 오래전부터 공정 이용으로 볼 수 있는 저작권 제한 규정을 두었다.

그런데 디지털 환경에서 저작물의 공정 이용은 여러 장애에 부딪혔다. 디지털 환경에서는 저작물을 원본과 동일하게 복제할 수 있고 용이하게 개작할 수 있다. 따라서 저작물이 개작되더라도 그것이 원래 창작물인지 이차적 저작물인지 알기 어렵다. 그 결과 디지털화된 저작물의 이용 행위가 공정 이용의 범주에 드는 것인지 가늠하기가 더 어려워졌고 그에 따른 처벌 위험도 커졌다.

이러한 문제를 해소하기 위한 시도의 하나로 포괄적으로 적용할 수 있는 '저작물의 정한 이용' 규정이 저작권법에 별도로 신설되었다. 그리하여 저작권자의 동의가 없어도 저작물을 공정하게 이용할 수 있는 영역이 확장되었다. 그러나 공정 이용 여부에 대한 시비가 자율적으로 해소되지 않으면 예나 지금이나 법적인 절차를 밟아 갈등을 해소해야 한다.

저작물 이용자들이 처벌에 대한 불안감을 여전히 느낀다는 점에서 저작물의 자유 이용 허락 제도와 같은 '저작물의 공유' 캠페인이 주목을 받고 있다. 이 캠페인은 저작권자들이 자신의 저작물에 일정한 이용 허락 조건을 표시해서 이용자들에게 무료로 개방하는 것을 말한다. 캠페인 참여자들은 저작권자와 이용자들의 자발적인 참여를 통해 자유롭게 활용할 수 있는 저작물의 양과 범위를 확대하려고 노력한다. 이들은 저작물의 공유가 확산되면 디지털 저작물의 이용이 활성화되고 그 결과 인터넷이 더욱 창의적이고 풍성한 정보 교류의 장이 될 것이라고 본다. 그러나 캠페인에 참여한 저작물을 이용할 때 허용된 범위를 벗어난 경우 법적 책임을 질 수 있다.

한편, ㉠다른 시각을 가진 사람들도 있다. 이들은 저작물의 공유 캠페인이 확산되면 저작물을 창조하려는 사람들의 동기가 크게 감소할 것이라고 우려한다. 이들은 결과적으로 활용 가능한 저작물이 줄어들게 되어 이용자들도 피해를 당하게 된다고 주장한다. 또 디지털 환경에서는 사용료 지불 절차 등이 간단해져서 '저작물의 공정한 이용' 규정을 별도로 신설할 필요가 없었다고 본다. 이들은 저작물의 공유 캠페인과 신설된 공정이용 규정으로 인해 저작권자들의 정당한 권리가 침해받고 있으므로 이를 시정하는 것이 오히려 공익에 더 도움이 된다고 말한다.

---

① 이용 허락 조건을 저작물에 표시하면 창작 활동이 더욱 활성화된다.

② 저작권자의 정당한 권리 보호를 위해 저작물의 공유 캠페인이 확산되어야 한다.

③ 비영리적인 경우 저작권자의 동의가 없어도 복제가 허용되는 영역을 확대해야 한다.

④ 저작권자가 자신들의 노력에 상응하는 대가를 정당하게 받을수록 창작 의욕이 더 커진다.

⑤ 자신의 저작물을 자유롭게 이용하도록 양보하는 것은 다른 저작권자의 저작권 개방을 유도하여 공익을 확장시킨다.

**16** 다음 글에 대한 반박으로 가장 적절한 것은?

인간은 사회 속에서만 자신을 더 나은 존재로 느낄 수 있기 때문에 자신을 사회화하고자 한다. 인간은 사회 속에서만 자신의 자연적 소질을 실현할 수 있는 것이다. 그러나 인간은 자신을 개별화하거나 고립시키려는 성향도 강하다. 이는 자신의 의도에 따라서만 행동하려는 반사회적인 특성을 의미한다. 그리고 저항하려는 성향이 자신뿐만 아니라 다른 사람에게도 있다는 사실을 알기 때문에, 그 자신도 곳곳에서 저항에 부딪히게 되리라 예상한다.

이러한 저항을 통하여 인간은 모든 능력을 일깨우고, 나태해지려는 성향을 극복하며, 명예욕이나 지배욕, 소유욕 등에 따라 행동하게 된다. 그리하여 동시대인들 가운데에서 자신의 위치를 확보하게 된다. 이렇게 하여 인간은 야만의 상태에서 벗어나 문화를 이룩하기 위한 진정한 진보의 첫걸음을 내딛게 된다. 이때부터 모든 능력이 점차 계발되고 아름다움을 판정하는 능력도 형성된다. 나아가 자연적 소질에 의해 도덕성을 어렴풋하게 느끼기만 하던 상태에서 벗어나, 지속적인 계몽을 통하여 구체적인 실천 원리를 명료하게 인식할 수 있는 성숙한 단계로 접어든다. 그 결과 자연적인 감정을 기반으로 결합된 사회를 도덕적인 전체로 바꿀 수 있는 사유 방식이 확립된다.

인간에게 이러한 반사회성이 없다면, 인간의 모든 재능은 꽃피지 못하고 만족감과 사랑으로 가득 찬 목가적인 삶 속에서 영원히 묻혀 버리고 말 것이다. 그리고 양처럼 선량한 기질의 사람들은 가축 이상의 가치를 자신의 삶에 부여하기 힘들 것이다. 자연 상태에 머물지 않고 스스로의 목적을 성취하기 위해 자연적 소질을 계발하여 창조의 공백을 메울 때, 인간의 가치는 상승되기 때문이다.

① 사회성만으로도 충분히 목가적 삶을 영위할 수 있다.
② 반사회성만으로는 자신의 재능을 계발하기 어렵다.
③ 인간은 타인과의 갈등을 통해서도 사회성을 기를 수 있다.
④ 인간은 사회성만 가지고도 자신의 재능을 키워나갈 수 있다.
⑤ 인간의 자연적인 성질은 사회화를 방해한다.

**17** 다음 글의 빈칸에 들어갈 내용으로 가장 적절한 것은?

조선 시대의 금속활자는 제작 방법이나 비용의 문제로 민간에서 제작하기도 어려웠지만, 그 제작 및 소유를 금지하였다. 때문에 금속활자는 왕실의 위엄과 권위를 상징하는 것이었고 조선의 왕들은 금속활자 제작에 각별한 관심을 가졌다. 태종이 1403년 최초의 금속활자인 계미자(癸未字)를 주조한 것을 시작으로 조선은 왕의 주도하에 수십 차례에 걸쳐 활자를 제작하였고, 특히 정조는 금속활자 제작에 많은 공을 들였다. 세손 시절 영조에게 건의하여 임진자(壬辰字) 15만 자를 제작하였고, 즉위 후에도 정유자(丁酉字), 한구자(韓構字), 생생자(生生字) 등을 만들었으며, 이들 활자를 합하면 100만 자가 넘는다. 정조가 많은 활자를 만들고 관리하는 데 신경을 쓴 것 역시 권위와 관련이 있다. 정조가 만든 수많은 활자 중에서도 정리자(整理字)는 이러한 측면을 가장 잘 보여주는 활자라 할 수 있다. 정리(整理)는 조선 시대에 국왕이 바깥으로 행차할 때 호조에서 국왕이 머물 행궁을 정돈하고 수리해서 새롭게 만드는 일을 의미한다. 1795년 정조는 어머니인 혜경궁 홍씨의 회갑을 기념하기 위해 대대적인 화성 행차를 계획하였다. 행사를 마친 후 행사와 관련된 여러 사항을 기록한 의궤를 『원행을묘정리의궤(園幸乙卯整理儀軌)』라 이름하였고, 이를 인쇄하기 위해 제작한 활자가 바로 정리자이다. 왕실의 행사를 기록한 의궤를 금속활자로 간행했다는 것은 그만큼 이 책을 널리 보급하겠다는 뜻이며, 왕실의 위엄을 널리 알리겠다는 것으로 받아들여진다. 이후 정리자는 『화성성역의궤(華城城役儀軌)』, 『진작의궤(進爵儀軌)』, 『진찬의궤(進饌儀軌)』의 간행에 사용되어 왕실의 위엄과 권위를 널리 알리는 효과를 발휘하였다. 정리자가 주조된 이후에도 고종 이전에는 과거 합격자를 기록한 『사마방목(司馬榜目)』을 대부분 임진자로 간행하였는데, 화성 행차가 있었던 을묘년 식년시의 방목만은 유독 정리자로 간행하였다. 이 역시 화성 행차의 의미를 부각하고자 했던 것으로 생각된다. 정조가 세상을 떠난 후 출간된 그의 문집 『홍재전서(弘齋全書)』를 정리자로 간행한 것은 아마도 이 활자가 _____

① 정조를 가장 잘 나타내기 때문이 아닐까?
② 정조가 가장 중시하고 분신처럼 여겼던 활자이기 때문이 아닐까?
③ 문집 제작에 적절한 서체였기 때문이 아닐까?
④ 문집 제작에 널리 쓰였기 때문이 아닐까?
⑤ 희귀하였기 때문이 아닐까?

※ 다음은 K국 중학교 졸업자의 그 해 진로에 대한 조사 결과이다. 이어지는 질문에 답하시오. **[18~19]**

〈중학교 졸업자의 진로〉

(단위 : 명)

| 구분 | 성별 | | 중학교 종류 | | |
|---|---|---|---|---|---|
| | 남 | 여 | 국립 | 공립 | 사립 |
| 중학교 졸업자 | 908,388 | 865,323 | 11,733 | 1,695,431 | 66,547 |
| 고등학교 진학자 | 861,517 | 838,650 | 11,538 | 1,622,438 | 66,146 |
| 진학 후 취업자 | 6,126 | 3,408 | 1 | 9,532 | 1 |
| 직업학교 진학자 | 17,594 | 11,646 | 106 | 29,025 | 109 |
| 진학 후 취업자 | 133 | 313 | 0 | 445 | 1 |
| 취업자(진학자 제외) | 21,639 | 8,913 | 7 | 30,511 | 34 |
| 실업자 | 7,523 | 6,004 | 82 | 13,190 | 255 |
| 사망, 실종 | 155 | 110 | 0 | 222 | 3 |

**18** 다음 중 남자와 여자의 고등학교 진학률은 각각 얼마인가?

　　　남자　　　　여자
① 약 94.8%　　약 96.9%
② 약 94.8%　　약 94.9%
③ 약 95.9%　　약 96.9%
④ 약 95.9%　　약 94.9%
⑤ 약 96.8%　　약 96.9%

**19** 다음 중 공립 중학교를 졸업한 남자 중 취업자는 몇 %인가?

① 50%　　　　　　　　② 60%
③ 70%　　　　　　　　④ 80%
⑤ 알 수 없음

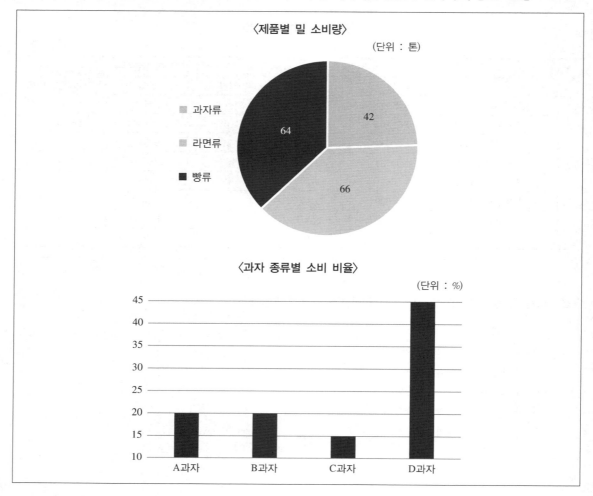

**20** K사가 과자류에 밀 사용량을 늘리기로 결정하였다. 라면류와 빵류에 소비되는 밀 소비량의 각각 10%씩을 과자류에 사용한다면, 과자류에는 총 몇 톤의 밀을 사용하게 되는가?

① 45톤　　　　　　　　　　② 50톤

③ 55톤　　　　　　　　　　④ 60톤

⑤ 65톤

**21** A ~ D과자 중 밀을 가장 많이 소비하는 과자와 가장 적게 소비하는 과자의 밀 소비량 차이는 몇 톤인가?(단, 제품별 밀 소비량 그래프의 과자류 밀 소비량 기준이다)

① 10.2톤　　　　　　　　　② 11.5톤

③ 12.6톤　　　　　　　　　④ 13톤

⑤ 14.4톤

**22** 다음은 2020 ~ 2023년 행정기관들의 고충민원 접수처리 현황 자료이다. 〈보기〉 중 이에 대한 설명으로 옳은 것을 모두 고르면?(단, 소수점 셋째 자리에서 반올림한다)

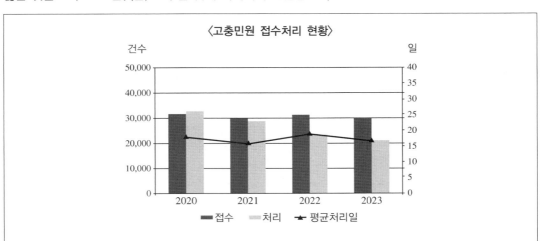

〈고충민원 접수처리 현황〉

〈고충민원 접수처리 항목별 세부현황〉

(단위 : 건)

| 구분 | | 2020년 | 2021년 | 2022년 | 2023년 |
|---|---|---|---|---|---|
| 접수 | | 31,681 | 30,038 | 31,308 | 30,252 |
| 처리 | | 32,737 | 28,744 | 23,573 | 21,080 |
| 인용 | 시정권고 | 277 | 257 | 205 | 212 |
| | 제도개선 | – | – | – | – |
| | 의견표명 | 467 | 474 | 346 | 252 |
| | 조정합의 | 2,923 | 2,764 | 2,644 | 2,567 |
| | 소계 | 3,667 | 3,495 | 3,195 | 3,031 |
| 단순안내 | | 12,396 | 12,378 | 10,212 | 9,845 |
| 기타처리 | | 16,674 | 12,871 | 10,166 | 8,204 |
| 평균처리일 | | 18일 | 16일 | 19일 | 17일 |

〈보기〉

ㄱ. 기타처리 건수의 전년 대비 감소율은 매년 증가하였다.
ㄴ. 처리 건수 중 인용 건수 비율은 2023년이 2020년에 비해 3%p 이상 높다.
ㄷ. 조정합의 건수의 처리 건수 대비 비율은 2021년이 2022년보다 높다.
ㄹ. 평균처리일이 짧은 해일수록 조정합의 건수 대비 의견표명 건수 비율이 높다.

① ㄱ
② ㄴ
③ ㄱ, ㄷ
④ ㄴ, ㄹ
⑤ ㄴ, ㄷ, ㄹ

※ 다음은 국내기업의 업종별 현재 수출 국가와 업종별 향후 진출 희망 국가에 대한 자료이다. 이어지는 질문에 답하시오. [23~24]

### 〈업종별 현재 수출 국가〉

(단위 : 개)

| 구분 | 일본 | 중국 | 미국 | 동남아 | 독일 | 유럽<br>(독일 제외) | 기타 | 무응답 | 합계 |
|---|---|---|---|---|---|---|---|---|---|
| 주조 | 24 | 15 | 20 | 18 | 20 | 13 | 15 | 0 | 125 |
| 금형 | 183 | 149 | 108 | 133 | 83 | 83 | 91 | 0 | 830 |
| 소성가공 | 106 | 100 | 94 | 87 | 56 | 69 | 94 | 19 | 625 |
| 용접 | 96 | 96 | 84 | 78 | 120 | 49 | 77 | 0 | 600 |
| 표면처리 | 48 | 63 | 63 | 45 | 0 | 24 | 57 | 0 | 300 |
| 열처리 | 8 | 13 | 11 | 9 | 5 | 6 | 8 | 0 | 60 |
| 합계 | 465 | 436 | 380 | 370 | 284 | 244 | 342 | 19 | 2,540 |

### 〈업종별 향후 진출 희망 국가〉

(단위 : 개)

| 구분 | 일본 | 중국 | 미국 | 동남아 | 독일 | 유럽<br>(독일 제외) | 기타 | 합계 |
|---|---|---|---|---|---|---|---|---|
| 주조 | 24 | 16 | 29 | 25 | 1 | 8 | 3 | 106 |
| 금형 | 16 | 7 | 23 | 16 | 24 | 25 | 0 | 111 |
| 소성가공 | 96 | 129 | 140 | 129 | 8 | 28 | 58 | 588 |
| 용접 | 16 | 295 | 92 | 162 | 13 | 119 | 48 | 745 |
| 표면처리 | 5 | 32 | 7 | 19 | 0 | 13 | 10 | 86 |
| 열처리 | 0 | 16 | 2 | 7 | 0 | 0 | 2 | 27 |
| 합계 | 157 | 495 | 293 | 358 | 46 | 193 | 121 | 1,663 |

※ 모든 업종의 기업은 하나의 국가에만 수출한다.

**23** 다음 중 업종별 현재 수출 국가에 대한 설명으로 옳지 않은 것은?

① 열처리 분야 기업 중 중국에 수출하는 기업의 비율은 20% 이상이다.

② 금형 분야 기업의 수는 전체 기업 수의 40% 미만이다.

③ 일본에 수출하는 용접 분야 기업의 수는 중국에 수출하는 주조 분야 기업의 수의 7배 이상이다.

④ 소성가공 분야 기업 중 미국에 수출하는 기업의 수가 동남아에 수출하는 기업의 수보다 많다.

⑤ 주조 분야 기업 중 가장 많은 기업이 수출하는 국가는 일본이다.

**24** 다음 중 자료에 대해 옳은 설명을 한 사람을 모두 고르면?

> 지현 : 가장 많은 수의 금형 분야 기업들이 진출하고 싶어 하는 국가는 독일이야.
> 준엽 : 국내 열처리 분야 기업들이 가장 많이 수출하는 국가는 가장 많은 열처리 분야 기업들이 진출하고 싶어 하는 국가와 같아.
> 찬영 : 표면처리 분야 기업 중 유럽(독일 제외)에 진출하고 싶어 하는 기업은 미국에 진출하고 싶어 하는 기업의 2배 이상이야.
> 진경 : 용접 분야 기업 중 기타 국가에 수출하는 기업의 수는 용접 분야 기업 중 독일을 제외한 유럽에 진출하고 싶어 하는 기업의 수보다 많아.

① 지현, 준엽  ② 지현, 찬영
③ 준엽, 찬영  ④ 준엽, 진경
⑤ 찬영, 진경

**25** 다음은 K공장에서 근무하는 근로자들의 임금수준 분포를 나타낸 자료이다. 근로자 전체에게 지급된 임금(월 급여)의 총액이 2억 원일 때, 〈보기〉 중 옳은 것을 모두 고르면?

〈K공장 근로자의 임금수준 분포〉

| 임금수준(만 원) | 근로자 수(명) |
|---|---|
| 월 300 이상 | 4 |
| 월 270 이상 300 미만 | 8 |
| 월 240 이상 270 미만 | 12 |
| 월 210 이상 240 미만 | 26 |
| 월 180 이상 210 미만 | 30 |
| 월 150 이상 180 미만 | 6 |
| 월 150 미만 | 4 |
| 합계 | 90 |

〈보기〉

> ⊙ 근로자들의 월 평균 급여액은 230만 원 이하이다.
> ⓒ 절반 이상의 근로자들이 월 210만 원 이상의 급여를 받고 있다.
> ⓒ 월 180만 원 미만의 급여를 받는 근로자의 비율은 약 14%이다.
> ⓔ 적어도 15명 이상의 근로자가 월 250만 원 이상의 급여를 받고 있다.

① ⊙  ② ⊙, ⓒ
③ ⊙, ⓒ, ⓔ  ④ ⓒ, ⓒ, ⓔ
⑤ ⊙, ⓒ, ⓒ, ⓔ

26  다음은 코레일에서 KTX 부정승차 적발 건수를 조사한 자료이다. 2017 ~ 2022년의 KTX 부정승차 평균 적발 건수는 70,000건, 2018 ~ 2023년의 평균은 65,000건이라고 할 때, 2023년 부정승차 적발 건수와 2017년 부정승차 적발 건수의 차이는 얼마인가?

〈KTX 부정승차 적발 건수〉

(단위 : 천 건)

| 구분 | 2017년 | 2018년 | 2019년 | 2020년 | 2021년 | 2022년 |
|---|---|---|---|---|---|---|
| 부정승차 적발 건수 | | 65 | 70 | 82 | 62 | 67 |

① 33,000건  ② 32,000건
③ 31,000건  ④ 30,000건
⑤ 29,000건

27  K건설은 다음 〈조건〉에 따라 자재를 구매·관리하고자 한다. (가)안과 (나)안의 비용 차이는?

| 구분 | (가)안 | | (나)안 | |
|---|---|---|---|---|
| | 2분기 | 3분기 | 2분기 | 3분기 |
| 분기별 소요량(개) | 30 | 50 | 30 | 50 |
| 분기별 구매량(개) | 40 | 40 | 60 | 20 |
| 자재구매 단가(원) | 7,000 | 10,000 | 7,000 | 10,000 |

─────────〈조건〉─────────
• 1분기 동안 80개의 자재를 구매한다.
• 자재의 분기당 재고관리비는 개당 1,000원이다.
• 자재는 묶음 단위로만 구매할 수 있고, 한 묶음은 20개이다.

① 1만 원  ② 2만 원
③ 3만 원  ④ 4만 원
⑤ 5만 원

**28** 다음 그림과 같이 한 대각선의 길이가 6으로 같은 마름모 2개가 겹쳐져 있다. 다른 대각선의 길이가 각각 4, 9일 때 두 마름모의 넓이의 차는?

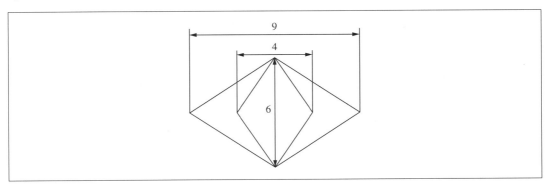

① 9

② 12

③ 15

④ 24

⑤ 30


**29** 다음은 K사의 피자 1판 주문 시 구매 방식별 할인 혜택과 비용을 나타낸 자료이다. 이를 참고할 때, 정가가 12,500원인 K사 피자 1판을 가장 싸게 살 수 있는 구매 방식은?

| 〈구매 방식별 할인 혜택과 비용〉 | |
|---|---|
| **구매 방식** | **할인 혜택과 비용** |
| 스마트폰앱 | 정가의 25% 할인 |
| 전화 | 정가에서 1,000원 할인 후, 할인된 가격의 10% 추가 할인 |
| 회원카드와 쿠폰 | 회원카드로 정가의 10% 할인 후, 할인된 가격의 15%를 쿠폰으로 추가 할인 |
| 직접 방문 | 정가의 30% 할인. 교통비용 1,000원 발생 |
| 교환권 | K사 피자 1판 교환권 구매비용 10,000원 발생 |

※ 구매 방식은 한 가지만 선택한다.

① 스마트폰앱

② 전화

③ 회원카드와 쿠폰

④ 직접 방문

⑤ 교환권

**30** 다음은 중학생의 주당 운동시간 현황을 조사한 자료이다. 이에 대한 설명으로 옳은 것을 〈보기〉에서 모두 고르면?

**〈중학생의 주당 운동시간 현황〉**

(단위 : %, 명)

| 구분 | | 남학생 | | | 여학생 | | |
|---|---|---|---|---|---|---|---|
| | | 1학년 | 2학년 | 3학년 | 1학년 | 2학년 | 3학년 |
| 1시간 미만 | 비율 | 10.0 | 5.7 | 7.6 | 18.8 | 19.2 | 25.1 |
| | 인원수 | 118 | 66 | 87 | 221 | 217 | 281 |
| 1시간 이상 2시간 미만 | 비율 | 22.2 | 20.4 | 19.7 | 26.6 | 31.3 | 29.3 |
| | 인원수 | 261 | 235 | 224 | 312 | 353 | 328 |
| 2시간 이상 3시간 미만 | 비율 | 21.8 | 20.9 | 24.1 | 20.7 | 18.0 | 21.6 |
| | 인원수 | 256 | 241 | 274 | 243 | 203 | 242 |
| 3시간 이상 4시간 미만 | 비율 | 34.8 | 34.0 | 23.4 | 30.0 | 27.3 | 14.0 |
| | 인원수 | 409 | 392 | 266 | 353 | 308 | 157 |
| 4시간 이상 | 비율 | 11.2 | 19.0 | 25.2 | 3.9 | 4.2 | 10.0 |
| | 인원수 | 132 | 219 | 287 | 46 | 47 | 112 |
| 합계 | 비율 | 100.0 | 100.0 | 100.0 | 100.0 | 100.0 | 100.0 |
| | 인원수 | 1,176 | 1,153 | 1,138 | 1,175 | 1,128 | 1,120 |

〈보기〉

㉠ 1시간 미만 운동하는 3학년 남학생 수는 4시간 이상 운동하는 1학년 여학생 수보다 많다.

㉡ 동일 학년의 남학생과 여학생을 비교하면, 남학생 중 1시간 미만 운동하는 남학생의 비율이 여학생 중 1시간 미만 운동하는 여학생의 비율보다 각 학년에서 모두 낮다.

㉢ 남학생과 여학생 각각 학년이 높아질수록 3시간 이상 운동하는 학생의 비율이 낮아진다.

㉣ 모든 학년별 남학생과 여학생 각각에서 3시간 이상 4시간 미만 운동하는 학생의 비율이 4시간 이상 운동 하는 학생의 비율보다 높다.

① ㉠, ㉡

② ㉠, ㉣

③ ㉡, ㉢

④ ㉢, ㉣

⑤ ㉠, ㉡, ㉢

※ 다음은 외국인 직접투자의 투자건수 비율과 투자금액 비율을 투자규모별로 나타낸 자료이다. 이어지는 질문에 답하시오. [31~32]

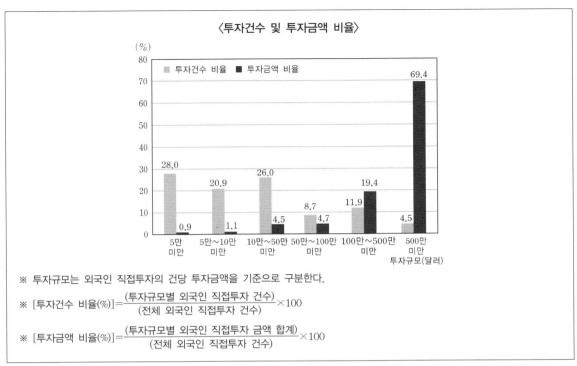

〈투자건수 및 투자금액 비율〉

※ 투자규모는 외국인 직접투자의 건당 투자금액을 기준으로 구분한다.

※ [투자건수 비율(%)]=$\dfrac{(투자규모별\ 외국인\ 직접투자\ 건수)}{(전체\ 외국인\ 직접투자\ 건수)} \times 100$

※ [투자금액 비율(%)]=$\dfrac{(투자규모별\ 외국인\ 직접투자\ 금액\ 합계)}{(전체\ 외국인\ 직접투자\ 건수)} \times 100$

**31** 다음 중 투자규모가 50만 달러 미만인 투자건수 비율은?

① 55.3%  ② 62.8%

③ 68.6%  ④ 74.9%

⑤ 83.6.3%

**32** 다음 중 100만 달러 이상의 투자건수 비율은?

① 16.4%  ② 19.6%

③ 23.5%  ④ 26.1%

⑤ 30.7%

**33** 다음은 세계 총에너지 소비실적 및 수요 전망에 대한 자료이다. 이에 대한 설명으로 옳지 않은 것은?

〈세계 총에너지 소비실적 및 수요 전망〉

(단위 : Moe)

| 구분 | 소비실적 | | 수요 전망 | | | | | 2023 ~ 2045년 연평균 증감률(%) |
|---|---|---|---|---|---|---|---|---|
| | 2000년 | 2023년 | 2025년 | 2030년 | 2035년 | 2040년 | 2045년 | |
| OECD | 4,522 | 5,251 | 5,436 | 5,423 | 5,392 | 5,399 | 5,413 | 0.1 |
| 미국 | 1,915 | 2,136 | 2,256 | 2,233 | 2,197 | 2,192 | 2,190 | 0.1 |
| 유럽 | 1,630 | 1,769 | 1,762 | 1,738 | 1,717 | 1,704 | 1,697 | −0.1 |
| 일본 | 439 | 452 | 447 | 440 | 434 | 429 | 422 | −0.2 |
| Non − OECD | 4,059 | 7,760 | 9,151 | 10,031 | 10,883 | 11,656 | 12,371 | 1.7 |
| 러시아 | 880 | 741 | 730 | 748 | 770 | 798 | 819 | 0.4 |
| 아시아 | 1,588 | 4,551 | 5,551 | 6,115 | 6,653 | 7,118 | 7,527 | 1.8 |
| 중국 | 879 | 2,909 | 3,512 | 3,802 | 4,019 | 4,145 | 4,185 | 1.3 |
| 인도 | 317 | 788 | 1,004 | 1,170 | 1,364 | 1,559 | 1,757 | 2.9 |
| 중동 | 211 | 680 | 800 | 899 | 992 | 1,070 | 1,153 | 1.9 |
| 아프리카 | 391 | 739 | 897 | 994 | 1,095 | 1,203 | 1,322 | 2.1 |
| 중남미 | 331 | 611 | 709 | 784 | 857 | 926 | 985 | 1.7 |
| 합계 | 8,782 | 13,361 | 14,978 | 15,871 | 16,720 | 17,529 | 18,293 | 1.1 |

① 2023년 아시아 에너지 소비실적은 2000년의 3배 이상이다.
② Non − OECD 국가의 에너지 수요 전망은 2023 ~ 2045년 연평균 1.7%씩 증가한다.
③ 2000년 전체 소비실적에서 중국과 인도의 에너지 소비실적 합의 비중은 13% 이상이다.
④ 중남미의 소비실적과 수요 전망은 모두 증가하고 있다.
⑤ OECD 국가의 수요 전망은 2040년부터 증가 추세로 돌아선다.


**34** 5%의 소금물 600g을 1분 동안 가열하면 10g의 물이 증발한다. 이 소금물을 10분 동안 가열한 후, 다시 소금물 200g을 넣었더니 10%의 소금물 700g이 되었다. 이때 더 넣은 소금물 200g의 농도는 얼마인가?(단, 용액의 농도와 관계없이 가열하는 시간과 증발하는 물의 양은 비례한다)

① 13%
② 15%
③ 17%
④ 20%
⑤ 23%

**35** 다음 글과 〈조건〉을 토대로 바르게 추론한 것을 〈보기〉에서 모두 고르면?

(가) ~ (마)팀이 현재 수행하고 있는 과제의 수는 다음과 같다.
- (가)팀 : 0
- (나)팀 : 1
- (다)팀 : 2
- (라)팀 : 2
- (마)팀 : 3
이 과제에 추가하여 8개의 새로운 과제 a, b, c, d, e, f, g, h를 다음 〈조건〉에 따라 (가) ~ (마)팀에 배정한다.

〈조건〉
- 어느 팀이든 새로운 과제를 적어도 하나는 맡아야 한다.
- 기존에 수행하던 과제를 포함해서 한 팀이 맡을 수 있는 과제는 최대 4개이다.
- 기존에 수행하던 과제를 포함해서 과제 4개를 맡는 팀은 둘이다.
- a, b는 한 팀이 맡아야 한다.
- c, d, e는 한 팀이 맡아야 한다.

〈보기〉
ㄱ. a를 (나)팀이 맡을 수 없다.
ㄴ. f를 (가)팀이 맡을 수 있다.
ㄷ. 기존에 수행하던 과제를 포함해서 과제 2개를 맡는 팀이 반드시 있다.

① ㄱ                      ② ㄴ
③ ㄱ, ㄷ              ④ ㄴ, ㄷ
⑤ ㄱ, ㄴ, ㄷ

※ 하반기에 연수를 마친 A ~ E 5명은 다음 〈조건〉에 따라 세계 각국에 있는 해외사업본부로 배치될 예정이다. 이어지는 질문에 답하시오. [36~37]

─〈조건〉─
- A ~ E는 인도네시아, 미국 서부, 미국 남부, 칠레, 노르웨이에 있는 서로 다른 해외사업본부로 배치된다.
- C와 D 중 한 명은 미국 서부에 배치된다.
- B는 칠레에 배치되지 않는다.
- E는 노르웨이로 배치된다.
- 미국 서부에는 회계직이 배치된다.
- C가 인도네시아에 배치되면 A는 칠레에 배치된다.
- A가 미국 남부에 배치되면 B는 인도네시아에 배치된다.
- A, D, E는 회계직이고, B, C는 기술직이다.

**36** 다음 중 D가 배치될 해외사업본부는 어디인가?

① 인도네시아      ② 미국 서부
③ 미국 남부      ④ 칠레
⑤ 노르웨이

**37** 다음 〈보기〉 중 옳은 것을 모두 고르면?

─〈보기〉─
- ㉠ C가 인도네시아에 배치되면 B는 미국 남부에 배치된다.
- ㉡ A가 미국 남부에 배치되면 C는 인도네시아에 배치된다.
- ㉢ A는 반드시 칠레에 배치된다.
- ㉢ 노르웨이에는 회계직이 배치된다.

① ㉠, ㉡      ② ㉠, ㉢
③ ㉡, ㉢      ④ ㉡, ㉢
⑤ ㉢, ㉢

※ 다음은 A ~ D사원의 5월 근태 현황 중 일부를 나타낸 자료이다. 이어지는 질문에 답하시오. [38~39]

〈5월 근태 현황〉

(단위 : 회)

| 구분 | A사원 | B사원 | C사원 | D사원 |
|---|---|---|---|---|
| 지각 | 1 | | | 1 |
| 결근 | | | | |
| 야근 | | | | 2 |
| 근태 총 점수(점) | 0 | -4 | -2 | 0 |

〈5월 근태 정보〉

- 근태는 지각(-1), 결근(-1), 야근(+1)으로 이루어져 있다.
- A, B, C, D사원의 근태 총 점수는 각각 0점, -4점, -2점이다.
- A, B, C사원은 지각, 결근, 야근을 각각 최소 1회, 최대 3회 하였고 각 근태 횟수는 모두 달랐다.
- A사원은 지각을 1회 하였다.
- 야근은 A사원이 가장 많이 했다.
- 지각은 B사원이 C사원보다 적게 했다.

**38** 다음 중 항상 옳은 것은?

① 지각을 제일 많이 한 사람은 C사원이다.
② B사원은 결근을 2회 했다.
③ C사원은 야근을 1회 했다.
④ A사원은 결근을 3회 했다.
⑤ 야근은 가장 적게 한 사람은 A사원이다.

**39** 다음 중 지각보다 결근을 많이 한 사람은?

① A사원, B사원
② A사원, C사원
③ B사원, C사원
④ B사원, D사원
⑤ C사원, D사원

**40** 다음 SWOT 분석 결과를 바탕으로 섬유 산업이 발전할 수 있는 방안으로 적절한 것을 〈보기〉에서 모두 고르면?

| | |
|---|---|
| • 빠른 제품 개발 시스템 | • 기능 인력 부족 심화<br>• 인건비 상승 |
| S 강점 | W 약점 |
| O 기회 | T 위협 |
| • 한류의 영향으로 한국 제품 선호<br>• 국내 기업의 첨단 소재 개발 성공 | • 외국산 저가 제품 공세 강화<br>• 선진국의 기술 보호주의 |

〈보기〉

ㄱ. 한류 배우를 모델로 브랜드 홍보 전략을 추진한다.
ㄴ. 단순 노동 집약적인 소품종 대량 생산 체제를 갖춘다.
ㄷ. 소비자 기호를 빠르게 분석하여 제품 생산에 반영한다.
ㄹ. 선진국의 원천 기술을 이용한 기능성 섬유를 생산한다.

① ㄱ, ㄴ      ② ㄱ, ㄷ
③ ㄱ, ㄹ      ④ ㄴ, ㄷ
⑤ ㄴ, ㄹ

**41** 철수는 장미에게 "43 41 54"의 문자를 전송하였다. 장미는 문자가 16진법으로 표현된 것을 발견하고 아래의 아스키 코드표를 이용하여 해독을 진행하려고 한다. 철수가 장미에게 보낸 문자의 의미는 무엇인가?

| 문자 | 아스키 | 문자 | 아스키 | 문자 | 아스키 | 문자 | 아스키 |
|------|--------|------|--------|------|--------|------|--------|
| A | 65 | H | 72 | O | 79 | V | 86 |
| B | 66 | I | 73 | P | 80 | W | 87 |
| C | 67 | J | 74 | Q | 81 | X | 88 |
| D | 68 | K | 75 | R | 82 | Y | 89 |
| E | 69 | L | 76 | S | 83 | Z | 90 |
| F | 70 | M | 77 | T | 84 | − | − |
| G | 71 | N | 78 | U | 85 | − | − |

① CAT  
② SIX  
③ BEE  
④ CUP  
⑤ SUN  

**42** K고등학교는 부정행위 방지를 위해 1 ~ 3학년이 한 교실에서 같이 시험을 본다. 다음 〈조건〉을 참고할 때, 항상 거짓인 것은?

――――――〈조건〉――――――

- 교실에는 책상이 여섯 줄로 되어 있다.
- 같은 학년은 바로 옆줄에 앉지 못한다.
- 첫 번째 줄과 다섯 번째 줄에는 3학년이 앉는다.
- 3학년이 앉은 줄의 수는 1학년과 2학년이 앉은 줄의 합과 같다.

① 2학년은 네 번째 줄에 앉는다.  
② 첫 번째 줄과 세 번째 줄의 책상 수는 같다.  
③ 3학년의 학생 수가 1학년의 학생 수보다 많다.  
④ 여섯 번째 줄에는 1학년이 앉는다.  
⑤ 1학년이 두 번째 줄에 앉으면 2학년은 세 번째 줄에 앉는다.

**43** A ~ E는 부산에 가기 위해 서울역에서 저녁 7시에 출발하여 대전역과 울산역을 차례로 정차하는 부산행 KTX 열차를 타기로 했다. 이들 중 2명은 서울역에서 승차하였고, 다른 2명은 대전역에서, 나머지 1명은 울산역에서 각각 승차하였다. 다음 대화를 토대로 항상 옳은 것은?(단, 같은 역에서 승차한 경우 서로의 탑승 순서는 알 수 없다)

> A : 나는 B보다 먼저 탔지만, C보다 먼저 탔는지는 알 수 없어.
> B : 나는 C보다 늦게 탔어.
> C : 나는 가장 마지막에 타지 않았어.
> D : 나는 대전역에서 탔어.
> E : 나는 내가 몇 번째로 탔는지 알 수 있어.

① A는 대전역에서 승차하였다.
② B는 C와 같은 역에서 승차하였다.
③ C와 D는 같은 역에서 승차하였다.
④ D는 E와 같은 역에서 승차하였다.
⑤ E는 울산역에서 승차하였다.

**44** 경영학과에 재학 중인 A ~ E는 계절학기 시간표에 따라 요일별로 하나의 강의만 수강한다. 전공 수업을 신청한 C는 D보다 앞선 요일에 수강하고, E는 교양 수업을 신청한 A보다 나중에 수강한다고 할 때, 다음 중 항상 참이 되는 것은?

| 월 | 화 | 수 | 목 | 금 |
|---|---|---|---|---|
| 전공1 | 전공2 | 교양1 | 교양2 | 교양3 |

① A가 수요일에 강의를 듣는다면 E는 교양2 강의를 듣는다.
② B가 전공 수업을 듣는다면 C는 화요일에 강의를 듣는다.
③ C가 화요일에 강의를 듣는다면 E는 교양3 강의를 듣는다.
④ D는 반드시 전공 수업을 듣는다.
⑤ E는 반드시 교양 수업을 듣는다.

발산적 사고는 창의적 사고를 위해 필요한 것으로서 자유연상법, 강제연상법, 비교발상법 등을 통해 개발할 수 있다. 그중 '자유연상'은 목적과 의도 없이 자연스럽게 표현되는 것이다. 꿈이나 공상 등 정신치료나 정신분석에서 흔히 볼 수 있는 현상이다. 자유연상은 접근 연상, 유사 연상, 대비 연상 등의 유형으로 구분될 수 있다.

ⓐ 접근 연상은 주제와 관련이 있는 대상이나 과거의 경험을 떠올려 보는 활동이다. 유사 연상은 제시된 주제를 보고 유사한 대상이나 경험을 떠올려 보는 활동이다. 대비 연상은 주제와 반대가 되는 대상이나 과거의 경험 등 대비되는 관념을 생각해 보는 활동이다.

자유연상법의 예시로는 브레인스토밍이 있다. 브레인스토밍은 집단구성원들의 상호작용을 통하여 많은 수의 아이디어를 발상하게 한다. 브레인스토밍 기법을 창안한 알렉스 오스본은 창의적인 문제해결 과정에서 아이디어 발상 및 전개과정을 무엇보다 중요시하였고, 아이디어 발상을 증대시키기 위해 '판단 보류'와 '가능한 많은 숫자의 발상을 이끌어 낼 것'을 주장하였다. 여기서 판단 보류라는 것은 비판하지 않는다는 것을 가정하며, 초기에 아이디어에 대한 평가를 적게 하면 할수록 독창적이고, 비범하고, 흥미로운 아이디어가 더 많이 도출될 것이라고 하였다. 또한 다른 문제 해결 방법과 차이를 갖는 특징으로 다음의 '4가지 규칙'을 제안하였다.

• 비판엄금(Support) : 평가 단계 이전에 결코 비판이나 판단을 해서는 안 되며 평가는 나중까지 유보한다.
• 자유분방(Silly) : 무엇이든 자유롭게 말한다.
• 질보다 양(Speed) : 질에는 관계없이 가능한 많은 아이디어를 생성하도록 격려한다.
• 결합과 개선(Synergy) : 다른 사람의 아이디어에 자극되어 보다 좋은 생각이 떠오르고, 서로 조합하면 재미있는 아이디어가 될 것 같은 생각이 들면 즉시 조합시킨다.

**45** 다음 중 밑줄 친 ⓐ에 대한 생각으로 적절하지 않은 것은?

① 한 가지 사물로부터 그와 근접한 여러 가지 사물을 생각해야지!
② 주제와 반대되는 대상도 생각해 봐야지.
③ 생각하고 비교·선택하여 합리적인 판단이 필요해.
④ 예전에 있었던 일을 생각해 보는 것도 좋을 것 같아.
⑤ 폐수방류하면 물고기 떼죽음이 생각나.

**46** 다음 중 윗글에서 강조하고 있는 '4가지 규칙'을 어긴 사람은?

① 모든 아이디어에 대해 비판하지 않는 지수
② 다른 사람의 생각을 참고하여 아이디어를 내는 혜성
③ 보다 좋은 의견을 내기 위하여 오래 생각하는 수미
④ 다른 사람의 생각에 상관없이 떠오르는 모든 아이디어를 말하는 성태
⑤ 다른 사람의 부족한 아이디어에 결점을 해결할 수 있는 본인의 생각을 덧붙여 더 좋은 안을 제시하는 효연

※ 다음은 자동차에 번호판을 부여하는 규칙이다. 이어지는 질문에 답하시오. **[47~48]**

〈자동차 번호판 부여 규칙〉

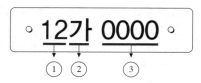

각 숫자는 다음의 사항을 나타낸다.
① 자동차의 종류
② 자동차의 용도
③ 자동차의 등록번호

▶ 자동차의 종류

| 구분 | 숫자 기호 |
| --- | --- |
| 승용차 | 01 ~ 69 |
| 승합차 | 70 ~ 79 |
| 화물차 | 80 ~ 97 |
| 특수차 | 98 ~ 99 |

▶ 자동차의 용도

| 구분 | | 문자 기호 |
| --- | --- | --- |
| 비사업용 | | 가, 나, 다, 라, 마, 거, 너, 더, 러, 머, 서, 어, 저, 고, 노, 도, 로, 모, 보, 소, 오, 조, 구, 누, 두, 루, 무, 부, 수, 우, 주 |
| 사업용 | 택시 | 아, 바, 사, 자 |
| | 택배 | 배 |
| | 렌터카 | 하, 허, 호 |

▶ 자동차의 등록번호
차량의 고유번호로 임의로 부여

**47** K씨는 이사를 하면서 회사와 거리가 멀어져 출퇴근을 위해 새 승용차를 구입하였다. 다음 중 K씨가 부여받을 수 있는 자동차 번호판으로 옳지 않은 것은?

① 23겨 4839
② 67거 3277
③ 42서 9961
④ 31주 5443
⑤ 12모 4839

**48** 다음 중 나머지와 성격이 다른 자동차 번호판은?

① 80가 8425
② 84배 7895
③ 92보 1188
④ 81오 9845
⑤ 97주 4763

**49** K대리는 사내 체육대회의 추첨에서 당첨된 직원들에게 나누어줄 경품을 선정하고 있다. 〈조건〉이 모두 참일 때, 다음 중 반드시 참인 것은?

---〈조건〉---

- K대리는 펜, 노트, 가습기, 머그컵, 태블릿PC, 컵받침 중 3종류의 경품을 선정한다.
- 머그컵을 선정하면 노트는 경품에 포함하지 않는다.
- 노트는 반드시 경품에 포함된다.
- 태블릿PC를 선정하면, 머그컵을 선정한다.
- 태블릿PC를 선정하지 않으면, 가습기는 선정되고 컵받침은 선정되지 않는다.

① 가습기는 경품으로 선정되지 않는다.
② 머그컵과 가습기 모두 경품으로 선정된다.
③ 컵받침은 경품으로 선정된다.
④ 태블릿PC는 경품으로 선정된다.
⑤ 펜은 경품으로 선정된다.

**50** 면접시험에서 순서대로 면접을 본 응시자들 중 다음 〈조건〉에 따라 평가 점수가 가장 높은 6명이 합격할 때, 합격자를 점수가 높은 순서대로 바르게 나열한 것은?(단, 동점인 경우 먼저 면접을 진행한 응시자를 우선으로 한다)

〈지원자 면접 점수〉

(단위 : 점)

| 구분 | 면접관 1 | 면접관 2 | 면접관 3 | 면접관 4 | 면접관 5 | 보훈 가점 |
|---|---|---|---|---|---|---|
| A | 80 | 85 | 70 | 75 | 90 | – |
| B | 75 | 90 | 85 | 75 | 100 | 5 |
| C | 70 | 95 | 85 | 85 | 85 | – |
| D | 75 | 80 | 90 | 85 | 80 | – |
| E | 80 | 90 | 95 | 100 | 85 | 5 |
| F | 85 | 75 | 95 | 90 | 80 | – |
| G | 80 | 75 | 95 | 90 | 95 | 10 |
| H | 90 | 80 | 80 | 85 | 100 | – |
| I | 70 | 80 | 80 | 75 | 85 | 5 |
| J | 85 | 80 | 100 | 75 | 85 | – |
| K | 85 | 100 | 70 | 75 | 75 | 5 |
| L | 75 | 90 | 70 | 100 | 70 | – |

〈조건〉

• 면접관 5명이 부여한 점수 중 최고점과 최저점을 제외한 나머지 면접관 3명이 부여한 점수의 평균과 보훈 가점의 합으로 평가한다.
• 최고점과 최저점이 1개 이상일 때는 1명의 점수만 제외한다.
• 소수점 셋째 자리에서 반올림한다.

① G – A – C – F – E – L
② D – A – F – L – H – I
③ E – G – B – C – F – H
④ G – E – B – C – F – H
⑤ G – A – B – F – E – L

# 2권

# 제2회
# 코레일 한국철도공사 고졸채용

# NCS 직업기초능력평가

www.sdedu.co.kr

〈문항 및 시험시간〉

| 평가영역 | 문항 수 | 시험시간 | 모바일 OMR 답안분석 |
|---|---|---|---|
| 의사소통능력＋수리능력＋문제해결능력 | 50문항 | 60분 | |

# 제2회 모의고사

문항 수 : 50문항
시험시간 : 60분

**01** 다음 글에서 〈보기〉가 들어갈 위치로 가장 적절한 곳은?

우리나라 철도의 역사는 1899년 9월 18일 경인선의 개통으로 시작되었다. 수운이나 우마차, 인력거나 자전거 등에 의존하던 당시에 철도의 개통은 획기적인 사건이었다. 그러나 정치사적 관점에서 보면 우리 철도 역사는 일본의 식민지 지배 체제 확립과 식량·자원을 수탈하고, 대륙 진출의 통로를 확보하기 위하여 수립한 조선철도 12년 계획에 기초하여 추진되었다고 평가되고 있다.

경인선의 뒤를 이어 1905년 경부선이 개통되었고, 러일전쟁의 전쟁물자 공급수단으로 사용된 경의선은 일본군에 의하여 군용 부설철도로 1906년에 개통되었다. 1914년에는 대전과 목포 사이의 호남선이 개통되었고, 1929년에는 조치원과 충주를 잇는 충북선, 1939년에는 경춘선이 개통되었다. (가)

해방 이후에도 남북분단과 전쟁이라는 수난의 시대가 이어지면서 철도 역시 본래의 역할을 수행하지 못하였다. (나) 다행히 1960년대와 1970년대에 걸쳐 경제개발 5개년 계획이 추진되자 한국 철도는 다시 경제발전과 지역사회 개발의 주역으로 부상하였다. (다) 증기기관차를 디젤기관차로 대체하기 시작한 것은 1967년 8월부터이다. (라) 디젤기관차는 증기압을 이용하던 기관차에 비하여 견인마력이 크고 연료의 무게를 줄일 수 있어 전철화 사업이 진행되고 있는 현대에도 보편적으로 사용되고 있다. 전기·전자 산업의 발전과 더불어 제어기능이 보완된 디젤 전기기관차는 오늘날에도 무궁화 열차를 끌고 매일 수백 km의 철로를 쉬지 않고 누비고 있다. 철도 100년을 기념하던 1999년 당시의 기록으로 철도청에서 관리하는 기관차는 총 2,896량으로 디젤기관차 491량, 전기기관차 94량, 디젤동차 614량, 전기동차 1,697량으로 1948년 정부 수립 당시의 증기기관차 631량의 기록과 비교하여 볼 만하다. (마)

─────〈보기〉─────
이때에는 주로 우암선, 울산선, 김포선, 영동선, 태백선, 충북선 등과 같은 산업선의 역할이 부각되었다.

① (가)
② (나)
③ (다)
④ (라)
⑤ (마)

**02** 다음 문단을 논리적 순서대로 바르게 나열한 것은?

(가) 개별 서비스를 살펴보면, 112센터 긴급영상 지원은 납치·강도·폭행 등 112센터에 신고 접수 시 도시통합운영센터에서 해당 위치의 CCTV 영상을 현장 경찰관에게 실시간 제공하여 현장 대응을 지원하는 서비스다. 112센터 긴급출동 지원은 도시통합운영센터에서 경찰관에게 현장 사진 및 범인 도주경로 등에 대한 정보를 제공하여 현장 도착 전 사전 정보 취득 및 신속한 현장 조치를 가능케 하는 서비스이다. 119센터 긴급출동 지원은 화재·구조·구급 등 상황발생 시 소방관들이 현장에 대한 실시간 영상, 소방차량 진입 관련 교통정보 등을 제공받아 골든타임 확보를 가능케 하는 서비스이다.

(나) 특히, 오산시는 안전 마을 가꾸기, 안전한 어린이 등하굣길 조성 등 시민안전 제고를 위한 다양한 정책을 추진 중이며, 이번 '5대 안전서비스 제공을 통한 스마트도시 시민안전망 구축'으로 시민이 마음 놓고 살 수 있는 안전한 도시 조성에 앞장서고 있다. K공사가 오산시에 구축예정인 시민안전망 서비스는 112센터 긴급영상 지원, 112센터 긴급출동 지원, 119센터 긴급출동 지원, 사회적 약자 지원 및 재난안전상황 긴급대응 지원 총 5가지 서비스로 구성된다.

(다) K공사는 지난해 7월 20일 국토부 주관으로 국토부 및 지자체 등 6개 기관과 사회적 약자의 긴급 구호를 위해 필요한 정보시스템 구축에 대해 상호 협력을 위한 업무협약을 체결했다. 업무협약의 후속조치로 작년 11월 오산시, 화성동부경찰서, 오산소방서 및 SK텔레콤(주)과 별도의 업무협약을 체결하여 시민안전망 도입을 추진해왔다.

(라) K공사는 오산세교2지구 스마트도시 정보통신 인프라 구축 설계용역을 통해 5대 안전서비스 시민안전망 구축을 위한 설계를 완료하고 스마트시티 통합플랫폼 입찰을 시행하고 있다. 시민안전망 구축을 통해 도시통합운영센터 및 유관기관에 스마트도시 통합플랫폼 등 관련 인프라를 설치하고, 오산시, 112, 119 등 유관기관과의 연계를 통해 시민안전망 서비스 인프라 기반을 마련할 예정이다. K공사 스마트도시개발처장은 "시범사업 결과분석 및 피드백을 통한 제도 개선, 지자체와의 상호협의를 통해 향후 K공사가 추진하는 스마트도시를 대상으로 5대 안전서비스 시민안전망 구축을 계속 확대하겠다."라고 말했다.

(마) 사회적 약자 지원은 아동·여성·치매환자 등 위급상황 발생 시 도시통합운영센터에서 통신사로부터 위치정보 등을 제공받아 해당 현장 주변 CCTV 영상을 경찰서·소방서에 제공하여 대응케 하는 서비스다. 재난안전상황 긴급대응 지원은 국가 대형 재난·재해 발생 시 도시통합운영센터에서 재난상황실에 실시간 현장 CCTV 영상 등을 제공하여 신속한 상황 파악, 상황 전파 및 피해복구에 대응하는 서비스이다.

① (가) – (마) – (라) – (다) – (나)
② (나) – (다) – (가) – (마) – (라)
③ (나) – (라) – (가) – (다) – (마)
④ (다) – (나) – (가) – (마) – (라)
⑤ (다) – (나) – (마) – (라) – (가)

**03** K부장은 신입사원을 대상으로 OJT를 진행하고 있다. 이번 주에는 문서 종류에 따른 작성법에 대해 교육하려고 자료를 준비하였다. 다음 중 수정해야 할 내용으로 옳은 것은?

| 구분 | 작성법 |
|---|---|
| 공문서 | • 회사 외부로 전달되는 문서이기 때문에 누가, 언제, 어디서, 무엇을, 어떻게(혹은 왜)가 드러나도록 작성함<br>• 날짜는 연도와 월일을 반드시 함께 기입함<br>• 한 장에 담아내는 것이 원칙임 … ①<br>• 마지막엔 반드시 '끝.'자로 마무리함<br>• 내용이 복잡할 경우 '-다음-' 또는 '-아래-'와 같은 항목을 만들어 구분함<br>• 장기간 보관되므로 정확하게 기술함 |
| 설명서 | • 명령문보다 평서문으로 작성함<br>• 상품이나 제품에 대해 설명하는 글이므로 정확하게 기술함<br>• 정확한 내용 전달을 위해 간결하게 작성함 … ②<br>• 전문용어는 이해하기 어렵기 때문에 가급적 사용하지 않음 … ③<br>• 복잡한 내용은 도표를 통해 시각화함<br>• 동일한 문장 반복을 피하고 다양한 표현을 이용함 … ④ |
| 기획서 | • 기획서의 목적을 달성할 수 있는 핵심 사항이 정확하게 기입되었는지 확인함<br>• 상대가 채택하게끔 설득력을 갖춰야 하므로, 상대가 요구하는 것이 무엇인지 고려하여 작성함<br>• 내용이 한눈에 파악되도록 체계적으로 목차를 구성함<br>• 핵심 내용의 표현에 신경을 써야 함<br>• 효과적인 내용 전달을 위해 내용에 적합한 표나 그래프를 활용하여 시각화함<br>• 충분히 검토를 한 후 제출함<br>• 인용한 자료의 출처가 정확한지 확인함 |
| 보고서 | • 업무 진행 과정에서 쓰는 보고서인 경우, 진행 과정에 대한 핵심 내용을 구체적으로 제시함<br>• 내용의 중복을 피하고, 핵심 사항만을 산뜻하고 간결하게 작성함<br>• 복잡한 내용일 때는 도표나 그림을 활용함<br>• 개인의 능력을 평가하는 기본 요소이므로 제출하기 전에 반드시 최종 점검함<br>• 참고자료는 정확하게 제시함<br>• 마지막엔 반드시 '끝.'자로 마무리함 … ⑤<br>• 내용에 대한 예상 질문을 사전에 추출해 보고 그에 대한 답을 미리 준비함 |

**04** 다음 중 밑줄 친 ⑦의 내용을 약화하는 진술로 가장 적절한 것은?

> 침팬지, 오랑우탄, 피그미 침팬지 등 유인원도 자신이 다른 개체의 입장이 됐을 때 어떤 생각을 할지 미루어 짐작해 보는 능력이 있다는 연구 결과가 나왔다. 그동안 다른 개체의 입장에서 생각을 미루어 짐작해 보는 능력은 사람에게만 있는 것으로 여겨져 왔다. 연구팀은 오랑우탄 40마리에게 심리테스트를 위해 제작한 영상을 보여 주었다. 그들은 '시선 추적기'라는 특수 장치를 이용하여 오랑우탄들의 시선이 어디를 주목하는지 조사하였다. 영상에는 유인원의 의상을 입은 두 사람 A와 B가 싸우는 장면이 보인다. A와 싸우던 B가 건초더미 뒤로 도망친다. 화가 난 A가 문으로 나가자 B는 이 틈을 이용해 옆에 있는 상자 뒤에 숨는다. 연구팀은 몽둥이를 든 A가 다시 등장하는 장면에서 피험자 오랑우탄들의 시선이 어디로 향하는지를 분석하였다. 이 장면에서 오랑우탄 40마리 중 20마리는 건초더미 쪽을 주목했다. B가 숨은 상자를 주목한 오랑우탄은 10마리였다. 이 결과를 토대로 연구팀은 피험자 오랑우탄 20마리는 B가 상자 뒤에 숨었다는 사실을 모르는 A의 입장이 되어 건초더미를 주목했다는 ⑦ 해석을 제시하였다. 이 실험으로 오랑우탄에게도 다른 개체의 생각을 미루어 짐작하는 능력이 있는 것으로 볼 수 있으며, 이러한 점은 사람과 유인원의 심리 진화 과정을 밝히는 실마리가 될 것으로 보인다.

① 상자를 주목한 오랑우탄들은 A보다 B와 외모가 유사한 개체들임이 밝혀졌다.

② 사람 40명을 피험자로 삼아 같은 실험을 하였더니 A의 등장 장면에서 30명이 건초더미를 주목하였다.

③ 새로운 오랑우탄 40마리를 피험자로 삼고 같은 실험을 하였더니 A의 등장 장면에서 21마리가 건초더미를 주목하였다.

④ 오랑우탄 20마리는 단지 건초더미가 상자보다 자신들에게 가까운 곳에 있었기 때문에 건초더미를 주목한 것임이 밝혀졌다.

⑤ 건초더미와 상자 중 어느 쪽도 주목하지 않은 나머지 오랑우탄 10마리는 영상 속의 유인원이 가짜라는 것을 알고 있었다.

카셰어링이란 차를 빌려 쓰는 방법의 하나로, 기존의 방식과는 다르게 시간 또는 분 단위로 필요한 만큼만 자동차를 빌려 사용할 수 있다. 이러한 카셰어링은 비용 절감 효과와 더불어 환경적·사회적 측면에서 현재 세계적으로 주목받고 있는 사업 모델이다. 호주 멜버른시의 조사 자료에 따르면, 카셰어링 차 한 대당 도로상의 개인 소유 차량 9대를 줄이는 효과가 있으며, 실제 카셰어링을 이용하는 사람은 해당 서비스 가입 이후 자동차 사용을 50%까지 줄였다고 한다. 또한 자동차 이용량이 줄어들면 주차 문제를 해결할 수 있으며, 카셰어링 업체에서 제공하는 친환경 차량을 통해 온실가스의 배출을 감소시키는 효과도 기대할 수 있다. 호주 카셰어링 업체 차량의 60% 정도는 경차 또는 하이브리드 차량인 것으로 조사되었다.

호주의 카셰어링 시장규모는 8,360만 호주 달러로, 지난 5년간 연평균 21.7%의 급격한 성장률을 보이고 있다. 전문가들은 호주의 카셰어링 시장이 앞으로도 가파르게 성장해 5년 후에는 현재보다 약 2.5배 증가한 2억 1,920만 호주 달러에 이를 것이며, 이용자 수도 10년 안에 150만 명까지 폭발적으로 늘어날 것이라고 예측하고 있다.

이처럼 호주에서 카셰어링 서비스가 많은 회원을 확보하며 급격한 성장세를 나타내는 데는 비용 측면의 이유가 가장 크다고 볼 수 있다. 호주에서 차량을 소유할 경우 주유비, 서비스비, 보험료, 주차비 등의 부담이 크기 때문이다. 발표 자료에 의하면 차량 2대를 소유한 가족이 구매 금액을 비롯하여 차량 유지비에 쓰는 비용만 연간 12,000호주 달러에서 18,000호주 달러에 이른다고 한다. 호주 자동차 산업에서 경제적·환경적·사회적인 변화에 따라 호주 카셰어링 시장이 폭발적인 성장세를 보이는 것에 주목할 필요가 있다. 전문가들은 카셰어링으로 인해 자동차 산업에 나타나는 변화의 정도를 '위험한 속도'로까지 비유하기도 한다. 카셰어링 차량의 주차공간을 마련하기 위해서 정부의 역할이 매우 중요한 만큼 호주는 정부 차원에서도 카셰어링 서비스를 지원하는 데 적극적으로 움직이고 있다. 호주는 카셰어링 서비스가 발달한 미국, 캐나다, 유럽 대도시에 비하면 아직 뒤처져 있지만, 성장 가능성이 높아 국내기업에서도 차별화된 서비스와 플랫폼을 개발한다면 진출을 시도해 볼 수 있다.

**05** 다음 중 윗글의 제목으로 가장 적절한 것은?

① 호주의 카셰어링 성장 배경과 전망
② 호주 카셰어링 서비스의 장·단점
③ 카셰어링 사업의 세계적 성장 가능성
④ 카셰어링 사업의 성공을 위한 호주 정부의 노력
⑤ 호주에서 카셰어링 서비스가 성공하기 어려운 이유

**06** 다음 중 윗글의 내용으로 적절하지 않은 것은?

① 호주에서 카셰어링 서비스를 이용하는 사람의 경우 가입 이후 자동차 사용률이 50% 감소하였다.
② 호주의 카셰어링 업체가 소유한 차량의 약 60%는 경차 또는 하이브리드 자동차이다.
③ 호주의 카셰어링 시장은 지난 5년간 급격하게 성장하여 현재 8,360만 호주 달러의 규모를 이루고 있다.
④ 호주의 한 가족이 1년간 카셰어링 서비스를 이용할 경우 최대 18,000호주 달러가 사용된다.
⑤ 미국, 캐나다, 유럽 대도시에는 이미 카셰어링 서비스가 발달해 있다.

현대의 도시에서는 정말 다양한 형태를 가진 건축물들을 볼 수 있다. 형태뿐만 아니라 건물 외벽에 주로 사용된 소재 또한 유리나 콘크리트 등 다양하다. 이렇듯 현대에는 몇 가지로 규정하는 것이 아예 불가능할 만큼 다양한 건축양식이 존재한다. 그러나 다양하고 복잡한 현대의 건축양식에 비해 고대의 건축양식은 매우 제한적이었다.

그리스 시기에는 주주식, 주열식, 원형식 신전을 중심으로 몇 가지의 공통된 건축양식을 보인다. 이러한 신전 중심의 그리스 건축양식은 시기가 지나면서 다른 건축물에 영향을 주었다. 신전에만 쓰이던 건축양식이 점차 다른 건물들의 건축에도 사용이 되며 확대되었던 것이다. 대표적으로 그리스 연못은 신전에 쓰이던 기둥의 양식들을 바탕으로 회랑을 구성하기도 하였다.

헬레니즘 시기를 맞이하면서 건축양식을 포함하여 예술 분야가 더욱 발전하며 고대 그리스 시기에 비해 다양한 건축양식이 생겨났다. 뿐만 아니라 건축 기술이 발달하면서 조금 더 다양한 형태의 건축이 가능해졌다. 다층구조나 창문이 있는 벽을 포함한 건축양식 등 필요에 따라 실용적이고 실측적인 건축양식이 나오기 시작한 것이다. 또한 연극의 유행으로 극장이나 무대 등의 건축양식도 등장하기 시작하였다.

로마 시대에 이르러서는 원형 경기장이나 온천, 목욕탕 등 특수한 목적을 가진 건축물들에도 아름다운 건축양식이 적용되었다. 현재에도 많은 사람들이 관광지로서 찾을 만큼, 로마시민들의 위락시설들에는 다양하고 아름다운 건축양식들이 적용되었다.

① 역사적 순서대로 주제의 변천에 대해서 서술하고 있다.
② 전문가의 말을 인용하여 신뢰도를 높이고 있다.
③ 비유적인 표현 방법을 사용하여 문학적인 느낌을 주고 있다.
④ 현대에서 찾을 수 있는 건축물의 예시를 들어 독자의 이해를 돕고 있다.
⑤ 시대별 건축양식의 장단점을 분석하고 있다.

**08** 다음은 문제중심학습(PBL)에 대한 글이다. 제시된 문단에 이어질 내용을 논리적 순서대로 바르게 나열한 것은?

> 개인의 일상생활은 물론 사회생활에서도 의사소통능력은 매우 중요하지만, 과거에는 이러한 중요성에도 불구하고 의사소통능력에 대해 단순 암기 위주의 수업으로 진행해 왔다.

> ㉠ 이러한 문제중심학습(PBL)은 학생들로 하여금 학습에 더 능동적이게 참여하도록 할 뿐만 아니라 자기 주도적으로 문제를 해결할 수 있는 문제해결능력도 기를 수 있도록 돕는다.
>
> ㉡ 따라서 의사소통능력에 관한 지식은 교수자가 단순히 기존에 확립되어 있는 지식을 학습자들에게 이해시키는 강의 교수법이 아니라, 실제 현장에서 일어나는 사례를 예로 들어 실제 현장에서 학습자들이 적용할 수 있는 문제중심학습이 더 적절할 것이다.
>
> ㉢ 하지만 의사소통은 단순히 암기 위주로 배울 수 있는 특정한 장소와 시간에 관한 단편적인 지식이 아니다. 의사소통은 본래 실제 상황에서 발생하는 현상을 잘 관찰하고 이해를 해야만 얻을 수 있는 고차원적인 지식이기 때문이다.
>
> ㉣ 단, 이때 교수자는 학생들이 다양한 문제해결능력을 기를 수 있도록 자신의 생각이나 행동들을 객관적 기준으로 생각하지 않게 하는 것이 중요하다.

① ㉠ - ㉡ - ㉢ - ㉣
② ㉠ - ㉣ - ㉢ - ㉡
③ ㉡ - ㉢ - ㉠ - ㉣
④ ㉢ - ㉠ - ㉣ - ㉡
⑤ ㉢ - ㉡ - ㉠ - ㉣

**09** 다음 문단을 논리적 순서대로 바르게 나열한 것은?

> (가) 하지만 막상 앱을 개발하려 할 때 부딪히는 여러 난관이 있다. 여행지나 주차장에 한 정보를 모으는 것도 문제이고, 정보를 지속적으로 갱신하는 것도 문제이다. 이런 문제 때문에 결국 아이디어를 포기하는 경우가 많다.
>
> (나) 그러나 이제는 아이디어를 포기하지 않아도 된다. 바로 공공 데이터가 있기 때문이다. 공공 데이터는 공공 기관에서 생성, 취득하여 관리하고 있는 정보 중 전자적 방식으로 처리되어 누구나 이용할 수 있도록 국민들에게 제공된 것을 말한다.
>
> (다) 현재 정부에서는 공공 데이터 포털 사이트를 개설하여 국민들이 쉽게 이용할 수 있도록 하고 있다. 공공 데이터 포털 사이트에서는 800여 개 공공 기관에서 생성한 15,000여 건의 공공 데이터를 제공하고 있으며, 제공하는 공공 데이터의 양을 꾸준히 늘리고 있다.
>
> (라) 앱을 개발하려는 사람들은 아이디어가 넘친다. 사람들이 여행 준비를 위해 많은 시간을 허비하는 것을 보면 한 번에 여행 코스를 짜 주는 앱을 만들어 보고 싶어 하고, 도심에 주차장을 못 찾아 헤매는 사람들을 보면 주차장을 쉽게 찾아 주는 앱을 만들어 보고 싶어 한다.

① (가) - (나) - (다) - (라)
② (가) - (라) - (나) - (다)
③ (다) - (가) - (나) - (라)
④ (라) - (가) - (나) - (다)
⑤ (라) - (나) - (다) - (가)

**10** 다음 글의 빈칸에 들어갈 내용으로 가장 적절한 것은?

일반적으로 물체, 객체를 의미하는 프랑스어 '오브제(Objet)'는 라틴어에서 유래된 단어로, 어원적으로는 앞으로 던져진 것을 의미한다. 미술에서 대개 인간이라는 '주체'와 대조적인 '객체'로서의 대상을 지칭할 때 사용되는 오브제가 미술사 전면에 나타나게 된 것은 입체주의 이후이다.

20세기 초 입체파 화가들이 화면에 나타나는 공간을 자연의 모방이 아닌 독립된 공간으로 인식하기 시작하면서 회화는 재현미술로서의 단순한 성격을 벗어나기 시작한다. 즉, '미술은 그 자체가 실재이다. 또한 그것은 객관세계의 계시 혹은 창조이지 그것의 반영이 아니다.'라는 세잔의 사고에 의하여 공간의 개방화가 시작된 것이다. 이는 평면에 실제 사물이 부착되는 콜라주 양식의 탄생과 함께 일상의 평범한 재료들이 회화와 자연스레 연결되는 예술과 비예술의 결합으로 차츰 변화하게 된다.

이러한 오브제의 변화는 다다이즘과 쉬르리얼리즘에서 '일용의 기성품과 자연물 등을 원래의 그 기능이나 있어야 할 장소에서 분리하고, 그대로 독립된 작품으로서 제시하여 일상적 의미와는 다른 상징적·환상적인 의미를 부여하는 것'으로 일반화된다. 그리고 동시에, 기존 입체주의에서 단순한 보조 수단에 머물렀던 오브제를 캔버스와 대리석의 대체하는 확실한 표현 방법으로 완성시켰다.

이후 오브제는 그저 예술가가 지칭하는 것만으로도 우리의 일상생활과 환경 그 자체가 곧 예술작품이 될 수 있음을 주장한다. ＿＿＿＿＿＿＿＿＿＿＿＿＿＿＿＿＿＿＿＿＿ 거기에서 더 나아가 오브제는 일상의 오브제를 다양하게 전환시켜 다양성과 대중성을 내포하고, 오브제의 진정성과 상징성을 제거하는 팝아트에서 다시 한 번 새롭게 변화하기에 이른다.

① 무너진 베를린 장벽의 조각을 시내 한복판에 장식함으로써 예술과 비예술이 결합한 것이다.
② 화려하게 채색된 소변기를 통해 일상성에 환상적인 의미를 부여한 것이다.
③ 평범한 세면대일지라도 예술가에 의해 오브제로 정해진다면 일상성을 간직한 미술과 일치되는 것이다.
④ 폐타이어나 망가진 금관악기 등으로 제작된 자동차를 통해 일상의 비일상화를 나타낸 것이다.
⑤ 기존의 수프 통조림을 실크 스크린으로 동일하게 인쇄하여 손쉽게 대량생산되는 일상성을 풍자하는 것이다.

**11** 다음 글의 주제로 가장 적절한 것은?

정부는 탈원전·탈석탄 공약에 발맞춰 2030년까지 전체 국가 발전량의 20%를 신재생에너지로 채운다는 정책 목표를 수립하였다. 목표를 달성하기 위해 신재생에너지에 대한 송·변전 계획을 제8차 전력수급기본계획에 처음으로 수립하겠다는 게 정부의 방침이다.

정부는 기존의 수급계획이 수급안정과 경제성을 중점적으로 수립된 것에 반해, 8차 계획은 환경성과 안전성을 중점으로 하였다고 밝히고 있으며, 신규 발전설비는 원전, 석탄화력발전에서 친환경, 분산형 재생에너지와 LNG 발전을 우선시하는 방향으로 수요관리를 통합 합리적 목표수용 결정에 주안점을 두었다고 밝혔다. 그동안 많은 NGO 단체에서 에너지 분산에 관한 다양한 제안을 해왔지만 정부 차원에서 고려하거나 논의가 활발히 진행된 적은 거의 없었으며 명목상으로 포함하는 수준이었다. 그러나 이번 정부에서는 탈원전·탈석탄 공약을 제시하는 등 중앙집중형 에너지 생산시스템에서 분산형 에너지 생산시스템으로 정책의 방향을 전환하고자 한다. 이 기조에 발맞춰 분산형 에너지 생산시스템은 지방선거에서도 해당 지역에 대한 다양한 선거공약으로 제시될 가능성이 높다.

중앙집중형 에너지 생산시스템은 환경오염, 송전선 문제, 지역 에너지 불균형 문제 등 다양한 사회적인 문제를 야기하였다. 하지만 그동안은 값싼 전기인 기저전력을 편리하게 사용할 수 있는 환경을 조성하고자 하는 기존 에너지계획과 전력수급계획에 밀려 중앙집중형 발전원 확대가 꾸준히 진행되었다. 그러나 현재 대통령은 중앙집중형 에너지 정책에서 분산형 에너지정책으로 전환되어야 한다는 것을 대선 공약사항으로 밝혀 왔으며, 현재 분산형 에너지정책으로 전환을 모색하기 위한 다각도의 노력을 하고 있다. 이러한 정부의 정책변화와 아울러 석탄화력발전소가 국내 미세먼지에 주는 영향과 일본 후쿠시마 원자력 발전소 문제, 국내 경주 대지진 및 최근 포항 지진 문제 등으로 인한 원자력에 대한 의구심 또한 커지고 있다.

제8차 전력수급계획(안)에 의하면, 우리나라의 에너지 정책은 격변기를 맞고 있다. 우리나라는 현재 중앙집중형 에너지 생산시스템이 대부분이며, 분산형 전원 시스템은 그 설비용량이 극히 적은 상태이다. 또한, 우리나라의 발전설비는 2016년 말 105GW이며, 2014년도 최대 전력치를 보면 80GW 수준이므로, 25GW 정도의 여유가 있는 상태이다. 25GW라는 여유는 원자력발전소 약 25기 정도의 전력생산 설비가 여유가 있는 상황이라고 볼 수 있다. 또한, 제7차 전력수급기본계획의 2015 ~ 2016년 전기수요 증가율을 4.3 ~ 4.7%라고 예상하였으나, 실제 증가율은 1.3 ~ 2.8% 수준에 그쳤다는 점은 우리나라의 전력 소비량 증가량이 둔화하고 있는 상태라는 것을 나타내고 있다.

① 중앙집중형 에너지 생산시스템의 발전 과정
② 에너지 분권의 필요성과 방향
③ 전력 소비량과 에너지 공급량의 문제점
④ 중앙집중형 에너지 정책의 한계점
⑤ 전력수급기본계획의 내용과 수정 방안 모색

**12** 다음 중 '뉴로리더십'에 대한 설명으로 적절하지 않은 것은?

베스트셀러 작가이자 미래학자인 다니엘 핑크(Daniel Pink)는 앞으로의 세상은 하이콘셉트(High-Concept), 하이터치(High-Touch)의 시대가 될 것이라고 했다. 하이콘셉트는 예술적, 감성적 아름다움을 창조하는 능력을 말하며, 하이터치는 공감을 이끌어내는 능력을 말한다. 즉, 미래에는 뇌를 쓰는 방식이 달라져야 함을 의미한다.

지금까지의 세계는 체계화된 정보를 바탕으로 품질 좋은 제품을 대량생산하여 규모의 경제를 이루고, 시장을 개척해 부지런히 노력하면 어느 정도는 성공할 수 있는 경쟁체제였다. 경쟁사보다 논리적이고 체계적으로 정보를 분석해 소비자의 니즈를 만족시킬 수 있도록 하는 좌뇌형 사회였다고 할 수 있다.

하지만 세상은 빠르게 변하고 있다. 정보를 많이 가지고 있는 것보다는 그 정보를 이용해 어떤 새로운 아이디어를 도출해 내느냐가 더욱 중요한 시대가 된 것이다. 동일한 정보를 가지고 남들이 미처 생각하지 못했던 아이디어를 떠올리고 숨겨진 고객의 니즈를 이끌어냄으로써 시장을 주도할 수 있는 통찰력과 창의력이 중요한 성공 포인트가 되고 있다.

하지만 4차 산업혁명이 강조되고 있는 오늘날, 우리나라에서는 안타깝게도 창의적인 아이디어를 바탕으로 혁신적인 비즈니스 모델을 만들어낸 기업은 거의 보이지 않는 것 같다. 최근 미국의 기술분석 잡지인 〈MIT Technology Review〉의 발표에 따르면 세계 50대 혁신기업 중에 우리나라 기업은 단 하나도 들지 못했다.

창의적인 아이디어가 중요한 4차 산업혁명 시대에는 경영의 패러다임도 그에 맞춰 변화해야 한다. 무엇보다 큰 틀에서 세상의 변화를 바라보고 그것을 선도할 수 있는 통찰력이 필요하다. 그러나 아쉽게도 우리나라 기업은 여전히 '일' 중심의 관리문화가 굳건하게 자리잡고 있어 '나무는 보되 숲은 보지 못하는' 근시안적 자세에서 벗어나지 못하고 있다. 아무리 시스템이 잘 갖춰져 있고 관리체계가 뛰어나도 사람이라는 자원이 투입되지 않고서는 좋은 아이디어가 도출될 수 없다. 창의적인 아이디어란 결국 사람의 머리를 거치지 않고서는 나올 수 없기 때문이다.

결국 관리의 중심축이 '일'에서 '사람'으로 바뀌지 않으면 안 된다. '일' 중심의 관리문화에서는 초점이 '효율'과 '생산성'에 맞춰져 있으며 사람은 그것을 보조하는 일개 수단에 지나지 않는다. 반면, '사람' 중심의 관리문화에서는 '창조성'과 '가치'에 초점이 맞춰져 있다. 효율과 생산성을 높이기 위한 수단에 불과했던 사람 그 자체가 관리의 중심이 된다. 사람이 관리의 중심이 되기 위해서는 인간이 가진 두뇌의 특성을 이해해야 한다. 두뇌의 작동 메커니즘과 생물학적인 특성이 이해되어야만 그것이 가진 잠재력과 가치를 최대한으로 활용할 수 있다. 이러한 관점에서 인간의 두뇌 특성을 이해하고 모든 조직구성원이 최대한 창의적으로 뇌를 활용할 수 있게 함으로써 미래의 경영 환경에서 살아남을 수 있도록 만들어주는 혁신적인 툴이 뉴로리더십이라 하겠다.

① 구성원들이 최대한 창의적으로 뇌를 활용할 수 있게 하는 것이다.
② 창조성과 가치가 관리의 중심축이라고 말할 수 있다.
③ 일보다 사람을 우선시하는 관리문화를 말한다.
④ 인간이 가진 두뇌의 특성을 이해하는 것을 바탕으로 한다.
⑤ 근시안적인 자세를 가지고 행동하는 리더십을 말한다.

신문이나 잡지는 대부분 유료로 판매된다. 반면에 인터넷 뉴스 사이트는 신문이나 잡지의 기사와 같거나 비슷한 내용을 무료로 제공한다. 왜 이런 현상이 발생하는 것일까?

이 현상 속에는 경제학적 배경이 숨어 있다. 대체로 상품의 가격은 그 상품을 생산하는 데 드는 비용의 언저리에서 결정된다. 생산 비용이 많이 들수록 상품의 가격이 상승하는 것이다. 그런데 인터넷에 게재되는 기사를 생산하는 데 드는 비용은 0원에 가깝다. 기자가 컴퓨터로 작성한 기사를 신문사 편집실로 보내 종이 신문에 게재하고, 그 기사를 그대로 재활용하여 인터넷 뉴스 사이트에 올리기 때문이다. 또한, 인터넷 뉴스 사이트 방문자 수가 증가하면 사이트에 걸어 놓은 광고에 대한 수입도 증가하게 된다. 이러한 이유로 신문사들은 경쟁적으로 인터넷 뉴스 사이트를 개설하여 무료로 운영했던 것이다.

그런데 이렇게 무료로 인터넷 뉴스 사이트를 이용하는 사람들이 폭발적으로 늘어나면서 돈을 지불하고 신문이나 잡지를 구독하는 사람들이 점점 줄어들기 시작했다. 그 결과 언론사들의 수익률이 감소하여 재정이 악화되었다. 문제는 여기서 그치지 않는다. 언론사들의 재정적 악화는 깊이 있고 정확한 뉴스를 생산하는 그들의 능력을 저하시키거나 사라지게 할 수도 있다. 결국 그로 인한 피해는 뉴스를 이용하는 소비자에게로 되돌아올 것이다.

그래서 점차 언론사들, 특히 신문사들의 재정악화 개선을 위해 인터넷 뉴스를 유료화해야 한다는 의견이 나타나고 있다. 하지만 그러한 주장을 현실화하는 것은 그리 간단하지 않다. 소비자들은 어떤 상품을 구매할 때 그 상품의 가격이 얼마 정도면 구입할 것이고, 얼마 이상이면 구입하지 않겠다는 마음의 선을 긋는다. 이 선의 최대치가 바로 최대 지불의사(Willingness to Pay)이다. 소비자들의 머릿속에 한번 각인된 최대 지불의사는 좀처럼 변하지 않는 특성이 있다. 인터넷 뉴스의 경우 오랫동안 소비자에게 무료로 제공되었고, 그러는 사이 인터넷 뉴스에 대한 소비자들의 최대 지불의사도 0원으로 굳어진 것이다. 그런데 이제 와서 무료로 이용하던 정보를 유료화한다면 소비자들은 여러 이유를 들어 불만을 토로할 것이다.

해외 신문 중 일부 경제 전문지는 이러한 문제를 성공적으로 해결했다. 그들은 매우 전문화되고 깊이 있는 기사를 작성하여 소비자에게 제공하는 대신 인터넷 뉴스 사이트를 유료화했다. 그럼에도 불구하고 많은 소비자들이 기꺼이 돈을 지불하고 이들 사이트의 기사를 이용하고 있다. 전문화되고 맞춤화된 뉴스일수록 유료화 잠재력이 높은 것이다. 이처럼 제대로 된 뉴스를 만드는 공급자와 정당한 값을 내고 제대로 된 뉴스를 소비하는 수요자가 만나는 순간 문제해결의 실마리를 찾을 수 있을 것이다.

**13** 다음 중 윗글의 바탕이 되는 경제관으로 적절하지 않은 것은?

① 경제적 이해관계는 사회현상의 변화를 초래한다.

② 상품의 가격이 상승할수록 소비자의 수요가 증가한다.

③ 소비자들의 최대 지불의사는 상품의 구매 결정과 밀접한 관련이 있다.

④ 일반적으로 상품의 가격은 상품 생산의 비용과 가까운 수준에서 결정된다.

⑤ 적정 수준의 상품가격이 형성될 때 소비자의 권익과 생산자의 이익이 보장된다.

**14** 다음 중 윗글을 읽은 사람들의 반응으로 적절하지 않은 것은?

① 정보를 이용할 때 정보의 가치에 상응하는 이용료를 지불하는 것은 당연한 거라고 생각해.
② 현재 무료인 인터넷 뉴스 사이트를 유료화하려면 먼저 전문적이고 깊이 있는 기사를 제공해야만 해.
③ 인터넷 뉴스가 광고를 통해 수익을 내는 경우도 있으니, 신문사의 재정을 악화시키는 것만은 아니야.
④ 인터넷 뉴스 사이트 유료화가 정확하고 공정한 기사를 양산하는 결과에 직결되는 것은 아니라고 생각해.
⑤ 인터넷 뉴스만 보는 독자들의 행위가 품질이 나쁜 뉴스를 생산하게 만드는 근본적인 원인이므로 종이 신문을 많이 구독해야겠어.

**15** 다음 글의 중심 내용으로 가장 적절한 것은?

쇼펜하우어에 따르면 우리가 살고 있는 세계의 진정한 본질은 의지이며 그 속에 있는 모든 존재는 맹목적인 삶에의 의지에 의해서 지배당하고 있다. 쇼펜하우어는 우리가 일상적으로 또는 학문적으로 접근하는 세계는 단지 표상의 세계일뿐이라고 주장하는데, 인간의 이성은 단지 이러한 표상의 세계만을 파악할 수 있을 뿐이다. 그에 따르면 존재하는 세계의 모든 사물들은 우선적으로 표상으로서 드러나게 된다. 시간과 공간 그리고 인과율에 의해서 파악되는 세계가 나의 표상인데, 이러한 표상의 세계는 오직 나에 의해서, 즉 인식하는 주관에 의해서만 파악되는 세계이다. 쇼펜하우어에 따르면 이러한 주관은 모든 현상의 세계, 즉 표상의 세계에서 주인의 역할을 하는 '나'이다.

이러한 주관을 이성이라고 부를 수도 있는데, 이성은 표상의 세계를 이끌어가는 주인공의 역할을 하는 것이다. 그러나 쇼펜하우어는 여기서 한발 더 나아가 표상의 세계에서 주인의 역할을 하는 주관 또는 이성은 의지의 지배를 받는다고 주장한다. 즉, 쇼펜하우어는 이성에 의해서 파악되는 세계의 뒤편에는 참된 본질적 세계인 의지의 세계가 있으므로 표상의 세계는 제한적이며 표면적인 세계일 뿐, 이성에 의해서 또는 주관에 의해서 결코 파악될 수 없다고 주장한다. 오히려 그는 그동안 인간이 진리를 파악하는 데 최고의 도구로 칭송받던 이성이나 주관을 의지에 끌려 다니는 피지배자일 뿐이라고 비판한다.

① 세계의 본질로서 의지의 세계
② 표상 세계의 극복과 그 해결 방안
③ 의지의 세계와 표상의 세계 간의 차이
④ 세계의 주인으로서 주관의 표상 능력
⑤ 표상 세계 안에서의 이성의 역할과 한계

**16** 다음 A ~ C의 주장에 대한 평가로 적절한 것을 〈보기〉에서 모두 고르면?

A : 정당에 대한 충성도와 공헌도를 공직자 임용 기준으로 삼아야 한다. 이는 전쟁에서 전리품은 승자에게 속한다는 국제법의 규정에 비유할 수 있다. 즉, 주기적으로 실시되는 대통령 선거에서 승리한 정당이 공직자 임용의 권한을 가져야 한다는 것이다. 이러한 임용 방식은 공무원에 대한 정치 지도자의 지배력을 강화해 지도자가 구상한 정책 실현을 용이하게 할 수 있다.

B : 공직자 임용 기준은 개인의 능력·자격·적성에 두어야 하며 공개경쟁 시험을 통해서 공무원을 선발하는 것이 좋다. 그러면 신규 채용 과정에서 공개와 경쟁의 원칙이 준수되기 때문에 정실 개입의 여지가 줄어든다. 공개경쟁 시험은 무엇보다 공직자 임용에서 기회균등을 보장하여 우수한 인재를 임용함으로써 행정의 능률을 높일 수 있고 공무원의 정치적 중립을 통하여 행정의 공정성이 확보될 수 있다는 장점이 있다. 또한, 공무원의 신분보장으로 행정의 연속성과 직업적 안정성도 강화될 수 있다.

C : 사회를 구성하는 모든 지역 및 계층으로부터 인구 비례에 따라 공무원을 선발하고, 그들을 정부 조직 내의 각 직급에 비례적으로 배치함으로써 정부 조직이 사회의 모든 지역과 계층에 가능한 한 공평하게 대응하도록 구성되어야 한다. 공무원들은 가치중립적인 존재가 아니다. 그들은 자신의 출신 집단의 영향을 받은 가치관과 신념을 가지고 정책 결정과 집행에 깊숙이 개입하고 있으며, 이 과정에서 자신의 견해나 가치를 반영하고자 노력한다.

〈보기〉

ㄱ. 공직자 임용의 정치적 중립성을 보장할 필요성이 대두된다면, A의 주장은 설득력을 얻는다.
ㄴ. 공직자 임용과정의 공정성을 높일 필요성이 부각된다면, B의 주장은 설득력을 얻는다.
ㄷ. 인구의 절반을 차지하는 비수도권 출신 공무원의 비율이 1/4에 그쳐 지역 편향성을 완화할 필요성이 제기된다면, C의 주장은 설득력을 얻는다.

① ㄱ
② ㄴ
③ ㄷ
④ ㄱ, ㄷ
⑤ ㄴ, ㄷ

**17** 다음 글의 내용으로 가장 적절한 것은?

> 인류가 남긴 수많은 미술 작품을 살펴보다 보면 다양한 동물들이 등장하고 있음을 알 수 있다. 미술 작품 속에 등장하는 동물에는 일상에서 흔히 접할 수 있는 개나 고양이, 꾀꼬리 등도 있지만 해태나 봉황 등 인간의 상상에서 나온 동물도 적지 않다.
>
> 미술 작품에 등장하는 동물은 그 성격에 따라 나누어 보면 종교적·주술적인 동물, 신을 위한 동물, 인간을 위한 동물로 구분할 수 있다. 물론 이 구분은 엄격한 것이 아니므로 서로의 개념을 넘나들기도 하며, 여러 뜻을 동시에 갖기도 한다.
>
> 종교적·주술적인 성격의 동물은 가장 오랜 연원을 가진 것으로, 사냥 미술가들의 미술에 등장하거나 신앙을 목적으로 형성된 토템 등에서 확인할 수 있다. 여기에 등장하는 동물들은 대개 초자연적인 강대한 힘을 가지고 인간 세계를 지배하거나 수호하는 신적인 존재이다. 인간의 이지가 발달함에 따라 이들의 신적인 기능은 점차 감소하여, 결국 이들은 인간에게 봉사하는 존재로 전락하고 만다.
>
> 동물은 절대적인 힘을 가진 신의 위엄을 뒷받침하고 신을 도와 치세(治世)의 일부를 분담하기 위해 이용되기도 한다. 이 동물들 역시 현실 이상의 힘을 가지며 신성시되는 것이 보통이지만, 이는 어디까지나 신의 권위를 강조하기 위한 것에 지나지 않는다. 이들은 신에게 봉사하기 위해서 많은 동물 중에서 특별히 선택된 것들이다. 그리하여 그 신분에 알맞은 모습으로 조형화되었다.

① 미술 작품 속에는 일상에서 흔히 접할 수 있는 개나 고양이, 꾀꼬리 등이 주로 등장하고, 해태나 봉황 등은 찾아보기 어렵다.

② 미술 작품에 등장하는 동물은 성격에 따라 종교적·주술적인 동물, 신을 위한 동물, 인간을 위한 동물로 엄격하게 구분한다.

③ 종교적·주술적 성격의 동물은 초자연적인 강대한 힘으로 인간 세계를 지배하거나 수호하는 신적인 존재로 나타난다.

④ 인간의 이지가 발달함에 따라 신적인 기능이 감소한 종교적·주술적 동물은 신에게 봉사하는 존재로 전락한다.

⑤ 신의 위엄을 뒷받침하고 신을 도와 치세의 일부를 분담하기 위해 이용되는 동물은 별다른 힘을 지니지 않는다.

### 〈승진심사 점수〉

(단위 : 점)

| 구분 | 기획력 | 업무실적 | 조직 성과업적 | 청렴도 | 승진심사 평점 |
|---|---|---|---|---|---|
| B과장 | 80 | 72 | 78 | 70 | |
| D대리 | 60 | 70 | 48 | | 63.6 |

※ 승진심사 평점은 기획력 30%, 업무실적 30%, 조직 성과업적 25%, 청렴도 15%로 계산한다.
※ 부문별 만점 기준점수는 100점이다.

**18** 다음 중 D대리의 청렴도 점수로 옳은 것은?

① 80점　　　　　　　　　　② 81점
③ 82점　　　　　　　　　　④ 83점
⑤ 84점

**19** K사에서 과장이 승진후보에 오르기 위해서는 승진심사 평점이 80점 이상이어야 한다. B과장이 승진후보가 되려면 몇 점이 더 필요한가?

① 4.2점　　　　　　　　　　② 4.4점
③ 4.6점　　　　　　　　　　④ 4.8점
⑤ 5.0점

※ 다음은 K개발공사의 직원 평균보수 현황이다. 이어지는 질문에 답하시오. [20~21]

<직원 평균보수 현황>

(단위 : 천 원, 명, 월)

| 구분 | 2018년 결산 | 2019년 결산 | 2020년 결산 | 2021년 결산 | 2022년 결산 | 2023년 결산 |
|---|---|---|---|---|---|---|
| 월 급여(A+B+C+D+E+F) | 71,740 | 74,182 | 73,499 | 70,575 | 71,386 | 69,663 |
| 기본급(A) | 53,197 | 53,694 | 53,881 | 53,006 | 53,596 | 53,603 |
| 고정수당(B) | 859 | 824 | 760 | 696 | 776 | 789 |
| 실적수당(C) | 6,620 | 7,575 | 7,216 | 5,777 | 5,712 | 6,459 |
| 급여성 복리후생비(D) | 866 | 963 | 967 | 1,094 | 1,118 | 1,291 |
| 경영평과 성과급(E) | 1,508 | 1,828 | 1,638 | 1,462 | 1,566 | 0 |
| 기타 성과상여금(F) | 8,690 | 9,298 | 9,037 | 8,540 | 8,618 | 7,521 |
| 1인당 평균 보수액 | 70,232 | 72,354 | 71,861 | 69,113 | 69,821 | 69,665 |
| (남성) | 0 | 0 | 79,351 | 76,332 | 77,142 | 69,665 |
| (여성) | 0 | 0 | 56,802 | 55,671 | 57,250 | 69,665 |
| 상시 종업원 수 | 505.66 | 500.13 | 522.06 | 554.40 | 560.92 | 580.00 |
| (남성) | 0 | 0 | 348.66 | 360.67 | 354.49 | 367.00 |
| (여성) | 0 | 0 | 173.40 | 193.73 | 206.43 | 213.00 |
| 평균근속연수 | 205.32 | 202.68 | 196.08 | 191.76 | 189.95 | 188.80 |
| (남성) | 0 | 0 | 220.68 | 221.64 | 224.72 | 230.67 |
| (여성) | 0 | 0 | 135.72 | 139.32 | 132.55 | 143.32 |

※ 경영평가 성과급의 경우 당해 연도 예산은 경영평가 결과 미확정으로 0으로 기재한다.
※ 현재는 2024년이다.

**20** 다음 중 자료에 대한 설명으로 옳은 것은?

① 5천만 원이 넘는 기본급이 2018년 이후 지속적으로 증가하고 있다.

② 1인당 평균 보수액은 남성 직원이 여성 직원보다 매년 많다.

③ 기본급의 1.5배를 뛰어넘는 1인당 평균 보수액이 2018년 이후 지속적으로 증가하고 있다.

④ 상시 종업원 수가 2018년 이후 지속적으로 늘고 있으며, 여성 직원의 비율은 아직까지 32%대에 머물고 있다.

⑤ 평균근속연수가 2018년 이후 지속적으로 감소하고 있으며, 남성 직원이 여성 직원보다 재직기간이 긴 편이다.

**21** 월 급여에서 A~F 각 항목이 각각 차지하는 구성비를 나타내는 차트를 작성하려고 한다. 활용하기에 가장 적절한 그래프의 형태는 무엇인가?

① 점 그래프    ② 방사형 그래프
③ 원 그래프    ④ 막대 그래프
⑤ 선 그래프

**22** 다음은 수도권 지역의 기상실황표이다. 이에 대한 설명으로 옳지 않은 것은?

〈기상실황표〉

| 구분 | 시정 (km) | 현재기온 (℃) | 이슬점 온도 (℃) | 불쾌지수 | 습도 (%) | 풍향 | 풍속 (m/s) | 기압 (hPa) |
|---|---|---|---|---|---|---|---|---|
| 서울 | 6.9 | 23.4 | 14.6 | 70 | 58 | 동 | 1.8 | 1012.7 |
| 백령도 | 0.4 | 16.1 | 15.2 | 61 | 95 | 동남동 | 4.4 | 1012.6 |
| 인천 | 10 | 21.3 | 15.3 | 68 | 69 | 서남서 | 3.8 | 1012.9 |
| 수원 | 7.7 | 23.8 | 16.8 | 72 | 65 | 남서 | 1.8 | 1012.9 |
| 동두천 | 10.1 | 23.6 | 14.5 | 71 | 57 | 남남서 | 1.5 | 1012.6 |
| 파주 | 20 | 20.9 | 14.7 | 68 | 68 | 남남서 | 1.5 | 1013.1 |
| 강화 | 4.2 | 20.7 | 14.8 | 67 | 67 | 남동 | 1.7 | 1013.3 |
| 양평 | 6.6 | 22.7 | 14.5 | 70 | 60 | 동남동 | 1.4 | 1013 |
| 이천 | 8.4 | 23.7 | 13.8 | 70 | 54 | 동북동 | 1.4 | 1012.8 |

① 시정이 가장 좋은 곳은 파주이다.
② 이슬점 온도가 가장 높은 지역은 불쾌지수 또한 가장 높다.
③ 불쾌지수가 70을 초과한 지역은 2곳이다.
④ 현재기온이 가장 높은 지역은 이슬점 온도와 습도 또한 가장 높다.
⑤ 시정이 가장 좋지 않은 지역은 풍속이 가장 강하다.

**23** K기업은 B복사기 업체에서 복사지를 구입하고 있다. K기업은 복사지 20,000장을 구매하면 10개월 동안 사용하고, B복사기 업체는 복사지 16,000장을 사용한 후에 미리 연락을 달라고 하였다. 현재 K기업이 지난 10개월보다 두 배의 복사지를 사용해야 할 때, 지금부터 몇 개월 후에 연락해야 하는가?(단, 매달 사용하는 복사지 수는 같다)

① 2개월
② 3개월
③ 4개월
④ 5개월
⑤ 6개월

**24** 다음은 A국과 B국의 축구 대결을 앞두고 양국의 골키퍼, 수비(중앙 수비, 측면 수비), 미드필드, 공격(중앙 공격, 측면 공격) 능력을 영역별로 평가한 결과이다. 이에 대한 설명으로 옳지 않은 것은?(단, 원 중심에서 멀어질수록 점수가 높아진다)

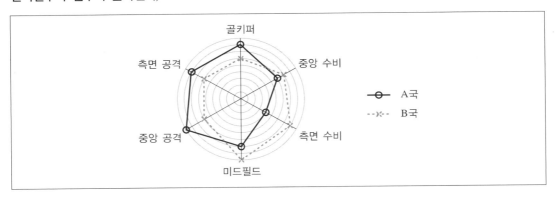

① A국은 공격보다 수비에 약점이 있다.
② B국은 미드필드보다 공격에서의 능력이 뛰어나다.
③ A국과 B국은 측면 수비 능력에서 가장 큰 차이가 난다.
④ A국과 B국 사이에 가장 작은 차이를 보이는 영역은 중앙 수비이다.
⑤ 골키퍼의 역량이 보다 뛰어난 국가는 A국이다.

**25** 다음은 K기업의 재화 생산량에 따른 총 생산비용의 변화를 나타낸 자료이다. 〈보기〉 중 기업의 생산 활동에 대한 설명으로 옳은 것을 모두 고르면?(단, 재화 1개당 가격은 7만 원이다)

| 생산량(개) | 0 | 1 | 2 | 3 | 4 | 5 |
|---|---|---|---|---|---|---|
| 총 생산비용(만 원) | 5 | 9 | 12 | 17 | 24 | 33 |

〈보기〉

ㄱ. 2개와 5개를 생산할 때의 이윤은 동일하다.
ㄴ. 이윤을 극대화하면서 가능한 최대 생산량은 4개이다.
ㄷ. 4개에서 5개로 생산량을 증가시킬 때 이윤은 증가한다.
ㄹ. 1개를 생산하는 것보다 생산을 하지 않는 것이 손해가 적다.

① ㄱ, ㄴ           ② ㄱ, ㄷ
③ ㄴ, ㄷ           ④ ㄴ, ㄹ
⑤ ㄷ, ㄹ

**26** 다음은 인터넷 공유활동 참여 현황을 정리한 자료이다. 이를 바르게 이해하지 못한 사람은?

〈인터넷 공유활동 참여율(복수응답)〉

(단위 : %)

| 구분 | | 커뮤니티 이용 | 퍼나르기 | 블로그 운영 | 댓글달기 | UCC게시 |
|---|---|---|---|---|---|---|
| 성별 | 남성 | 79.1 | 64.1 | 49.9 | 52.2 | 46.1 |
| | 여성 | 76.4 | 59.6 | 55.1 | 38.4 | 40.1 |
| 연령 | 10대 | 75.1 | 63.9 | 54.7 | 44.3 | 51.3 |
| | 20대 | 88.8 | 74.4 | 76.3 | 47.3 | 54.4 |
| | 30대 | 77.3 | 58.5 | 46.3 | 44.0 | 37.5 |
| | 40대 | 66.0 | 48.6 | 27.0 | 48.2 | 29.6 |

※ 성별, 연령별 조사인원은 동일하다.

① A사원 : 자료에 의하면 20대가 다른 연령대에 비해 인터넷상에서 공유활동을 활발히 참여하고 있네요.
② B주임 : 대체로 남성이 여성에 비해 상대적으로 활발한 활동을 하고 있는 것 같아요. 그런데 블로그 운영 활동은 여성이 더 많네요.
③ C대리 : 남녀 간의 참여율 격차가 가장 큰 영역은 댓글달기네요. 반면에 커뮤니티 이용은 남녀 간의 참여율 격차가 가장 적네요.
④ D사원 : 10대와 30대의 공유활동 참여율을 크기순으로 나열하면 재미있게도 두 연령대의 활동 순위가 동일하네요.
⑤ E사원 : 40대는 대부분의 공유활동에서 모든 연령대의 참여율보다 낮지만, 댓글달기에서는 가장 높은 참여율을 보이고 있네요.

**27** 다음은 청소년의 경제의식에 대한 설문조사 결과이다. 이에 대한 설명으로 옳은 것은?

〈경제의식에 대한 설문조사 결과〉

(단위 : %)

| 설문 내용 | 구분 | 전체 | 성별 | | 학교별 | |
|---|---|---|---|---|---|---|
| | | | 남 | 여 | 중학교 | 고등학교 |
| 용돈을 받는지 여부 | 예 | 84.2 | 82.9 | 85.4 | 87.6 | 80.8 |
| | 아니오 | 15.8 | 17.1 | 14.6 | 12.4 | 19.2 |
| 월간 용돈 금액 | 5만 원 미만 | 75.2 | 73.9 | 76.5 | 89.4 | 60 |
| | 5만 원 이상 | 24.8 | 26.1 | 23.5 | 10.6 | 40 |
| 금전출납부 기록 여부 | 기록한다. | 30 | 22.8 | 35.8 | 31 | 27.5 |
| | 기록 안 한다. | 70 | 77.2 | 64.2 | 69.0 | 72.5 |

① 용돈을 받는 남학생의 비율이 용돈을 받는 여학생의 비율보다 높다.
② 월간 용돈을 5만 원 미만으로 받는 비율은 중학생이 고등학생보다 높다.
③ 고등학생 전체 인원을 100명이라 한다면, 월간 용돈을 5만 원 이상 받는 학생은 40명이다.
④ 금전출납부는 기록하는 비율이 기록 안 하는 비율보다 높다.
⑤ 용돈을 받지 않는 중학생 비율이 용돈을 받지 않는 고등학생 비율보다 높다.

**28** K사원은 각 생산부서의 사업평가 자료를 취합하였는데 커피를 흘려 자료의 일부가 훼손되었다. 다음 중 빈칸 (가) ~ (라)에 들어갈 수치로 옳은 것은?(단, 인건비와 재료비 이외의 투입요소는 없다)

〈사업평가 자료〉

| 구분 | 목표량 | 인건비 | 재료비 | 산출량 | 효과성 순위 | 효율성 순위 |
|---|---|---|---|---|---|---|
| A부서 | (가) | 200 | 50 | 500 | 3 | 2 |
| B부서 | 1,000 | (나) | 200 | 1,500 | 2 | 1 |
| C부서 | 1,500 | 1,200 | (다) | 3,000 | 1 | 3 |
| D부서 | 1,000 | 300 | 500 | (라) | 4 | 4 |

※ (효과성)＝(산출량)÷(목표량)
※ (효율성)＝(산출량)÷(투입량)

|  | (가) | (나) | (다) | (라) |
|---|---|---|---|---|
| ① | 300 | 500 | 800 | 800 |
| ② | 500 | 800 | 300 | 800 |
| ③ | 800 | 500 | 300 | 300 |
| ④ | 500 | 300 | 800 | 800 |
| ⑤ | 800 | 800 | 300 | 500 |

**29** 어느 한 사람이 5지선다형 문제 2개를 풀고자 한다. 첫 번째 문제의 정답은 선택지 중 1개이지만, 두 번째 문제의 정답은 선택지 중 2개이며, 모두 맞혀야 정답으로 인정된다. 두 문제 중 하나만 맞힐 확률은?

① 18%　　　　　　　　　　　　② 20%

③ 26%　　　　　　　　　　　　④ 30%

⑤ 44%

**30** 다음은 2023년 우리나라의 LPCD(Liter Per Capital Day)에 대한 자료이다. 1인 1일 사용량에서 영업용 사용량이 차지하는 비중과 1인 1일 가정용 사용량의 하위 두 항목이 차지하는 비중을 순서대로 바르게 나열한 것은?(단, 소수점 셋째 자리에서 반올림한다)

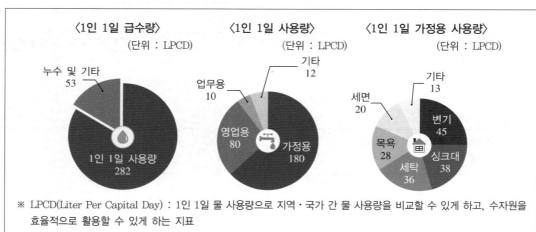

※ LPCD(Liter Per Capital Day) : 1인 1일 물 사용량으로 지역·국가 간 물 사용량을 비교할 수 있게 하고, 수자원을 효율적으로 활용할 수 있게 하는 지표

① 27.57%, 16.25%　　　　　　② 27.57%, 19.24%

③ 28.37%, 18.33%　　　　　　④ 28.37%, 19.24%

⑤ 30.56%, 20.78%

**31** 다음은 지역별 전력 최종에너지 소비량 변화에 대한 자료이다. 〈보기〉 중 이에 대한 설명으로 옳지 않은 것은?

〈지역별 전력 최종에너지 소비량 변화〉

| 구분 | 2013년 | | 2023년 | | 연평균 증가율(%) |
|---|---|---|---|---|---|
| | 소비량(천 TOE) | 비중(%) | 소비량(천 TOE) | 비중(%) | |
| 전국 | 28,588 | 100.0 | 41,594 | 100.0 | 3.8 |
| 서울 | 3,485 | 12.2 | 3,903 | 9.4 | 1.1 |
| 부산 | 1,427 | 5.0 | 1,720 | 4.1 | 1.9 |
| 대구 | 1,063 | 3.7 | 1,286 | 3.1 | 1.9 |
| 인천 | 1,562 | 5.5 | 1,996 | 4.8 | 2.5 |
| 광주 | 534 | 1.9 | 717 | 1.7 | 3.0 |
| 대전 | 624 | 2.2 | 790 | 1.9 | 2.4 |
| 울산 | 1,793 | 6.3 | 2,605 | 6.3 | 3.8 |
| 세종 | – | – | 227 | 0.5 | – |
| 경기 | 5,913 | 20.7 | 9,034 | 21.7 | 4.3 |
| 강원 | 1,065 | 3.7 | 1,394 | 3.4 | 2.7 |
| 충북 | 1,244 | 4.4 | 1,974 | 4.7 | 4.7 |
| 충남 | 1,931 | 6.8 | 4,067 | 9.8 | 7.7 |
| 전북 | 1,169 | 4.1 | 1,899 | 4.6 | 5.0 |
| 전남 | 1,617 | 5.7 | 2,807 | 6.7 | 5.7 |
| 경북 | 2,852 | 10.0 | 3,866 | 9.3 | 3.1 |
| 경남 | 2,072 | 7.2 | 2,913 | 7.0 | 3.5 |
| 제주 | 238 | 0.8 | 381 | 0.9 | 4.8 |

〈보기〉

전력은 모든 지역에서 소비가 증가하였다. 특히 ㉠ 충청남도가 7.7%로 가장 높은 상승세를 나타냈으며, 이어서 ㉡ 전라도가 5%대의 연평균 증가율을 보이며 뒤를 이었다. 또한 ㉢ 서울과 달리 부산 및 인천 지역은 그에 비해 증가율이 상대적으로 낮은 편인 것으로 나타났다.

인구가 가장 많은 경기도는 20%대의 비중을 유지하면서 가장 높은 수준의 전력을 소비하는 지역으로 나타났으며, ㉣ 2013년에 두 번째로 많은 전력을 소비했던 서울은 충청남도에 밀려 2023년에는 세 번째가 되었다.

한편, ㉤ 전국 에너지 소비량은 10년 사이 10,000천 TOE 이상의 증가를 나타냈다.

① ㉠
② ㉡
③ ㉢
④ ㉣
⑤ ㉤

**32** 다음은 지역별 마약류 단속에 대한 자료이다. 이에 대한 설명으로 옳은 것은?

〈지역별 마약류 단속 건수〉

(단위 : 건, %)

| 구분 | 대마 | 코카인 | 향정신성의약품 | 합계 | 비중 |
|---|---|---|---|---|---|
| 서울 | 49 | 18 | 323 | 390 | 22.1 |
| 인천·경기 | 55 | 24 | 552 | 631 | 35.8 |
| 부산 | 6 | 6 | 166 | 178 | 10.1 |
| 울산·경남 | 13 | 4 | 129 | 146 | 8.3 |
| 대구·경북 | 8 | 1 | 138 | 147 | 8.3 |
| 대전·충남 | 20 | 4 | 101 | 125 | 7.1 |
| 강원 | 13 | 0 | 35 | 48 | 2.7 |
| 전북 | 1 | 4 | 25 | 30 | 1.7 |
| 광주·전남 | 2 | 4 | 38 | 44 | 2.5 |
| 충북 | 0 | 0 | 21 | 21 | 1.2 |
| 제주 | 0 | 0 | 4 | 4 | 0.2 |
| 전체 | 167 | 65 | 1,532 | 1,764 | 100.0 |

※ 수도권은 서울과 인천·경기를 합한 지역이다.
※ 마약류는 대마, 코카인, 향정신성의약품으로만 구성된다.

① 대마 단속 전체 건수는 코카인 단속 전체 건수의 3배 이상이다.
② 수도권의 마약류 단속 건수는 마약류 단속 전체 건수의 50% 이상이다.
③ 코카인 단속 건수가 없는 지역은 5곳이다.
④ 향정신성의약품 단속 건수는 대구·경북 지역이 광주·전남 지역의 4배 이상이다.
⑤ 강원 지역은 향정신성의약품 단속 건수가 대마 단속 건수의 3배 이상이다.

다음은 K시 5개 구 주민의 돼지고기 소비량에 대한 자료이다. 〈조건〉을 토대로 변동계수가 3번째로 큰 곳은?

〈5개 구 주민의 돼지고기 소비량 통계〉

(단위 : kg)

| 구분 | 평균(1인당 소비량) | 표준편차 |
|---|---|---|
| A | ( ) | 5.0 |
| B | ( ) | 4.0 |
| C | 30 | 6.0 |
| D | 12 | 4.0 |
| E | ( ) | 8.0 |

※ (변동계수)$=\dfrac{(\text{표준편차})}{(\text{평균})}\times100$

―〈조건〉―
- A구의 1인당 소비량과 B구의 1인당 소비량을 합하면 C구의 1인당 소비량과 같다.
- A구의 1인당 소비량과 D구의 1인당 소비량을 합하면 E구 1인당 소비량의 2배와 같다.
- E구의 1인당 소비량은 B구의 1인당 소비량보다 6.0kg 더 많다.

① A구  
② B구  
③ C구  
④ D구  
⑤ E구

**34** 다음은 4개 지역 국제선에 대한 통계이다. 이에 대한 설명으로 옳은 것은?

〈지역별 여객 및 화물 현황〉

(단위 : 명, 톤)

| 지역 | 여객 | | | 화물 | | |
|---|---|---|---|---|---|---|
| | 도착 | 출발 | 합계 | 도착 | 출발 | 합계 |
| 일본 | 3,661,457 | 3,683,674 | 7,345,131 | 49,302.60 | 49,812.30 | 99,114.90 |
| 미주 | 222 | 107 | 329 | 106.7 | 18.4 | 125.1 |
| 동남아 | 2,785,258 | 2,757,248 | 5,542,506 | 36,265.70 | 40,503.50 | 76,769.20 |
| 중국 | 1,884,697 | 1,834,699 | 3,719,396 | 25,217.60 | 31,315.80 | 56,533.40 |

〈지역별 운항 현황〉

(단위 : 편)

| 지역 | 운항편수 | | |
|---|---|---|---|
| | 도착 | 출발 | 합계 |
| 일본 | 21,425 | 21,433 | 42,858 |
| 미주 | 5 | 1 | 6 |
| 동남아 | 16,713 | 16,705 | 33,418 |
| 중국 | 12,427 | 12,446 | 24,873 |

① 중국 국제선의 출발 여객 1명당 출발 화물량은 도착 여객 1명당 도착 화물량보다 적다.

② 미주 국제선의 전체 화물 중 도착 화물이 차지하는 비중은 90%를 초과한다.

③ 동남아 국제선의 도착 운항 1편당 도착 화물량은 2톤 이상이다.

④ 중국 국제선의 도착 운항편수는 일본 국제선의 도착 운항편수의 70% 이상이다.

⑤ 각 국가의 전체 화물 중 도착 화물이 차지하는 비중은 동남아 국제선이 일본 국제선보다 높다.

**35** K공사에 대한 SWOT 분석 결과가 다음과 같을 때, 〈보기〉 중 SWOT 분석 내용으로 옳은 것을 모두 고르면?

〈SWOT 분석 결과〉

| 구분 | 분석 결과 |
|---|---|
| 강점(Strength) | • 해외 가스공급기관 대비 높은 LNG 구매력<br>• 세계적으로 우수한 배관 인프라 |
| 약점(Weakness) | • 타 연료 대비 높은 단가 |
| 기회(Opportunity) | • 북아시아 가스관 사업 추진 논의 지속<br>• 수소 자원 개발 고도화 추진중 |
| 위협(Threat) | • 천연가스에 대한 수요 감소 추세<br>• 원전 재가동 확대 전망에 따른 에너지 점유율 감소 가능성 |

〈보기〉

ㄱ. 해외 기관 대비 LNG 확보가 용이하다는 점을 근거로 북아시아 가스관 사업 추진 시 우수한 효율을 이용하는 것은 SO전략에 해당한다.

ㄴ. 지속적으로 감소할 것으로 전망되는 천연가스 수요를 북아시아 가스관 사업을 통해 확보하는 것은 ST전략에 해당한다.

ㄷ. 수소 자원 개발을 고도화하여 다른 연료 대비 상대적으로 높았던 공급단가를 낮추려는 R&D 사업 추진은 WO전략에 해당한다.

ㄹ. 높은 LNG 확보 능력을 이용해 상대적으로 높은 가스 공급단가가 더욱 상승하는 것을 방지하는 것은 WT전략에 해당한다.

① ㄱ, ㄴ
② ㄱ, ㄷ
③ ㄴ, ㄷ
④ ㄴ, ㄹ
⑤ ㄷ, ㄹ

※ 서울에 사는 A~E 5명의 고향은 각각 대전, 대구, 부산, 광주, 춘천 중 한 곳이다. 이들은 명절을 맞아 열차 1~3을 타고 고향에 내려가고자 한다. 열차 탑승 정보가 다음 〈조건〉과 같을 때, 이어지는 질문에 답하시오. [36~38]

〈조건〉

- 열차 2는 대전, 춘천을 경유하여 부산까지 가는 열차이다.
- A의 고향은 부산이다.
- E는 어떤 열차를 타도 고향에 갈 수 있다.
- 열차 1에는 D를 포함한 세 사람이 탄다.
- C와 D가 함께 탈 수 있는 열차는 없다.
- B가 탈 수 있는 열차는 열차 2뿐이다.
- 열차 2와 열차 3이 지나는 지역은 대전을 제외하고 중복되지 않는다.

**36** 다음 중 E의 고향은 어디인가?

① 대전
② 대구
③ 부산
④ 광주
⑤ 춘천

**37** 다음 중 열차 2를 탈 수 있는 사람을 모두 고르면?

① A, B, E
② A, C, E
③ A, D, E
④ B, C, E
⑤ B, D, E

**38** 다음 중 열차 1이 광주를 경유한다고 할 때, 열차 3에 타는 사람과 목적지는 어디인가?

① A – 부산
② C – 대전
③ C – 대구
④ D – 대구
⑤ E – 대전

**39** K공사는 직원 20명에게 줄 명절 선물 품목을 조사하였다. 다음은 유통업체별 품목 가격과 직원들의 품목 선호도를 나타낸 자료이다. 〈조건〉을 토대로 K공사에서 구매하는 물품과 업체를 바르게 연결한 것은?

<업체별 품목 금액>

| 구분 | | 1세트당 가격 | 혜택 |
|------|------|------|------|
| A업체 | 돼지고기 | 37,000원 | 10세트 이상 주문 시 배송 무료 |
| | 건어물 | 25,000원 | |
| B업체 | 소고기 | 62,000원 | 20세트 주문 시 10% 할인 |
| | 참치 | 31,000원 | |
| C업체 | 스팸 | 47,000원 | 50만 원 이상 주문 시 배송 무료 |
| | 김 | 15,000원 | |

<구성원 품목 선호도>

| 순위 | 품목 | 순위 | 품목 |
|------|------|------|------|
| 1 | 소고기 | 2 | 참치 |
| 3 | 돼지고기 | 4 | 스팸 |
| 5 | 건어물 | 6 | 김 |

〈조건〉

• 1 ~ 3순위 품목에서 배송비를 제외한 총금액이 80만 원 이하인 품목을 택한다(할인 혜택 적용 가격).
• 모든 업체의 배송비는 1세트당 2,000원이다.
• 차순위 상품의 총금액이 30만 원 이상 저렴할 경우 차순위로 준비한다.
• 선택된 품목의 배송비를 제외한 총금액이 50만 원 미만일 경우 6순위 품목과 함께 준비한다.

① 업체 – B / 상품 – 참치
② 업체 – C / 상품 – 스팸, 김
③ 업체 – B, C / 상품 – 참치, 김
④ 업체 – A, C / 상품 – 돼지고기, 김
⑤ 업체 – A, B / 상품 – 건어물, 소고기

**40** 다음은 A와 B의 시계조립 작업지시서이다. 〈조건〉에 따라 작업할 때, B의 최종 완성 시간과 유휴 시간은 각각 얼마인가?(단, 이동 시간은 고려하지 않는다)

---

〈작업지시서〉

▶ 각 공작 기계 및 소요 시간
  1. 앞면 가공용 A공작 기계 : 20분
  2. 뒷면 가공용 B공작 기계 : 15분
  3. 조립 : 5분

▶ 공작 순서
  시계는 각 1대씩 만들며 A는 앞면부터 가공하여 뒷면 가공 후 조립하고, B는 뒷면부터 가공하여 앞면 가공 후 조립하기로 하였다.

---

〈조건〉

• A, B공작 기계는 각 1대씩이며 모두 사용해야 하고, 두 명이 동시에 작업을 시작한다.
• 조립은 가공이 이루어진 후 즉시 실시한다.
• 완성된 시계는 작동하기 전에 조립에 걸리는 시간만큼 유휴 시간을 가진다.

---

    최종 완성 시간      유휴 시간
①      40분            5분
②      45분            5분
③      45분            10분
④      50분            5분
⑤      50분            10분


**41** 김대리는 회의 참석자의 역할을 고려해 A ~ F 총 6명이 앉을 6인용 원탁 자리를 세팅 중이다. 다음 〈조건〉을 모두 만족하도록 세팅했을 때, 나란히 앉게 되는 사람은 누구인가?

---

〈조건〉

• 원탁 둘레로 6개의 의자를 같은 간격으로 세팅한다.
• A가 C와 F 중 한 사람의 바로 옆 자리에 앉도록 세팅한다.
• D의 바로 옆 자리에 C나 E가 앉지 않도록 세팅한다.
• A가 좌우 어느 쪽을 봐도 B와의 사이에 2명이 앉도록 세팅하고, B의 바로 왼쪽 자리에 F가 앉도록 세팅한다.

---

① A와 D                    ② A와 E
③ B와 C                    ④ B와 D
⑤ C와 F

**42** 다음은 18세기 조선의 직업별 연봉 및 품목별 가격에 대한 자료이다. 이에 대한 설명으로 옳지 않은 것은?

〈18세기 조선의 직업별 연봉〉

| 구분 | | 곡물(섬) | | 면포(필) | 현재 원화가치(원) |
|---|---|---|---|---|---|
| | | 쌀 | 콩 | | |
| 관료 | 정1품 | 25 | 3 | – | 5,854,400 |
| | 정5품 | 17 | 1 | – | 3,684,800 |
| | 종9품 | 7 | 1 | – | 1,684,800 |
| 궁녀 | 상궁 | 11 | 1 | – | ( ) |
| | 나인 | 5 | 1 | – | 1,284,800 |
| 군인 | 기병 | 7 | 2 | 9 | ( ) |
| | 보병 | 3 | – | 9 | 1,500,000 |

〈18세기 조선의 품목별 가격〉

| 품목 | 곡물(1섬) | | 면포(1필) | 소고기(1근) | 집(1칸) | |
|---|---|---|---|---|---|---|
| | 쌀 | 콩 | | | 기와집 | 초가집 |
| 가격 | 5냥 | 7냥 1전 2푼 | 2냥 5전 | 7전 | 21냥 6전 5푼 | 9냥 5전 5푼 |

※ 1냥=10전=100푼

① 18세기 조선의 1푼의 가치는 현재 원화가치로 환산할 경우 400원과 같다.

② 기병 연봉은 종9품 연봉보다 많고 정5품 연봉보다 적다.

③ 정1품 관료의 12년치 연봉은 100칸 기와집의 가격보다 적다.

④ 상궁 연봉은 보병 연봉의 2배 이상이다.

⑤ 나인의 1년치 연봉으로 살 수 있는 소고기는 40근 이상이다.

〈배송이용약관〉

▶ 배송기간
① 당일배송상품은 오전 주문 시 상품 당일 오후 배송(단, 당일 배송 주문마감 시간은 지점마다 상이함)
② 일반배송상품은 전국 택배점 상품은 상품 결제 완료 후 평균 2 ~ 4일 이내 배송완료
③ 일반배송상품은 택배사를 이용해 배송되므로 주말, 공휴일, 연휴에는 배송되지 않음
④ 당일배송의 경우 각 지점에 따라 배송정책이 상이하므로 이용매장에 직접 확인해야 함
⑤ 꽃 배송은 전국 어디서나 3시간 내에 배달 가능(단, 도서 산간지역 등 일부 지역 제외, 근무시간 내 주문접수 되어야 함)

▶ 배송비
① K클럽(K마트 점포배송)을 제외한 상품은 무료배송이 원칙(단, 일부 상품의 경우 상품가격에 배송비가 포함될 수 있으며, 도서지역의 경우 도선료, 항공료 등이 추가될 수 있음)
② K클럽 상품은 지점별로 배송비 적용 정책이 상이함(해당점 이용안내 확인 필요)
③ 도서상품은 배송비 무료
④ CD / DVD 상품은 39,000원 미만 주문 시 배송비 3,000원 부과
⑤ 화장품 상품은 30,000원 미만 주문 시 배송비 3,000원 부과
⑥ 기타 별도의 배송비 또는 설치비가 부과되는 경우에는 해당 상품의 구매페이지에 게재함

▶ 배송확인
① [나의 e쇼핑 → 나의 쇼핑정보 → 주문 / 배송현황]에서 배송현황의 배송조회 버튼을 클릭하여 확인할 수 있음
② 주문은 [주문완료] → [결제완료] → [상품준비 중] → [배송 중] → [배송완료] 순으로 진행
  • [주문완료] : 상품대금의 입금 미확인 또는 결제가 미완료된 접수 상태
  • [결제완료] : 대금결제가 완료되어 주문을 확정한 상태
  • [상품준비 중] : 공급처가 주문내역을 확인 후 상품을 준비하여 택배사에 발송을 의뢰한 상태
  • [배송 중] : 공급처에 배송지시를 내린 상태(공급처가 상품을 발송한 상태)
  • [배송완료] : 배송이 완료되어 고객님이 상품을 인수한 상태
  ※ 배송주소가 2곳 이상인 경우 주문할 상품의 상세페이지에서 [대량주문하기] 버튼을 클릭하면 여러 배송지로 상품 보내기 가능(배송주소를 여러 곳 설정할 때는 직접 입력 또는 엑셀파일로 작성 후 파일업로드 2가지 방식 이용)

**43** 서울 R대학의 기숙사 룸메이트인 갑과 을은 K마트에서 각각 물건을 구매했다. 두 명 모두 일반배송상품을 이용하였으며, 갑은 화장품 세트를, 을은 책 3권을 구매하였다. 이 경우 각각 물건을 구매하는 데 배송비를 포함하여 얼마가 들었는가?(단, 갑이 구매한 화장품 세트는 29,900원이며, 을이 구매한 책은 각각 10,000원이다)

|     | 갑 | 을 |
| --- | --- | --- |
| ① | 29,900원 | 30,000원 |
| ② | 29,900원 | 33,000원 |
| ③ | 30,900원 | 33,000원 |
| ④ | 32,900원 | 33,000원 |
| ⑤ | 32,900원 | 30,000원 |

**44** 서울에 사는 병은 K마트에서 해운대에 사시는 부모님께 보내드릴 사과 한 박스를 주문했다. 사과는 K마트 일반배송상품으로 가격은 32,000원인데 현재 25% 할인을 하고 있다. 배송비를 포함하여 상품을 구매하는 데 총 얼마가 들었으며, 상품은 부모님 댁에 늦어도 언제까지 배송될 예정인가?

| 일 | 월 | 화 | 수 | 목 | 금 | 토 |
| --- | --- | --- | --- | --- | --- | --- |
| 1 | 2 | 3 | 4 | 5 | 6<br><br>상품 결제완료 | 7 |
| 8 | 9 | 10 | 11 | 12 | 13 | 14 |

|     | 총가격 | 배송 완료일 |
| --- | --- | --- |
| ① | 24,000원 | 9일 월요일 |
| ② | 24,000원 | 12일 목요일 |
| ③ | 27,000원 | 10일 화요일 |
| ④ | 32,000원 | 12일 목요일 |
| ⑤ | 32,000원 | 13일 금요일 |

※ K악기회사는 기타를 만들 때마다 다음과 같은 규칙을 적용하여 시리얼 번호를 부여하고 있다. 창고에 남은 기타들의 시리얼 넘버를 정리한 자료가 〈보기〉와 같을 때, 이어지는 질문에 답하시오. **[45~46]**

<K악기회사 시리얼 번호 부여 방법>

| MZ09042589 | | |
|---|---|---|
| | M | 생산한 공장을 의미한다. (M=멕시코) |
| | Z | 생산한 시대를 의미한다. (Z=2000년대) |
| | 0904 | 생산연도와 월을 의미한다. (09=2009년, 04=4월) |
| | 2589 | 생산된 순서를 의미한다. (2589번) |

| 생산한 공장 | | 생산한 시대 | |
|---|---|---|---|
| 미국 | U | 1960년대 | V |
| 중국 | C | 1970년대 | W |
| 베트남 | V | 1980년대 | X |
| 멕시코 | M | 1990년대 | Y |
| 필리핀 | P | 2000년대 | Z |
| 인도네시아 | I | 2010년대 | A |

―〈보기〉―

| CZ09111213 | VA27126459 | IA12025512 | VZ09080523 | MX95025124 | PA15114581 | VY94085214 | IZ04081286 |
|---|---|---|---|---|---|---|---|
| PY93122569 | MZ06077856 | MY03123268 | VZ03033231 | CZ05166237 | VA13072658 | CZ01120328 | IZ08112384 |
| MX89124587 | PY96064568 | CZ11128465 | PY91038475 | VZ09122135 | IZ03081657 | CA12092581 | CY12056487 |
| VZ08203215 | MZ05111032 | CZ05041249 | IA12159561 | MX83041235 | PX85124982 | IA11129612 | PZ04212359 |
| CY87068506 | IA10052348 | VY97089548 | MY91084652 | VA07107459 | CZ09063216 | MZ01124523 | PZ05123458 |

**45** 다음 〈보기〉의 시리얼 번호를 생산한 공장을 기준으로 분류할 때, 모두 몇 개의 분류로 나뉠 수 있는가?

① 2개
② 3개
③ 4개
④ 5개
⑤ 6개

**46** 다음 〈보기〉의 시리얼 번호 중 생산연도와 월이 잘못 기입된 번호가 있다고 한다. 잘못 기입된 시리얼 번호는 모두 몇 개인가?

① 10개
② 11개
③ 12개
④ 13개
⑤ 14개

**47** K공사는 현재 모든 사원과 연봉 협상을 하는 중이다. 연봉은 전년도 성과지표에 따라 결정되며 직원들의 성과지표가 다음과 같을 때, 가장 많은 연봉을 받을 직원은 누구인가?

〈성과지표별 가중치〉

(단위 : 원)

| 성과지표 | 수익 실적 | 업무 태도 | 영어 실력 | 동료 평가 | 발전 가능성 |
| --- | --- | --- | --- | --- | --- |
| 가중치 | 3,000,000 | 2,000,000 | 1,000,000 | 1,500,000 | 1,000,000 |

〈사원별 성과지표 결과〉

| 구분 | 수익 실적 | 업무 태도 | 영어 실력 | 동료 평가 | 발전 가능성 |
| --- | --- | --- | --- | --- | --- |
| A사원 | 3 | 3 | 4 | 4 | 4 |
| B사원 | 3 | 3 | 3 | 4 | 4 |
| C사원 | 5 | 2 | 2 | 3 | 2 |
| D사원 | 3 | 3 | 2 | 2 | 5 |
| E사원 | 4 | 2 | 5 | 3 | 3 |

※ (당해 연도 연봉)=3,000,000원+(성과금)
※ 성과금은 각 성과지표와 그에 해당하는 가중치를 곱한 뒤 모두 더한다.
※ 성과지표의 평균이 3.5 이상인 경우 당해 연도 연봉에 1,000,000원이 추가된다.

① A사원
② B사원
③ C사원
④ D사원
⑤ E사원

〈상황〉

K사는 냉동핫도그를 주력으로 판매하고 있다. 현재까지 높은 판매율을 보이고 있으나, 제품개발팀에서는 새로운 제품을 만들겠다고 아이디어를 제시한다. 하지만 경영진의 반응은 차갑기만 하다.

〈회의 내용〉

제품개발팀장 : 저희 팀에서는 새로운 제품을 개발하자는 의견이 계속해서 나오고 있습니다. 현재의 상품에 좋은 반응이 이어지고 있지만, 이 제품만으로는 안주할 수 없습니다. 신제품 개발에 대해 서로의 상황을 인지하고 문제 상황을 해결해 보자는 의미로 이 회의 자리를 마련했습니다. 각 팀 내에서 거론되었던 의견들을 제시해 주십시오.

기획팀장 : 저희는 찬성하는 입장입니다. 요즘처럼 고객의 요구가 빠르게 변화하는 사회에선 끊임없는 새로운 제품 개발과 출시가 당연한 듯합니다.

마케팅팀장 : 최근 냉동핫도그 고급화 전략을 내세우는 곳이 많던데요. 혹시 제품개발팀에서는 어떤 방향으로 제품 개발을 생각하고 있으신가요?

제품개발팀장 : 네, 저희도 고급화로 접근하고자 합니다. 단순히 간단하게 먹는 음식이 아닌 간단하지만 유명 맛집이나 호텔에서 즐길 수 있는 그런 퀄리티가 높은 음식으로 말이죠. 기존엔 조리법도 너무 간단하게 안내가 되었는데, 이제는 더욱 색다르고 제대로 된 맛을 느낄 수 있는 조리법도 함께 담았으면 합니다. 특히 핫도그에 감자나 고구마를 이용하여 여러 종류의 냉동핫도그를 출시하고자 합니다.

마케팅팀장 : 그런데 냉동핫도그 보관이 길고 간편한 것이 장점인데, 고급화하게 되면 보관 기간이 줄어들거나 조리법이 어려워지는 건 아닐까요?

제품개발팀장 : 저희도 그 부분들에 대해 고민 중입니다. 다양한 재료를 생각해 보았으나, 냉동과 해동 과정에서 맛이 바뀌는 경우들이 있어서 아직 다양한 재료들을 더 고민해 봐야 할 것 같습니다.

기획팀장 : 보관 기간은 정말 중요합니다. 재고관리에도 도움이 되고요.

마케팅팀장 : 퀄리티는 높이되 간편함과 보관 기간은 유지하자는 말씀이시죠?

제품개발부장 : 네, 그렇습니다. 우선 다양한 종류의 제품을 만들게 되었을 때, 물량 차이가 얼마나 있는지도 확인이 필요할 것 같습니다.

연구팀장 : 네, 그 부분에 대해서는 조금 더 논의가 필요할 것 같습니다. 검토해 보겠습니다.

마케팅팀장 : 좋은 의견들이 많이 나온 것 같습니다. 고급화 신제품뿐 아니라 또 다른 제품이나 브랜딩에 대한 의견이 있으시다면 자유롭게 말씀해 주세요.

**48** 다음 중 윗글의 내용에 해당하는 문제해결 과정 단계는?

① 문제인식            ② 문제도출

③ 원인분석            ④ 해결안 개발

⑤ 해결안 실행 및 평가

**49** 다음 중 윗글을 통해 알 수 있는 문제해결을 위한 사고로 가장 적절한 것은?

① 전략적 사고         ② 분석적 사고

③ 발상의 전환         ④ 내외부자원의 효과적 활용

⑤ 사실 지향적 사고

**50** K회사는 창립 10주년을 맞이하여 전 직원 단합대회를 준비하고 있다. 이를 위해 사장인 B씨는 여행상품 중 한 가지를 선정하려 하는데, 직원 투표 결과를 통해 결정하려고 한다. 직원 투표 결과와 여행상품별 혜택은 다음과 같고, 추가로 행사를 위한 부서별 고려사항을 참고하여 선택할 경우 〈보기〉에서 옳은 것을 모두 고르면?

〈직원 투표 결과〉

| 상품내용 | | 투표 결과(표) | | | | | |
|---|---|---|---|---|---|---|---|
| 여행상품 | 1인당 비용(원) | 총무팀 | 영업팀 | 개발팀 | 홍보팀 | 공장1 | 공장2 |
| A | 500,000 | 2 | 1 | 2 | 0 | 15 | 6 |
| B | 750,000 | 1 | 2 | 1 | 1 | 20 | 5 |
| C | 600,000 | 3 | 1 | 0 | 1 | 10 | 4 |
| D | 1,000,000 | 3 | 4 | 2 | 1 | 30 | 10 |
| E | 850,000 | 1 | 2 | 0 | 2 | 5 | 5 |

〈여행상품별 혜택 정리〉

| 상품명 | 날짜 | 장소 | 식사제공 | 차량지원 | 편의시설 | 체험시설 |
|---|---|---|---|---|---|---|
| A | 5/10 ~ 5/11 | 해변 | ○ | ○ | × | × |
| B | 5/10 ~ 5/11 | 해변 | ○ | ○ | ○ | × |
| C | 6/7 ~ 6/8 | 호수 | ○ | ○ | ○ | × |
| D | 6/15 ~ 6/17 | 도심 | ○ | × | ○ | ○ |
| E | 7/10 ~ 7/13 | 해변 | ○ | ○ | ○ | × |

〈부서별 고려사항〉

- 총무팀 : 행사 시 차량 지원이 가능함
- 영업팀 : 6월 초순에 해외 바이어와 가격 협상 회의 일정이 있음
- 공장1 : 3일 연속 공장 비가동 시 제품의 품질 저하가 예상됨
- 공장2 : 7월 중순에 공장 이전 계획이 있음

──────── 〈보기〉 ────────

ⓐ 여행상품 비용으로 총 1억 500만 원이 필요하다.
ⓑ 투표 결과 가장 인기가 많은 여행상품은 B이다.
ⓒ 공장1의 A, B 투표 결과가 바뀐다면 여행상품 선택은 변경된다.

① ㉠
② ㉠, ㉡
③ ㉠, ㉢
④ ㉡, ㉢
⑤ ㉠, ㉡, ㉢

www.sdedu.co.kr

# 3권

# 제3회
# 코레일 한국철도공사 고졸채용

## NCS 직업기초능력평가

〈문항 및 시험시간〉

| 평가영역 | 문항 수 | 시험시간 | 모바일 OMR 답안분석 |
|---|---|---|---|
| 의사소통능력＋수리능력＋문제해결능력 | 50문항 | 60분 | |

www.sdedu.co.kr

**01** 다음 기사를 읽고 적절하지 않은 반응을 보인 사람은?

> 코레일이 봄 여행주간과 5월 가정의 달을 맞아 가격부담으로 KTX 여행을 망설였던 고객을 위해 반값으로 KTX를 이용할 수 있는 '사랑여행 KTX 묶음상품'을 4월 24일부터 출시한다.
>
> 이 상품은 가족, 친지, 친구 등 2명 이상(최대 9명까지)이 함께 출발일 기준으로 최대 7일 이내의 KTX를 왕복으로 이용할 경우 반값으로 구매할 수 있는 상품이다. 이 상품의 운영기간은 4월 24일부터 10월 23일까지이며, 대상열차는 아침 일찍 또는 저녁 늦게 출발하는 열차 중 '사랑여행 KTX 묶음상품'으로 지정된 열차이다.
>
> 이는 대다수 여행객이 아침 일찍 또는 저녁 늦게 출발하는 여행패턴을 반영한 것이다. '사랑여행 KTX 묶음상품'은 코레일톡+ 하단 테마여행 → 사랑여행 KTX 묶음상품, 홈페이지에서는 일반승차권 → 왕복 → 사랑여행 KTX 묶음상품 메뉴에서 출발 2일 전까지 구매할 수 있다. 단, 이 상품은 실 수요자를 보호하기 위해 반환수수료가 높게 설정되어 있으므로 꼭 필요한 경우에만 구매해야 한다.
>
> 이번 '사랑여행 KTX 묶음상품'을 통해 고속버스보다 저렴하고 자가용과는 비슷한 수준의 비용으로 여행을 즐길 수 있게 되었다. 예를 들어, 어른 3명이 '사랑여행 KTX 묶음상품'으로 서울에서 부산까지 이용 시 운임은 179,400원으로 고속버스보다 저렴하며 가족여행이나 단체여행 시 많이 이용할 것으로 기대되고 있다.
>
> ※ 서울 ↔ 부산 간 3인이 고속버스 왕복 이용 시 205,200원(34,200원×3명×2회)
> ※ 서울 ↔ 부산 간(792km) 승용차 왕복 이용 시 165,000원(통행료 54천 원+유류비 111천 원)
>  ⇒ 소나타 2,000cc 기준(연비 10.7km/L, 유류비 1,500원/L 기준)
> ※ 출발 2일 전 수수료 없음, 출발 1일 전 10%, 당일 출발 전 20%, 출발 후 ~ 도착시각 전 70%, 왕편 열차 도착시각 이후 복편 승차권 반환 불가

① A사원 : 2명 이상 최대 9명까지 가능하니 가족들이랑 단체로 여행 갈 때 사용하면 좋겠어.

② B사원 : 하지만 아침 또는 저녁 출발 기차밖에 없어서 기차 선택에 제약은 있어.

③ C사원 : 반환수수료가 높게 설정되어 있으니 신중하게 구매해야겠어.

④ D사원 : 코레일톡+에서 테마여행으로 들어가면 티켓을 쉽게 구매할 수 있겠어.

⑤ E사원 : 서울에서 부산으로 여행 갈 때 고속버스나 자가용보다 저렴하게 갈 수 있으니 다음에 이용해야지.

**02** A지점을 출발하여 B지점에 도착하는 K열차와 G열차가 있다. K열차는 G열차보다 분당 속도가 3km 빠르다. 두 열차가 동시에 A지점을 출발했고, 전체 운행 거리의 $\frac{4}{5}$ 지점에서 K열차가 분당 속도를 5km 늦췄더니, 두 열차가 B지점에 동시에 도착했다. K열차의 처음 출발 속도는 얼마인가?

① 6km/min

② 7km/min

③ 8km/min

④ 9km/min

⑤ 10km/min

**03** 다음은 민간 분야 사이버 침해사고 발생현황에 대한 자료이다. 이에 대한 설명으로 옳지 않은 것을 〈보기〉에서 모두 고르면?

〈민간 분야 사이버 침해사고 발생현황〉

(단위 : 건)

| 구분 | 2020년 | 2021년 | 2022년 | 2023년 |
|---|---|---|---|---|
| 홈페이지 변조 | 6,490 | 10,148 | 5,216 | 3,727 |
| 스팸릴레이 | 1,163 | 988 | 731 | 365 |
| 기타 해킹 | 3,175 | 2,743 | 4,126 | 2,961 |
| 단순침입시도 | 2,908 | 3,031 | 3,019 | 2,783 |
| 피싱 경유지 | 2,204 | 4,320 | 3,043 | 1,854 |
| 전체 | 15,940 | 21,230 | 16,135 | 11,690 |

〈보기〉

ㄱ. 단순침입시도 분야의 침해사고는 매년 스팸릴레이 분야의 침해사고 건수의 두 배 이상이다.

ㄴ. 2020년 대비 2023년 침해사고 건수가 50% 이상 감소한 분야는 2개 분야이다.

ㄷ. 2022년 홈페이지 변조 분야의 침해사고 건수가 차지하는 비중은 35% 이하이다.

ㄹ. 2021년 대비 2023년은 모든 분야의 침해사고 건수가 감소하였다.

① ㄱ, ㄴ

② ㄱ, ㄹ

③ ㄴ, ㄷ

④ ㄴ, ㄹ

⑤ ㄷ, ㄹ

**04** A ~ F 6명이 동시에 가위바위보를 해서 아이스크림 내기를 했는데 결과가 〈조건〉과 같았다. 다음 중 내기에서 이긴 사람을 모두 고르면?(단, 비긴 경우는 없었다)

---
〈조건〉

- 6명이 낸 것이 모두 같거나, 가위·바위·보 3가지가 모두 포함되는 경우 비긴 것으로 한다.
- A는 가위를 내지 않았다.
- B는 바위를 내지 않았다.
- C는 A와 같은 것을 냈다.
- D는 E에게 졌다.
- F는 A에게 이겼다.
- B는 E에게 졌다.
---

① A, C  ② E, F
③ A, B, C  ④ B, C, E
⑤ B, D, F

**05** 다음 글에 대한 분석으로 옳은 것을 〈보기〉에서 모두 고르면?

---
식탁을 만드는 데 노동과 자본만 투입된다고 가정하자. 노동자 1명의 시간당 임금은 8,000원이고, 노동자는 1명이 투입되어 A기계 또는 B기계를 사용하여 식탁을 생산한다. A기계를 사용하면 10시간이 걸리고, B기계를 사용하면 7시간이 걸린다. 이때 식탁 1개의 시장가격은 100,000원이고, 식탁 1개를 생산하는 데 드는 임대료는 A기계의 경우 10,000원, B기계의 경우 20,000원이다.

만약 A, B기계 중 어떤 것을 사용해도 생산된 식탁의 품질은 같다고 한다면, 기업은 어떤 기계를 사용할 것인가?(단, 작업 환경·물류비 등 다른 조건은 고려하지 않는다)
---

---
〈보기〉

ㄱ. 기업은 B기계보다는 A기계를 선택할 것이다.
ㄴ. '어떻게 생산할 것인가?'에 대한 경제 문제이다.
ㄷ. 합리적인 선택을 했다면, 식탁 1개당 24,000원의 이윤을 기대할 수 있다.
ㄹ. A기계를 선택하는 경우 식탁 1개를 만드는 데 드는 비용은 70,000원이다.
---

① ㄱ, ㄴ  ② ㄱ, ㄷ
③ ㄴ, ㄷ  ④ ㄴ, ㄹ
⑤ ㄷ, ㄹ

**06** 다음 글의 내용으로 적절하지 않은 것은?

최근 4차 산업혁명과 사물인터넷에 대한 관심이 증대하고 있다. 4차 산업혁명은 디지털, 바이오, 물리학 등 다양한 경계를 융합한 기술혁명이 그 핵심이며 기술융합을 위하여 사물인터넷을 적극적으로 활용한다는 것이 주요 내용이라 할 수 있다. 4차 산업혁명은 2016년 초 세계경제포럼의 가장 중요한 회의인 다보스포럼의 주제로 '4차 산업혁명의 이해'가 채택됨으로써 전 세계 많은 사람들의 주목을 받는 어젠다*로 급부상하게 됐다. 4차 산업혁명을 촉발시키는 중요한 기술 중 하나는 사물인터넷이다.

미국의 정보기술 연구회사 가트너(Gartner)가 2011년 10대 전략기술 중 하나로 사물인터넷을 선정한 이후 사물인터넷과 그 확장 개념들이라 할 수 있는 만물인터넷 및 만물정보 등을 현재까지 매년 10대 전략기술에 포함시키고 있을 정도로 사물인터넷은 정보통신기술 중 가장 중요한 기술로 자리 잡았다.

사물인터넷을 활용하는 정보통신기술의 변화를 반영하는 스마트도시가 전 세계적으로 확산 중에 있다. 그 결과 2008년 선진국 중심으로 20여 개에 불과하던 스마트도시 관련 프로젝트는 최근 5년 사이 중국, 인도, 동남아시아, 남미, 중동 국가들을 포함하여 600여 개 이상의 도시에서 스마트도시 관련 프로젝트들이 추진 중에 있다.

우리나라는 한국형 스마트도시라고 할 수 있는 유비쿼터스도시(U-City) 프로젝트를 해외 도시들에 비하여 비교적 빠르게 추진하였다. 한국에서는 2003년부터 시민 삶의 질 향상 및 도시 경쟁력 제고를 목표로 신도시 개발과정에 직접 적용하는 U-City 프로젝트를 추진하였으며 해외 국가들에 비하여 빠른 정책적 지원 및 스마트도시 구축과 운영을 위한 재정 투자 등을 통하여 실무적 경험이 상대적으로 우위에 있다.

하지만 최근 신도시형 스마트도시 구축 위주의 한국형 스마트도시 모델은 한계점을 노출하게 된다. 최근 국내 건설경기 침체, 수도권 제2기 신도시 건설의 만료 도래 등으로 U-City 투자가 위축되었으며 대기업의 U-City 참여 제한 등으로 신도시 중심의 U-City 사업 모델 성장 동력이 축소되는 과정을 최근까지 겪어왔다. 또한, U-City 사업이 지능화시설물 구축 혹은 통합운영센터의 건설로 표면화되었지만, 공공주도 및 공급자 중심의 스마트도시 시설투자는 정책 수혜자인 시민의 체감으로 이어지지 못하는 한계가 발생하게 된다.

* 어젠다 : 모여서 서로 의논할 사항이나 주제

① 4차 산업혁명은 디지털, 바이오, 물리학 등 다양한 경계를 융합한 기술혁명이 그 핵심이다.
② 4차 산업혁명을 촉발시키는 중요한 기술 중 하나는 사물인터넷이다.
③ 만물인터넷 및 만물정보 등은 사물인터넷의 확장 개념으로 정보통신기술의 중요한 기술로 자리 잡았다.
④ 우리나라는 한국형 스마트도시라고 할 수 있는 유비쿼터스도시(U-City) 프로젝트를 비교적 빠르게 추진하였다.
⑤ 스마트도시 시설투자의 수혜자인 시민의 체감으로 이어지지 못하는 이유는 대기업 주도의 투자이기 때문이다.

**07** 다음은 K사원이 작성한 보고서의 일부이다. K사원의 보고서를 확인한 B대리는 띄어쓰기가 적절하게 사용되지 않은 것을 보고, K사원에게 문서 작성 시 유의해야 할 띄어쓰기에 대해 조언을 하려고 한다. B대리가 조언할 내용으로 적절하지 않은 것은?

> 국내의 한 운송 업체는 총 무게가 만톤에 달하는 고대 유적을 안전한 장소로 이전하는 해외 프로젝트에 성공하였습니다.
> 이번 프로젝트는 댐 건설로 인해 수몰 위기에 처한 지역의 고대 유적을 약 5km 가량 떨어진 문화공원으로 옮기는 문화유적 이송 프로젝트입니다.
> 운송 업체 관계자인 김민관 씨는 "글로벌 종합물류 기업에 걸맞은 시너지 효과를 창출하기 위해 더욱 더 노력하겠다."라고 말했습니다.

① 한 단어는 붙여 써야 하므로 '더욱'을 강조하는 단어인 '더욱더'는 붙여 써야 합니다.
② 단위를 나타내는 명사는 앞말과 띄어 써야 하므로 '만톤'은 '만 톤'으로 띄어 써야 합니다.
③ '-여, -쯤, -가량'과 같은 접미사는 앞말과 붙여 써야 하므로 '5km 가량'은 '5km가량'으로 붙여 써야 합니다.
④ 성과 이름 그리고 이에 덧붙는 호칭어, 관직명 등은 모두 붙여 써야 하므로 '김민관 씨'는 '김민관씨'와 같이 붙여 써야 합니다.
⑤ 접사는 뒷말과 붙여 써야 하므로 '전체를 합한'의 뜻을 나타내는 접사인 '총'은 '총무게'와 같이 붙여 써야 합니다.

**08** 다음 문단을 논리적 순서대로 바르게 나열한 것은?

> (가) 정해진 극본대로 연기를 하는 연극의 서사는 논리적이고 합리적이다. 그러나 연극 밖의 현실은 비합리적이고, 그 비합리성을 개인의 합리에 맞게 해석한다. 연극 밖에서도 각자의 합리성에 맞춰 연극을 하고 있는 것이다.
> (나) 사전적 의미로 불합리한 것, 이치에 맞지 않는 것을 의미하는 부조리는 실존주의 철학에서는 현실에서는 전혀 삶의 의미를 발견할 가능성이 없는 절망적인 한계상황을 나타내는 용어이다.
> (다) 이것이 비합리적인 세계에 대한 자신의 합목적적인 희망이라는 사실을 깨달았을 때, 삶은 허망해지고 인간은 부조리를 느끼게 된다.
> (라) 부조리라는 개념을 처음 도입한 대표적인 철학자인 알베르 카뮈는 연극에 비유하여 부조리에 대해 설명한다.

① (나) - (다) - (가) - (라)
② (나) - (가) - (다) - (라)
③ (나) - (라) - (가) - (다)
④ (라) - (가) - (나) - (다)
⑤ (라) - (다) - (나) - (가)

※ 다음은 K씨가 8월까지 사용한 지출 내역이다. 이어지는 질문에 답하시오. [9~10]

### 〈8월까지 사용한 지출 내역〉

| 종류 | 내역 |
|---|---|
| 신용카드 | 2,500,000원 |
| 체크카드 | 3,500,000원 |
| 현금영수증 | - |

※ 연봉의 25%를 초과한 금액에 한해 신용카드는 15%, 현금영수증·체크카드는 30%를 공제한다.
※ 공제는 초과한 금액에 대해 공제율이 높은 종류를 우선 적용한다.

**09** K씨의 예상 연봉 금액이 35,000,000원일 때, 연말정산에 대비하기 위한 전략 또는 자료에 대한 설명으로 옳지 않은 것은?

① 신용카드와 체크카드 사용금액이 연봉의 25%를 넘어야 공제가 가능하다.
② 2,750,000원보다 더 사용해야 소득공제가 가능하다.
③ 신용카드 사용금액이 더 적기 때문에 체크카드보다 신용카드를 많이 사용하는 것이 공제에 유리하다.
④ 만약에 체크카드를 5,750,000원 더 사용한다면, 3,000,000원이 소득공제금액에 포함되고 공제액은 900,000원이다.
⑤ 만약에 체크카드를 5,000,000원 더 사용한다면, 2,250,000원이 소득공제금액에 포함되고 공제액은 675,000원이다.

**10** K씨는 8월 이후로 신용카드를 4,000,000원 더 사용했고, 현금영수증 금액을 확인해보니 5,000,000원이었다. 또한, 연봉은 40,000,000원으로 상승하였다. 다음의 세율 표를 적용하여 신용카드, 현금영수증 등 소득 공제금액에 대한 세금은?

| 과표 | 세율 |
|---|---|
| 연봉 1,200만 원 이하 | 6% |
| 연봉 4,600만 원 이하 | 15% |
| 연봉 8,800만 원 이하 | 24% |
| 연봉 15,000만 원 이하 | 35% |
| 연봉 15,000만 원 초과 | 38% |

① 90,000원　　　　　　　　　② 225,000원
③ 247,500원　　　　　　　　　④ 450,000원
⑤ 1,500,000원

**11** 다음은 K학원의 강사별 시급과 수강생 만족도에 대한 자료이다. 이에 대한 설명으로 옳은 것은?

〈강사별 시급 및 수강생 만족도〉

(단위 : 원, 점)

| 구분 | 2022년 | | 2023년 | |
|---|---|---|---|---|
| | 시급 | 수강생 만족도 | 시급 | 수강생 만족도 |
| A강사 | 50,000 | 4.6 | 55,000 | 4.1 |
| B강사 | 45,000 | 3.5 | 45,000 | 4.2 |
| C강사 | 52,000 | (    ) | 54,600 | 4.8 |
| D강사 | 54,000 | 4.9 | 59,400 | 4.4 |
| E강사 | 48,000 | 3.2 | (    ) | 3.5 |

〈수강생 만족도 점수별 시급 인상률〉

| 수강생 만족도 | 인상률 |
|---|---|
| 4.5점 이상 | 10% 인상 |
| 4.0점 이상 4.5점 미만 | 5% 인상 |
| 3.0점 이상 4.0점 미만 | 동결 |
| 3.0점 미만 | 5% 인하 |

※ 다음 연도 시급의 인상률은 당해 연도 시급 대비 당해 연도 수강생 만족도에 따라 결정된다.
※ 강사가 받을 수 있는 시급은 최대 60,000원이다.

① E강사의 2023년 시급은 45,600원이다.
② 2024년 시급은 D강사가 C강사보다 높다.
③ 2023년과 2024년의 시급 차이가 가장 큰 강사는 C이다.
④ C강사의 2022년 수강생 만족도 점수는 4.5점 이상이다.
⑤ 2024년 A강사와 B강사의 시급 차이는 10,000원이다.

**12** 다음은 국가별 와인 상품과 와인 세트에 대한 자료이다. 세트 가격을 한도로 할 때, 구입할 수 있는 국가별 와인 상품을 바르게 연결한 것은?

〈국가별 와인 상품〉

| 와인 | 생산지 | 인지도 | 풍미 | 당도 | 가격(원) |
|---|---|---|---|---|---|
| A | 이탈리아 | 5 | 4 | 3 | 50,000 |
| B | 프랑스 | 5 | 2 | 4 | 60,000 |
| C | 포르투갈 | 4 | 3 | 5 | 45,000 |
| D | 독일 | 4 | 4 | 4 | 70,000 |
| E | 벨기에 | 2 | 2 | 1 | 80,000 |
| F | 네덜란드 | 3 | 1 | 2 | 55,000 |
| G | 영국 | 5 | 5 | 4 | 65,000 |
| H | 스위스 | 4 | 3 | 3 | 40,000 |
| I | 스웨덴 | 3 | 2 | 1 | 75,000 |

※ 인지도 및 풍미와 당도는 '5'가 가장 높고, '1'이 가장 낮다.

〈와인 세트〉

| 1 Set | 2 Set |
|---|---|
| 프랑스 와인 1병 외 다른 국가 와인 1병 | 이탈리아 와인 1병 외 다른 국가 와인 1병 |
| 인지도가 높고 풍미가 좋은 와인 구성 | 당도가 높은 와인 구성 |
| 포장비 : 10,000원 | 포장비 : 20,000원 |
| 세트 가격 : 130,000원 | 세트 가격 : 160,000원 |

※ 반드시 세트로 구매해야 하며, 세트 가격에는 포장비가 포함되어 있지 않다.
※ 같은 조건이면 인지도와 풍미, 당도가 더 높은 와인으로 세트를 구성한다.

① 1 Set : 프랑스, 독일
② 1 Set : 프랑스, 영국
③ 1 Set : 이탈리아, 벨기에
④ 2 Set : 이탈리아, 스위스
⑤ 2 Set : 이탈리아, 포르투갈

※ K공사는 물품을 효과적으로 관리하기 위해 매년 회사 내 물품 목록을 작성하고, 물품별로 코드를 생성하여 관리하고 있다. 다음 자료를 보고 이어지는 질문에 답하시오. [13~15]

### 〈2023년 사내 보유 물품 현황〉

| 구분 | 책임 부서 및 책임자 | 구매연도 | 구매가격 | 유효기간 | 처분 시 감가 비율 | 중고 여부 |
|------|-------------------|---------|---------|---------|----------------|---------|
| A | 고객팀 이대리 | 2021년 | 55만 원 | 11년 | 40% | × |
| B | 총무팀 김사원 | 2019년 | 30만 원 | 7년 | 20% | × |
| C | 영업팀 최사원 | 2018년 | 35만 원 | 10년 | 50% | × |
| D | 생산팀 강부장 | 2016년 | 80만 원 | 12년 | 25% | ○ |
| E | 인사팀 이과장 | 2020년 | 16만 원 | 8년 | 25% | ○ |

※ 물품의 유효기간은 목록을 작성한 연도를 기준으로 한다.
※ 처분 시 감가 비율은 물품 구매가격을 기준으로 한다.

### 〈코드 생성 방법〉

• 구분에 따른 생성 코드

| 구분 | | 코드 |
|------|------|------|
| 책임 부서 | 총무팀 | GAT |
| | 영업팀 | SLT |
| | 생산팀 | PDT |
| | 고객팀 | CTT |
| | 인사팀 | PST |
| 책임자 직급 | 사원 | E |
| | 대리 | A |
| | 과장 | S |
| | 부장 | H |
| 중고 여부 | 새 제품 | 1 |
| | 중고 제품 | 0 |

• 코드 순서 : 책임 부서 – 책임자 직급 – 구매연도(2자리) – 유효기간(2자리) – 중고 여부
  (예 GAT – A – 24 – 02 – 1)

**13** 다음 중 2023년 사내 보유 물품인 A ~ E물품의 코드로 옳지 않은 것은?

① CTT – A – 21 – 11 – 1
② GAT – E – 19 – 07 – 1
③ SLT – E – 18 – 10 – 0
④ PDT – H – 16 – 12 – 0
⑤ PST – S – 20 – 08 – 0

**14** 다음 중 A ~ E물품을 모두 처분한다고 할 때 받을 수 있는 총금액은?(단, 중고 제품의 경우 처분 금액의 50%만 받을 수 있으며, 만 원 미만은 버린다)

① 88만 원                          ② 98만 원
③ 110만 원                         ④ 120만 원
⑤ 131만 원

**15** 제휴 업체를 통해 유효기간이 10년 이상 남은 물품을 처분할 경우 구매가격의 80%를 받을 수 있다고 한다. 다음 중 유효기간이 10년 이상 남은 물품을 모두 처분한다고 할 때, 제휴 업체로부터 받을 수 있는 총금액은?

① 108만 원                         ② 112만 원
③ 122만 원                         ④ 132만 원
⑤ 136만 원

**16** 다음은 직장에서 문서를 작성할 경우 지켜야 하는 문서작성 원칙이다. 다음 중 문서작성 원칙에 대해 잘못 이해하고 있는 사람은?

---

〈문서작성의 원칙〉

• 문장은 짧고, 간결하게 작성하도록 한다.
• 상대방이 이해하기 쉽게 쓴다.
• 중요하지 않은 경우 한자의 사용을 자제해야 한다.
• 간결체로 작성한다.
• 문장은 긍정문의 형식으로 써야 한다.
• 간단한 표제를 붙인다.
• 문서의 주요한 내용을 먼저 쓰도록 한다.

---

① A : 문장에서 끊을 수 있는 부분은 가능한 한 끊어서 짧은 문장으로 작성하되, 실질적인 내용을 담아 작성해야 해.

② B : 상대방이 이해하기 어려운 글은 좋은 글이 아니야. 우회적인 표현이나 현혹적인 문구는 되도록 삭제 하는 것이 좋겠어.

③ C : 문장은 되도록 자세하게 작성하여 빠른 이해를 돕도록 하고, 문장마다 행을 바꿔 문서가 깔끔하게 보이도록 해야겠군.

④ D : 표제는 문서의 내용을 일목요연하게 파악할 수 있게 도와줘. 간단한 표제를 붙인다면 상대방이 내용 을 쉽게 이해할 수 있을 거야.

⑤ E : 일반적인 글과 달리 직장에서 작성하는 문서에서는 결론을 먼저 쓰는 것이 좋겠군.

차세대 보안 인프라 보급과 국가 차원의 사이버안보를 위해 정부가 나섰다. 정부는 지난 주 열린 국무회의에서 '㉠ 국가 사이버안보 기본계획'을 발표하면서 5G, 클라우드, 원격진료시스템, 지능형 교통시스템 등의 주요 정보통신기반 시설에 대해 국가 차원의 집중 보호를 실시하겠다고 밝혔다. 또한 스마트공장, 자율주행차, 스마트시티, 디지털헬스케어, 실감콘텐츠 분야의 보안모델을 개발하여 산업현장에 적용할 계획이다. 해당 계획은 크게 6대 전략 과제, 18개 중점 과제, 100여 개의 세부 과제로 구성되며 내후년까지 단계적 추진을 통해 국가 차원의 사이버안보를 강화할 예정이다.

부처별로는 A부에서는 5G 통신망에 대해 보안수준을 제고하고 네트워크 신뢰도를 확보하며, 산학연 협업 기반 창업 환경을 조성하고 창업 기업의 해외진출을 지원한다. B부에서는 주요 국가 정보통신망에 대해 단계별 보안 수준을 강화하고, 첨단 기술 보안에 대한 연구, 개발 및 관련 가이드라인 개발에 착수할 예정이다. C부에서는 사이버전을 대비한 군사전략과 전술을 개발하고, 능동대응기술 및 다단계 다중위협 대응체계를 확보한다. D부에서는 교육기관 노후 정보통신장비 보안 관리를 강화하고, 사이버보안 전문 조직 및 인력을 확충하며, 관련 기관을 통해 인력을 양성할 계획이다.

정부 관계자는 '날로 늘어가는 사이버보안 위협에 대응하여 안전하고 자유로운 사이버 공간을 구축하기 위해 추진과제를 차질 없이 진행해나갈 것'이라고 밝혔다.

**17**  다음 중 윗글의 주제로 가장 적절한 것은?

① 사이버보안 대책의 유형
② 사이버 위협에 대응하기 위한 정부의 노력
③ 각 정부기관과 사이버보안과의 관련성
④ 정보통신보안시설의 사이버보안
⑤ 사이버보안 분야의 미래

**18**  다음 중 밑줄 친 ㉠ 유형과 같은 문서의 특징으로 가장 적절한 것은?

① 업무상 필요한 중요한 일이나 앞으로 체크해야 할 일이 있을 때 필요한 내용을 작성하여 전달하는 글이다.
② 특정일에 대한 현황이나 그 진행상황 또는 연구·검토 결과 등을 보고할 때 작성한다.
③ 회사의 업무에 대한 협조를 구하거나 의견을 전달할 때 작성한다.
④ 정부 행정기관에서 대내적 혹은 내외적 공무를 집행하기 위해 작성하는 문서이다.
⑤ 아이디어를 내고 기획한 하나의 프로젝트를 문서 형태로 만들어, 상대방에게 그 내용을 전달하여 기획을 시행하도록 설득하는 문서이다.

**19** 다음 글을 읽고 '밀그램 실험'을 〈보기〉와 같이 요약하였다. 빈칸에 들어갈 단어로 가장 적절한 것은?

사람이 얼마나 권위 있는 잔인한 명령에 복종하는지를 알아보는 악명높은 실험이 있었다. 예일대학교 사회심리학자인 스탠리 밀그램(Stanley Milgram)이 1961년에 한 실험이다. 권위를 가진 주체가 말을 하면 아주 잔인한 명령이라도 기꺼이 복종하는 것을 알아보는, 인간의 연약함과 악함을 보여주는 그런 종류의 실험이다. 밀그램 실험에서는 피실험자에게 매우 강력한 전기충격을 가해야 한다는 명령을 내린다. 그 전기충격의 강도는 최고 450볼트로, 사람에게 치명적인 피해를 입힐 수 있다. 물론 이 실험에서 실제로 전기가 통하게 하지는 않았다. 전기충격을 받은 사람은 고통스럽게 비명을 지르며 그만하라고 소리치게 했지만, 이 역시 전문 배우가 한 연극이었다. 밀그램은 실험참가자에게 과학적 발전을 위한 실험이며, 4달러를 제공하고, 중간에 중단해서는 안 된다는 지침을 내렸다.

인간성에 대한 근원적인 의문을 탐구하기 위해 밀그램은 특수한 실험장치를 고안했다. 실험에 참가한 사람들은 실험자의 명령에 따라 옆방에 있는 사람에게 전기충격을 주는 버튼을 누르도록 했다. 30개의 버튼은 비교적 해가 안되는 15볼트에서 시작해 최고 450볼트까지 올라간다. 450볼트까지 높아지면 사람들은 치명적인 상처를 입는데, 실험참가자들은 그러한 위험성에 대한 주의를 받았다.

실제로는 전기충격 버튼을 눌러도 약간의 무서운 소리와 빛이 번쩍이는 효과만 날 뿐 실제로 전기가 흐르지는 않았다. 다만 옆방에서 전기충격을 받는 사람은 실험참가자들이 전기버튼을 누를 때마다 마치 진짜로 감전되는 것 같이 소리를 지르고 대가를 받는 훈련된 배우였다.

밀그램 실험에 참가한 40명 중 65%는 명령에 따라 가장 높은 450볼트의 버튼을 눌렀다. 감전된 것처럼 연기한 배우가 고통스럽게 소리를 지르면서 그만하라고 소리를 지르는데도 말이다. 일부 사람들은 실험실에서 나와서는 이같은 잔인한 실험을 계속하는 데 대해 항의했다. 밀그램은 실험 전에는 단 0.1%만이 450볼트까지 전압을 올릴 것이라 예상했으나, 실제 실험결과는 무려 65%의 참가자들이 450볼트까지 전압을 올렸다. 이들은 상대가 죽을 수 있다는 걸 알고 있었고, 비명도 들었으나 모든 책임은 연구원이 지겠다는 말에 복종했다.

─────────〈보기〉─────────

밀그램이 시행한 전기충격 실험은 사람들이 권위를 가진 명령에 어디까지 복종하는지를 알아보기 위한 실험이다. 밀그램이 예상한 것과 달리 아주 일부의 사람만 _____을/를 하였다.

① 이타적 행동　　　　　　　　　　② 순응
③ 고민　　　　　　　　　　　　　④ 불복종
⑤ 참가

**20** 20층 건물에서 층마다 기압을 측정하려고 한다. 1층의 계기판기압에 표시된 값은 200kPa이며, 한 층씩 높아질 때마다 0.2kPa씩 기압이 떨어진다고 할 때, 16층의 기압은 얼마인가?

① 184kPa                  ② 187kPa

③ 194kPa                  ④ 197kPa

⑤ 200kPa

**21** 다음은 지난달 봉사 장소별 봉사자 수를 연령별로 조사한 자료이다. 〈보기〉 중 이에 대한 설명으로 옳은 것을 모두 고르면?

〈봉사 장소의 연령대별 봉사자 수〉

| 구분 | 10대 | 20대 | 30대 | 40대 | 50대 | 전체 |
|---|---|---|---|---|---|---|
| 보육원 | 148명 | 197명 | 405명 | 674명 | 576명 | 2,000명 |
| 요양원 | 65명 | 42명 | 33명 | 298명 | 296명 | 734명 |
| 무료급식소 | 121명 | 201명 | 138명 | 274명 | 381명 | 1,115명 |
| 노숙자쉼터 | 0명 | 93명 | 118명 | 242명 | 347명 | 800명 |
| 유기견보호소 | 166명 | 117명 | 56명 | 12명 | 0명 | 351명 |
| 전체 | 500명 | 650명 | 750명 | 1,500명 | 1,600명 | 5,000명 |

─〈보기〉─

㉠ 노숙자쉼터 봉사자 중 30대는 15% 미만이다.
㉡ 전체 봉사자 중 50대의 비율은 20대의 3배이다.
㉢ 전체 무료급식소 봉사자 중 40 ～ 50대는 절반 이상이다.
㉣ 전체 보육원 봉사자 중 30대 이하가 차지하는 비율은 36%이다.

① ㉠, ㉢                  ② ㉠, ㉣

③ ㉡, ㉢                  ④ ㉡, ㉣

⑤ ㉢, ㉣

**22** 다음은 K공사 영업부의 분기별 영업 실적을 나타낸 그래프이다. 전체 실적에서 1 ~ 2분기와 3 ~ 4분기가 각각 차지하는 비중을 바르게 연결한 것은?(단, 비중은 소수점 둘째 자리에서 반올림한다)

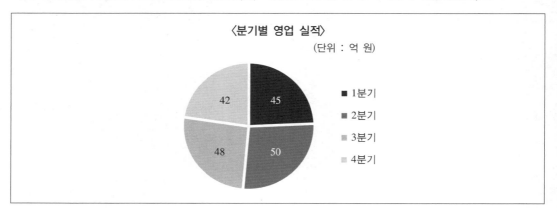

| | 1 ~ 2분기 | 3 ~ 4분기 |
|---|---|---|
| ① | 48.6% | 51.4% |
| ② | 50.1% | 46.8% |
| ③ | 51.4% | 48.6% |
| ④ | 46.8% | 50.1% |
| ⑤ | 50.0% | 50.0% |

**23** 다음은 세계 주요 터널 화재 사고 A ~ F에 대한 자료이다. 이에 대한 설명으로 옳은 것은?

〈세계 주요 터널 화재 사고 통계〉

| 사고 | 터널길이(km) | 화재규모(MW) | 복구비용(억 원) | 복구기간(개월) | 사망자(명) |
|---|---|---|---|---|---|
| A | 50.5 | 350 | 4,200 | 6 | 1 |
| B | 11.6 | 40 | 3,276 | 36 | 39 |
| C | 6.4 | 120 | 72 | 3 | 12 |
| D | 16.9 | 150 | 312 | 2 | 11 |
| E | 0.2 | 100 | 570 | 10 | 192 |
| F | 1.0 | 20 | 18 | 8 | 0 |

※ (사고비용)=(복구비용)+[(사망자 수)×5억 원]

① 터널길이가 길수록 사망자가 많다.
② 화재규모가 클수록 복구기간이 길다.
③ 사고 A를 제외하면 복구기간이 길수록 복구비용이 많다.
④ 사망자가 가장 많은 사고 E는 사고비용도 가장 많다.
⑤ 사망자가 30명 이상인 사고를 제외하면 화재규모가 클수록 복구비용이 많다.

**24** 다음은 2023년 1 ~ 7월 지하철 승차인원에 대한 자료이다. 이에 대한 설명으로 옳지 않은 것은?

〈1 ~ 7월 서울 지하철 승차인원〉

(단위 : 만 명)

| 구분 | 1월 | 2월 | 3월 | 4월 | 5월 | 6월 | 7월 |
|---|---|---|---|---|---|---|---|
| 1호선 | 818 | 731 | 873 | 831 | 858 | 801 | 819 |
| 2호선 | 4,611 | 4,043 | 4,926 | 4,748 | 4,847 | 4,569 | 4,758 |
| 3호선 | 1,664 | 1,475 | 1,807 | 1,752 | 1,802 | 1,686 | 1,725 |
| 4호선 | 1,692 | 1,497 | 1,899 | 1,828 | 1,886 | 1,751 | 1,725 |
| 5호선 | 1,796 | 1,562 | 1,937 | 1,910 | 1,939 | 1,814 | 1,841 |
| 6호선 | 1,020 | 906 | 1,157 | 1,118 | 1,164 | 1,067 | 1,071 |
| 7호선 | 2,094 | 1,843 | 2,288 | 2,238 | 2,298 | 2,137 | 2,160 |
| 8호선 | 548 | 480 | 593 | 582 | 595 | 554 | 566 |
| 합계 | 14,243 | 12,537 | 15,480 | 15,007 | 15,389 | 14,379 | 14,665 |

① 3월의 전체 승차인원이 가장 많았다.
② 3호선과 4호선의 승차인원 차이는 5월에 가장 컸다.
③ 8호선의 7월 승차인원은 1월 대비 3% 이상 증가했다.
④ 2호선과 8호선의 전월 대비 2 ~ 7월의 증감 추이는 같다.
⑤ 4호선을 제외한 7월의 호선별 승차인원은 전월보다 모두 증가했다.

※ 어떤 의사는 다음 규칙에 따라 회진을 한다. 이어지는 질문에 답하시오. [25~26]

### 〈병실 위치〉

| 101호 | 102호 | 103호 | 104호 |
| --- | --- | --- | --- |
| 105호 | 106호 | 107호 | 108호 |

### 〈환자 정보〉

| 환자 | 호실 | 일정 |
| --- | --- | --- |
| A | 101호 | 09:00 ~ 09:40 정기 검사 |
| B | 107호 | 11:00 ~ 12:00 오전 진료 |
| C | 102호 | 10:20 ~ 11:00 오전 진료 |
| D | 106호 | 10:20 ~ 11:00 재활 치료 |
| E | 103호 | 10:00 ~ 10:30 친구 문병 |
| F | 101호 | 08:30 ~ 09:45 가족 문병 |

### 〈회진 규칙〉

• 회진은 한 번에 모든 환자를 순서대로 한 번에 순회한다.
• 101호부터 회진을 시작한다.
• 같은 방에 있는 환자는 연속으로 회진한다.
• 회진은 9시 30분부터 12시까지 완료한다.
• 환자의 일정이 있는 시간은 기다린다.
• 회진은 환자 한 명마다 10분이 소요된다.
• 각 방을 이동하는 데 옆방(예 105호 옆방은 106호)은 행동 수치 1을, 마주보는 방(예 104호 마주보는 방 108호)은 행동 수치 2가 소요된다(시간에 적용하지는 않는다).
• 방을 이동하는 데 소요되는 행동 수치가 가장 적게 되도록 회진한다.

**25** 다음 중 의사가 3번째로 회진하는 환자는 누구인가?(단, 주어진 규칙 외의 다른 조건은 고려하지 않는다)

① B환자  ② C환자
③ D환자  ④ E환자
⑤ F환자

**26** 다음 중 의사의 회진에 대한 설명으로 옳은 것은?

① E환자는 B환자보다 먼저 진료한다.
② 네 번째로 진료하는 환자는 B환자이다.
③ 마지막으로 진료하는 환자는 E환자이다.
④ 회진은 11시 전에 모두 마칠 수 있다.
⑤ 10시부터 회진을 시작하면 마지막에 진료하는 환자가 바뀐다.

**27** 다음 사례에 적용된 문제해결 방법 중 원인 파악 단계의 결과로 가장 적절한 것은?

1980년대 초반에 헝가리 부다페스트 교통 당국은 혼잡한 시간대에 대처하기 위해 한 노선에 버스를 여러 대씩 운행시켰다. 그러나 사람들은 45분씩 기다려야 하거나 버스 서너 대가 한꺼번에 온다고 짜증을 냈다. 사람들은 버스 운전사가 멍청하거나 아니면 악의적으로 배차를 그렇게 한다고 여겼다. 다행스럽게도 당국은 금방 문제의 원인을 파악했고, 해결책도 찾았다. 버스 세 대 이상을 노선에 투입하고 간격을 똑같이 해 놓으면, 버스의 간격은 일정하게 유지되지 않는다. 앞서 가는 버스는 승객을 많이 태우게 되고, 따라서 정차 시간이 길어진다. 바로 뒤 따라가는 버스는 승객이 앞차만큼 많지 않기 때문에 정차 시간이 짧아진다. 이러다 보면 어쩔 수 없이 뒤차가 앞차를 따라 잡아서 버스가 한참 안 오다가 줄줄이 두세 대씩 한꺼번에 몰려오게 된다. 버스들이 자기 조직화 때문에 몰려 다니게 되는 것이다.

상황을 이해하고 나면 해결책도 나온다. 버스 관리자는 이 문제가 같은 노선의 버스는 절대로 앞차를 앞지르지 못하게 되어 있기 때문임을 인지했다. 문제를 없애기 위해 당국은 운전사들에게 새로운 규칙을 따르게 했다. 같은 노선의 버스가 서 있는 것을 보면 그 버스가 정류장의 승객을 다 태우지 못할 것 같아도 그냥 앞질러 가라는 것이다. 이렇게 하면 버스들이 한꺼번에 줄줄이 오는 것을 막게 되어 더 효율적으로 운행할 수 있다.

① 버스 운전사의 운전 미숙
② 부다페스트의 열악한 도로 상황
③ 유연하지 못한 버스 운행 시스템
④ 의도적으로 조절한 버스 배차 시간
⑤ 정차된 같은 노선의 버스를 앞지르는 규칙

**28** 다음 글의 내용이 참일 때, 가해자인 것이 확실한 사람과 가해자가 아닌 것이 확실한 사람으로 바르게 연결된 것은?

폭력 사건의 용의자로 A, B, C가 지목되었다. 조사 과정에서 A, B, C가 각각 〈보기〉와 같이 진술하였는데, 이들 가운데 가해자는 거짓만을 진술하고 가해자가 아닌 사람은 참만을 진술한 것으로 드러났다.

〈보기〉

A : 우리 셋 중 정확히 한 명이 거짓말을 하고 있다.
B : 우리 셋 중 정확히 두 명이 거짓말을 하고 있다.
C : A, B 중 정확히 한 명이 거짓말을 하고 있다.

| | 가해자인 것이 확실 | 가해자가 아닌 것이 확실 |
|---|---|---|
| ① | A | C |
| ② | B | 없음 |
| ③ | B | A, C |
| ④ | A, C | B |
| ⑤ | A, B, C | 없음 |

**29** 다음 글의 결론을 지지하지 않는 것은?

지구와 태양 사이의 거리와 지구가 태양 주위를 도는 방식은 인간의 생존에 유리한 여러 특징을 지니고 있다. 인간을 비롯한 생명이 생존하려면 행성은 액체 상태의 물을 포함하면서 너무 뜨겁거나 차갑지 않아야 한다. 이를 위해 행성은 태양과 같은 별에서 적당히 떨어져 있어야 한다. 이 적당한 영역을 '골디락스 영역'이라고 한다. 또한, 지구가 태양의 중력장 주위를 도는 타원 궤도는 충분히 원에 가깝다. 따라서 연중 태양에서 오는 열에너지가 비교적 일정하게 유지될 수 있는 것이다. 만약 태양과의 거리가 일정하지 않았다면 지구는 여름에는 바다가 모두 끓어 넘치고 겨울에는 거대한 얼음덩어리가 되는 불모의 행성이었을 것이다.

우주에 작용하는 근본적인 힘의 세기나 물리법칙도 인간을 비롯한 생명의 탄생에 유리하도록 미세하게 조정되어 있다. 예를 들어 근본적인 힘인 강한 핵력이나 전기력의 크기가 현재 값에서 조금만 달랐다면, 별의 내부에서 탄소처럼 무거운 원소는 만들어질 수 없었고 행성도 만들어질 수 없었을 것이다. 최근 들어 물리학자들은 이들 힘을 지배하는 법칙이 현재와 다르다면 우주는 구체적으로 어떤 모습이 될지 컴퓨터 모형으로 계산했다. 그 결과, 강한 핵력의 강도가 겨우 0.5% 다르거나 전기력의 강도가 겨우 4% 다를 경우에도 탄소나 산소는 우주에서 합성되지 않는다. 따라서 생명 탄생의 가능성도 사라진다. 결국 강한 핵력이나 전기력을 지배하는 법칙들을 조금이라도 건드리면 우리가 존재할 가능성은 사라지는 것이다.

결론적으로 지구 주위 환경뿐만 아니라 보편적 자연법칙까지도 인류와 같은 생명이 진화해 살아가기에 알맞은 범위 안에 제한되어 있다고 할 수 있다. 만일 그러한 제한이 없었다면 태양계나 지구가 탄생할 수 없었을 뿐만 아니라 생명 또한 진화할 수 없었을 것이다. 우리가 아는 행성이나 생명이 탄생할 가능성을 열어두면서 물리법칙을 변경할 수 있는 폭은 매우 좁다.

① 탄소가 없는 상황에서도 생명은 자연적으로 진화할 수 있다.
② 중력법칙이 현재와 조금만 달라도 지구는 태양으로 빨려 들어간다.
③ 원자핵의 질량이 현재보다 조금 더 크다면 우리 몸을 이루는 원소는 합성되지 않는다.
④ 별 주위의 '골디락스 영역'에 행성이 위치할 확률은 매우 낮지만 지구는 그 영역에 위치한다.
⑤ 핵력의 강도가 현재와 약간만 달라도 별의 내부에서 무거운 원소가 거의 전부 사라진다.

**30** 다음 글을 읽고 알 수 있는 사실로 적절하지 않은 것은?

인류의 역사를 석기시대, 청동기시대 그리고 철기시대로 구분한다면 현대는 '플라스틱시대'라고 할 수 있을 만큼 플라스틱은 현대사회에서 가장 혁명적인 물질 중 하나이다. "플라스틱은 현대 생활의 뼈, 조직, 피부가 되었다."는 미국의 과학 저널리스트 수전 프라인켈(Susan Freinkel)의 말처럼 플라스틱은 인간 생활에 많은 부분을 차지하고 있다. 저렴한 가격과 필요에 따라 내구성, 강도, 유연성 등을 조절할 수 있는 장점 덕분에 일회용 컵부터 옷, 신발, 가구 등 플라스틱이 아닌 것이 거의 없을 정도이다. 그러나 플라스틱에는 치명적인 단점이 있다. 플라스틱이 지닌 특성 중 하나인 영속성(永續性)이다. 인간이 그동안 생산한 플라스틱은 바로 분해되지 않고 어딘가에 계속 존재하고 있어 환경오염의 원인이 된 지 오래이다.

치약, 화장품, 피부 각질제거제 등 생활용품에 들어 있는 작은 알갱이의 성분은 '마이크로비드(Microbead)' 라는 플라스틱이다. 크기가 1mm보다 작은 플라스틱을 '마이크로비드'라고 하는데, 이 알갱이는 정수처리과 정에서 걸러지지 않고 생활 하수구에서 강으로, 바다로 흘러간다. 이 조그만 알갱이들은 바다를 떠돌면서 생태계의 먹이사슬을 통해 동식물 체내에 축적되어 면역체계 교란, 중추신경계 손상 등의 원인이 되는 잔류성 유기오염물질(Persistent Organic Pollutants)을 흡착한다. 그리고 물고기, 새 등 여러 생물은 마이크로비드를 먹이로 착각해 섭취한다. 마이크로비드를 섭취한 해양생물은 다시 인간의 식탁에 올라온다. 즉, 우리가 버린 플라스틱을 우리가 다시 먹게 되는 셈이다.

플라스틱 포크로 음식을 먹고, 플라스틱 컵으로 물을 마시는 등 음식을 먹기 위한 수단으로만 플라스틱을 생각했지 직접 먹게 되리라고는 상상도 못했을 것이다. 우리가 먹은 플라스틱이 우리 몸에 남아 분해되지 않고 큰 질병을 키우게 될 것을 말이다.

① 플라스틱은 필요에 따라 유연성, 강도 등을 조절할 수 있고, 값이 싼 장점이 있다.
② 플라스틱은 바로 분해되지 않고 어딘가에 존재한다.
③ 마이크로비드는 크기가 작기 때문에 정수처리과정에서 걸러지지 않고 바다로 유입된다.
④ 마이크로비드는 잔류성유기오염물질을 분해하는 역할을 한다.
⑤ 물고기 등 해양생물들은 마이크로비드를 먹이로 착각해 먹는다.

독일의 발명가 루돌프 디젤이 새로운 엔진에 대한 아이디어를 내고 특허를 얻은 것은 1892년의 일이었다. 1876년 오토가 발명한 가솔린 엔진의 효율은 당시에 무척 떨어졌으며, 널리 사용된 증기 기관의 효율 역시 10%에 불과했고, 가동 비용도 많이 드는 단점이 있었다. 디젤의 목표는 고효율의 엔진을 만드는 것이었고, 그의 아이디어는 훨씬 더 높은 압축 비율로 연료를 연소시키는 것이었다.

일반적으로 가솔린 엔진은 기화기에서 공기와 연료를 먼저 혼합하고, 그 혼합 기체를 실린더 안으로 흡입하여 압축한 후, 점화 플러그로 스파크를 일으켜 동력을 얻는다. 이러한 과정에서 문제는 압축 정도가 제한된다는 것이다. 만일 기화된 가솔린에 너무 큰 압력을 가하면 멋대로 점화되어 버리는데, 이것이 엔진의 노킹 현상이다.

공기를 압축하면 뜨거워진다는 것은 알려져 있던 사실이다. 디젤 엔진의 기본 원리는 실린더 안으로 공기만을 흡입하여 피스톤으로 강하게 압축시킨 다음, 그 압축 공기에 연료를 분사하여 저절로 점화가 되도록 하는 것이다. 따라서 디젤 엔진에는 점화 플러그가 필요 없는 대신, 연료 분사기가 장착되어 있다. 또 압축 과정에서 공기와 연료가 혼합되지 않기 때문에 디젤 엔진은 최대 12 : 1의 압축 비율을 갖는 가솔린 엔진보다 훨씬 더 높은 25 : 1 정도의 압축 비율을 갖는다. 압축 비율이 높다는 것은 그만큼 효율이 높다는 것을 의미한다.

사용하는 연료의 특성도 다르다. 디젤 연료인 경유는 가솔린보다 훨씬 무겁고 점성이 강하며 증발하는 속도도 느리다. 왜냐하면 경유는 가솔린보다 훨씬 더 많은 탄소 원자가 길게 연결되어 있기 때문이다. 일반적으로 가솔린은 5 ~ 10개, 경유는 16 ~ 20개의 탄소를 가진 탄화수소들의 혼합물이다. 탄소가 많이 연결된 탄화수소물에 고온의 열을 가하면 탄소 수가 적은 탄화수소물로 분해된다. 한편, 경유는 가솔린보다 에너지 밀도가 높다. 1갤런의 경유는 약 1억 5,500만 줄의 에너지를 가지고 있지만, 가솔린은 1억 3,200만 줄을 가지고 있다. 이러한 연료의 특성들이 디젤 엔진의 높은 효율과 결합되면서, 디젤 엔진은 가솔린 엔진보다 좋은 연비를 내게 되는 것이다.

발명가 디젤은 디젤 엔진이 작고 경제적인 엔진이 되어야 한다고 생각했지만, 그의 생전에는 크고 육중한 것만 만들어졌다. 하지만 그 후 디젤의 기술적 유산은 이 발명가가 꿈꾼 대로 널리 보급되었다. 디젤 엔진은 원리상 가솔린 엔진보다 더 튼튼하고 고장도 덜 난다. 디젤 엔진은 연료의 품질에 민감하지 않고 연료의 소비 면에서도 경제성이 뛰어나 오늘날 자동차 엔진용으로 확고한 자리를 잡았다. 환경론자들이 걱정하는 디젤 엔진의 분진 배출 문제도 필터 기술이 나아지면서 점차 극복되고 있다.

**31** 다음 중 윗글을 읽고 추론한 내용으로 가장 적절한 것은?

① 손으로 만지면 경유보다는 가솔린이 더 끈적끈적할 것이다.

② 가솔린과 경유를 섞으면 가솔린이 경유 아래로 가라앉을 것이다.

③ 원유에 가하는 열의 정도에 따라 원유를 경유와 가솔린으로 변화시킬 수 있을 것이다.

④ 주유할 때 차체에 연료가 묻으면 경유가 가솔린보다 더 빨리 증발할 것이다.

⑤ 같은 양의 연료를 태우면 가솔린이 경유보다 더 큰 에너지를 발생시킬 것이다.

**32** 다음 중 윗글의 내용으로 가장 적절한 것은?

① 디젤 엔진은 가솔린 엔진보다 내구성이 뛰어나다.

② 디젤 엔진은 가솔린 엔진보다 먼저 개발되었다.

③ 가솔린 엔진은 디젤 엔진보다 분진을 많이 배출한다.

④ 디젤 엔진은 가솔린 엔진보다 연료의 품질에 민감하다.

⑤ 가솔린 엔진은 디젤 엔진보다 높은 압축 비율을 가진다.

**33** K공사는 최근 '가정폭력을 감소시키기 위해 필요한 정책'을 주제로 설문조사를 시행하였고, 다음과 같이 설문조사 결과를 정리하였다. 이에 대한 설명으로 옳지 않은 것은?

〈가정폭력을 감소시키기 위해 필요한 정책(1순위)〉

(단위 : %)

| 정책 | 전체 | 여성 | 남성 |
|---|---|---|---|
| 폭력 허용적 사회문화의 개선 | 24.9 | 24.2 | 25.7 |
| 가정폭력 관련 법 및 지원서비스 홍보 | 15.5 | 14.8 | 16.2 |
| 접근이 쉬운 곳에서 가정폭력 예방교육 실시 | 9.5 | 9.3 | 9.7 |
| 양성평등 의식교육 | 7.5 | 7.1 | 7.9 |
| 학교에서 아동기부터 폭력 예방교육 실시 | 12.2 | 12.0 | 12.4 |
| 가정폭력 피해자에 대한 지원 제공 | 4.6 | 5.1 | 4.0 |
| 경찰의 신속한 수사 | 9.2 | 9.9 | 8.4 |
| 가중 처벌 등 가해자에 대한 법적 조치 강화 | 13.6 | 14.7 | 12.5 |
| 상담, 교육 등 가해자의 교정치료 프로그램 제공 | 2.8 | 2.6 | 3.0 |
| 기타 | 0.2 | 0.3 | 0.2 |

① 가해자에 대한 치료보다는 법적 조치 강화에 더 비중을 두고 있음을 알 수 있다.

② 남성과 여성 모두 폭력을 허용하는 사회문화를 개선하는 것이 가장 필요하다고 보고 있다.

③ 필요한 정책 비율에 대한 순위를 매겨 보면 남성과 여성 모두 같음을 알 수 있다.

④ 기타 항목을 제외하고 가해자의 교정치료에 대해서 필요성이 가장 낮다고 보고 있다.

⑤ 가정폭력에 대한 법이나 지원서비스 홍보도 중요하며, 정책 비율 중에서 두 번째로 가장 필요하다고 보고 있다.

**34** K공사에서는 사무실에서 쓸 가습기 50대를 구매하기 위해, 업체 간 판매 조건을 비교 중이다. A업체는 가습기 10대 구매 시 그중 1대를 무료로 제공하고, 추가로 100만 원당 5만 원을 할인해 준다. B업체는 가습기 9대 구매 시 그중 1대를 무료로 제공하고, 추가로 가격 할인은 제공하지 않는다. 어느 업체에서 구매하는 것이 얼마만큼 더 저렴한가?(단, 가습기 1대당 가격은 10만 원이다)

① A업체, 10만 원

② A업체, 20만 원

③ B업체, 10만 원

④ B업체, 20만 원

⑤ B업체, 30만 원

K공사는 최근 새로운 건물로 이사하면서 팀별 층 배치를 변경하기로 하였다. 층 배치 변경사항과 현재 층 배치도가 다음과 같을 때, 이사 후 층 배치에 대한 설명으로 옳지 않은 것은?

〈층 배치 변경사항〉

- 인사팀과 생산팀이 위치한 층 사이에 한 팀을 배치합니다.
- 연구팀과 영업팀은 기존 층보다 아래층으로 배치합니다.
- 총무팀은 6층에 배치합니다.
- 탕비실은 4층에 배치합니다.
- 생산팀은 연구팀보다 높은 층에 배치합니다.
- 전산팀은 2층에 배치합니다.

〈현재 층 배치도〉

| 층수 | 부서 |
| --- | --- |
| 7층 | 전산팀 |
| 6층 | 영업팀 |
| 5층 | 연구팀 |
| 4층 | 탕비실 |
| 3층 | 생산팀 |
| 2층 | 인사팀 |
| 1층 | 총무팀 |

① 생산팀은 7층에 배치될 수 있다.
② 인사팀은 5층에 배치될 수 있다.
③ 영업팀은 3층에 배치될 수 있다.
④ 생산팀은 3층에 배치될 수 있다.
⑤ 연구팀은 1층에 배치될 수 있다.

**36** K제품을 운송하는 A씨는 업무상 편의를 위해 고객의 주문 내역을 임의의 기호로 기록하고 있다. 다음과 같은 주문전화가 왔을 때, A씨가 기록한 기호로 옳은 것은?

〈임의기호〉

| 재료 | 연강 | 고강도강 | 초고강도강 | 후열처리강 |
|---|---|---|---|---|
| | MS | HSS | AHSS | PHTS |
| 판매량 | 낱개 | 1묶음 | 1box | 1set |
| | 01 | 10 | 11 | 00 |
| 지역 | 서울 | 경기남부 | 경기북부 | 인천 |
| | E | S | N | W |
| 윤활유 사용 | 청정작용 | 냉각작용 | 윤활작용 | 밀폐작용 |
| | P | C | I | S |
| 용도 | 베어링 | 스프링 | 타이어코드 | 기계구조 |
| | SB | SS | ST | SM |

※ A씨는 [재료] – [판매량] – [지역] – [윤활유 사용] – [용도]의 순서로 기호를 기록한다.

〈주문전화〉

B씨 : 어이~ A씨. 나야, 나. 인천 지점에서 같이 일했던 B. 내가 필요한 것이 있어서 전화했어. 일단 서울 지점의 C씨가 스프링으로 사용할 제품이 필요하다고 하는데 한 박스 정도면 될 것 같아. 이전에 주문 했던 대로 연강에 윤활용으로 윤활유를 사용한 제품으로 부탁하네. 나는 이번에 경기도 남쪽으로 가는데 거기에 있는 내 사무실 알지? 거기로 초고강도강 타이어코드용으로 1세트 보내 줘. 튼실한 걸로 밀폐용 윤활유 사용해서 부탁해. 저번에 냉각용으로 사용한 제품은 생각보다 좋진 않았어.

① MS11EISB, AHSS00SSST      ② MS11EISS, AHSS00SSST

③ MS11EISS, HSS00SSST      ④ MS11WISS, AHSS10SSST

⑤ MS11EISS, AHSS00SCST

**37** 다음 중 (가) ~ (마) 문단의 주제로 적절하지 않은 것은?

> (가) 한 아이가 길을 가다가 골목에서 갑자기 튀어나온 큰 개에게 발목을 물렸다. 아이는 이 일을 겪은 뒤 개에 대한 극심한 불안에 시달렸다. 멀리 있는 강아지만 봐도 몸이 경직되고 호흡 곤란을 느꼈으며 심할 경우 응급실을 찾기도 하였다. 이것은 한 번의 부정적인 경험이 공포증으로 이어진 경우라고 할 수 있다.
>
> (나) '공포증'이란 위의 경우에서 보듯이 특정 대상에 대한 과도한 두려움으로 그 대상을 계속해서 피하게 되는 증세를 말한다. 특정한 동물, 높은 곳, 비행기나 엘리베이터 등이 공포증을 유발하는 대상이 될 수 있다. 물론 일반적인 사람들도 이런 대상을 접하여 부정적인 경험을 할 수 있지만 공포증으로까지 이어지는 경우는 드물다.
>
> (다) 심리학자 와이너는 부정적인 경험을 한 상황을 어떻게 해석하느냐에 따라 이러한 공포증이 생길 수도 있고 그렇지 않을 수도 있으며, 공포증이 지속될 수도 있고 극복될 수도 있다고 했다. 그는 상황을 해석하는 방식을 설명하기 위해 상황의 원인을 어디에서 찾느냐, 상황의 변화 가능성에 대해 어떻게 인식하느냐의 두 가지 기준을 제시했다. 상황의 원인을 자신에게서 찾으면 '내부적'으로 해석한 것이고, 자신이 아닌 다른 것에서 찾으면 '외부적'으로 해석한 것이다. 또 상황이 바뀔 가능성이 전혀 없다고 생각하면 '고정적'으로 인식한 것이고, 상황이 충분히 바뀔 수 있다고 생각하면 '가변적'으로 인식한 것이다.
>
> (라) 와이너에 의하면, 큰 개에게 물렸지만 공포증에 시달리지 않는 사람들은 개에게 물린 상황에 대해 '내 대처 방식이 잘못되었어.'라며 내부적이고 가변적으로 해석한다. 이것은 나의 대처 방식에 따라 상황이 충분히 바뀔 수 있다고 생각하는 것이므로 이들은 개와 마주치는 상황을 굳이 피하지 않는다. 그 후 개에게 물리지 않는 상황이 반복되면 '나도 어떤 경우라도 개를 감당할 수 있어.'라며 내부적이고 고정적으로 해석하는 단계로 나아가게 된다.
>
> (마) 반면에 공포증을 겪는 사람들은 개에 물린 상황에 대해 '나는 약해서 개를 감당하지 못해.'라며 내부적이고 고정적으로 해석하거나 '개는 위험한 동물이야.'라며 외부적이고 고정적으로 해석한다. 자신의 힘이 개보다 약하다고 생각하거나 개를 맹수로 여기는 것이므로 이들은 자신이 개에게 물린 것을 당연한 일로 받아들인다. 하지만 공포증에 시달리지 않는 사람들처럼 상황을 해석하고 개를 피하지 않는 노력을 기울이면 공포증에서 벗어날 수 있다.

① (가) : 공포증이 생긴 구체적 상황
② (나) : 공포증의 개념과 공포증을 유발하는 대상
③ (다) : 와이너가 제시한 상황 해석의 기준
④ (라) : 공포증을 겪지 않는 사람들의 상황 해석 방식
⑤ (마) : 공포증을 겪는 사람들의 행동 유형

**38** 다음 글을 읽고 추론한 반응으로 가장 적절한 것은?

충전과 방전을 통해 반복적으로 사용할 수 있는 충전지는 양극에 사용되는 금속 산화 물질에 따라 납 충전지, 니켈 충전지, 리튬 충전지로 나눌 수 있다. 충전지가 방전될 때 양극 단자와 음극 단자 간에 전압이 발생하는데, 방전이 진행되면서 전압이 감소한다. 이렇게 변화하는 단자 전압의 평균을 공칭 전압이라 한다. 충전지를 크게 만들면 충전 용량과 방전 전류 세기를 증가시킬 수 있으나, 전극의 물질을 바꾸지 않는 한 공칭 전압은 변하지 않는다. 납 충전지의 공칭 전압은 2V, 니켈 충전지는 1.2V, 리튬 충전지는 3.6V이다.

충전지는 최대 용량까지 충전하는 것이 효율적이며 이러한 상태를 만충전이라 한다. 충전지를 최대 용량을 넘어서 충전하거나 방전 하한 전압 이하까지 방전시키면 충전지의 수명이 줄어들기 때문에 충전 양을 측정·관리하는 것이 중요하다. 특히 과충전 시에는 발열로 인해 누액이나 폭발의 위험이 있다. 니켈 충전지의 일종인 니켈카드뮴 충전지는 다른 충전지와 달리 메모리 효과가 있어서 일부만 방전한 후 충전하는 것을 반복하면 충·방전할 수 있는 용량이 줄어든다.

충전에 사용하는 충전기의 전원 전압은 충전지의 공칭 전압보다 높은 전압을 사용하고, 충전지로 유입되는 전류를 저항으로 제한한다. 그러나 충전이 이루어지면서 충전지의 단자 전압이 상승하여 유입되는 전류의 세기가 점점 줄어들게 된다. 그러므로 이를 막기 위해 충전기에는 충전 전류의 세기가 일정하도록 하는 정전류 회로가 사용된다. 또한 정전압 회로를 사용하기도 하는데, 이는 회로에 입력되는 전압이 변해도 출력되는 전압이 일정하도록 해 준다. 리튬 충전지를 충전할 경우, 정전류 회로를 사용하여 충전하다가 만충전 전압에 이르면 정전압 회로로 전환하여 정해진 시간 동안 충전지에 공급하는 전압을 일정하게 유지함으로써 충전지 내부에 리튬 이온이 고르게 분포될 수 있게 한다.

① 니켈 충전지는 납 충전지보다 공칭 전압이 낮으므로 전압을 높이려면 크기를 더 크게 만들면 되겠군.
② 사용하는 리튬 충전지의 용량이 1,000mAh라면 전원 전압이 2V보다 높은 충전기를 사용해야겠군.
③ 니켈카드뮴 충전지를 오래 사용하려면 방전 하한 전압 이하까지 방전시킨 후에 충전하는 것이 좋겠어.
④ 충전지를 충전하는 과정에서 충전지의 온도가 과도하게 상승한다면 폭발의 위험이 있을 수 있으므로 중지하는 것이 좋겠어.
⑤ 리튬 충전지의 공칭 전압은 3.6V이므로 충전 시 3.6V에 이르면 충전기의 정전압 회로가 전압을 일정하게 유지하는 것이군.

※ 다음은 연도별 차량기지 견학 안전체험 건수 및 인원 현황이다. 이어지는 질문에 답하시오. **[39~40]**

〈차량기지 견학 안전체험 건수 및 인원 현황〉

(단위 : 건, 명)

| 구분 | 계 | | 2019년 | | 2020년 | | 2021년 | | 2022년 | | 2023년 | |
|------|------|--------|------|------|------|------|------|------|------|------|------|------|
| | 건수 | 인원 | 건수 | 인원 | 건수 | 인원 | 건수 | 인원 | 건수 | 인원 | 건수 | 인원 |
| 고덕 | 649 | 5,252 | 24 | 611 | 36 | 897 | 33 | 633 | 21 | 436 | 17 | 321 |
| 도봉 | 358 | 6,304 | 30 | 644 | 31 | 761 | 24 | 432 | 28 | 566 | 25 | 336 |
| 방화 | 363 | 6,196 | 64 | 1,009 | (ㄴ) | 978 | 51 | 978 | (ㄹ) | 404 | 29 | 525 |
| 신내 | 287 | 3,662 | 49 | 692 | 49 | 512 | 31 | 388 | 17 | 180 | 25 | 385 |
| 천왕 | 336 | 6,450 | 68 | (ㄱ) | 25 | 603 | 32 | 642 | 30 | (ㅁ) | 29 | 529 |
| 모란 | 257 | 6,175 | 37 | 766 | 27 | 643 | 31 | 561 | 20 | 338 | 22 | 312 |
| 총계 | 2,250 | 34,039 | 272 | 4,588 | 241 | 4,394 | (ㄷ) | 3,634 | 145 | 2,490 | 147 | 2,408 |

**39** 다음 중 빈칸 (ㄱ)~(ㅁ)에 들어갈 수치가 바르게 연결된 것은?

① (ㄱ) : 846

② (ㄴ) : 75

③ (ㄷ) : 213

④ (ㄹ) : 29

⑤ (ㅁ) : 546

**40** 다음 〈보기〉 중 차량기지 견학 안전체험 건수 및 인원 현황에 대한 설명으로 옳은 것을 모두 고르면?

─〈보기〉─

ㄱ. 방화 차량기지 견학 안전체험 건수는 2020년부터 2023년까지 전년 대비 매년 감소하였다.

ㄴ. 2021년 고덕 차량기지의 안전체험 건수 대비 인원수는 2021년 도봉 차량기지의 안전체험 건수 대비 인원수보다 크다.

ㄷ. 2020년부터 2022년까지 고덕 차량기지의 안전체험 건수의 증감 추이는 인원수의 증감 추이와 동일하다.

ㄹ. 2023년 신내 차량기지의 안전체험 인원수는 2019년 대비 50% 이상 감소하였다.

① ㄱ, ㄴ

② ㄱ, ㄷ

③ ㄴ, ㄷ

④ ㄴ, ㄹ

⑤ ㄷ, ㄹ

**41** 다음 중 SWOT 분석에 대한 설명으로 적절하지 않은 것은?

| | 강점<br>(Strengths) | 약점<br>(Weaknesses) |
|---|---|---|
| 기회<br>(Opportunities) | SO | WO |
| 위협<br>(Threats) | ST | WT |

① 강점과 약점은 외부환경요인에 해당하며, 기회와 위협은 내부환경요인에 해당한다.
② SO전략은 강점을 살려 기회를 포착하는 전략을 의미한다.
③ ST전략은 강점을 살려 위협을 회피하는 전략을 의미한다.
④ WO전략은 약점을 보완하여 기회를 포착하는 전략을 의미한다.
⑤ WT전략은 약점을 보완하여 위협을 회피하는 전략을 의미한다.

**42** K공사 직원들이 이번 달 성과급에 대해 이야기를 나누고 있다. 성과급은 반드시 오르거나 줄었고, 〈보기〉의 직원 중 1명만 거짓말을 하고 있을 때, 항상 참인 것은?

─────〈보기〉─────
A직원 : 나는 이번에 성과급이 올랐어. 그래도 B만큼은 오르지는 않았네.
B직원 : 맞아. 난 성과급이 좀 올랐지. D보다는 조금 더 올랐어.
C직원 : 좋겠다. 오, E도 성과급이 올랐어.
D직원 : 무슨 소리야. E는 C와 같이 성과급이 줄어들었는데.
E직원 : 그런 것보다 D가 A보다 성과급이 조금 올랐는데.

① 직원 E의 성과급 순위를 알 수 없다.
② 직원 D의 성과급이 가장 많이 올랐다.
③ 직원 A의 성과급이 오른 사람 중 가장 적다.
④ 직원 C는 성과급이 줄어들었다.
⑤ 직원 B의 성과급이 가장 많이 올랐다.

**43** 직장 내에서의 의사소통은 반드시 필요하지만, 적절한 의사소통을 형성한다는 것은 쉽지 않다. 다음과 같은 갈등 상황을 유발하는 원인으로 가장 적절한 것은?

> 기획팀의 K대리는 팀원들과 함께 프로젝트를 수행하고 있다. K대리는 이번 프로젝트를 조금 여유 있게 진행할 것을 팀원들에게 요청하였다. 팀원들은 프로젝트 진행을 위해 회의를 진행하였는데, L사원과 P사원의 의견이 서로 대립하는 바람에 결론을 내리지 못한 채 회의를 마치게 되었다. K대리가 회의 내용을 살펴본 결과, L사원은 프로젝트 기획 단계에서 좀 더 꼼꼼하고 상세한 자료를 모으자는 의견이었고, 반대로 P사원은 여유 있는 시간을 프로젝트 수정·보완 단계에서 사용하자는 의견이었다.

① L사원과 P사원이 K대리의 의견을 서로 다르게 받아들였기 때문이다.
② L사원은 K대리의 고정적 메시지를 잘못 이해하고 있기 때문이다.
③ L사원과 P사원이 자신의 정보를 상대방이 이해하기 어렵게 표현하고 있기 때문이다.
④ L사원과 P사원이 서로 잘못된 정보를 전달하고 있기 때문이다.
⑤ L사원과 P사원이 서로에 대한 선입견을 갖고 있기 때문이다.

**44** 다음 글의 빈칸에 들어갈 내용으로 가장 적절한 것은?

> 발전은 항상 변화를 내포하고 있다. 그러나 모든 형태의 변화가 전부 발전에 해당하는 것은 아니다. 이를테면 교통신호등이 빨강에서 파랑으로, 파랑에서 빨강으로 바뀌는 변화를 발전으로 생각할 수는 없는 것이다. 즉, _____ 좀 더 구체적으로 말해, 사태의 진전 과정에서 나중에 나타나는 것은 적어도 그 이전 단계에 내재적으로나마 존재했던 것의 전개에 해당한다는 것이다. 이렇게 볼 때, 발전은 선적(線的)인 특성을 가지고 있다. 순전한 반복의 과정으로 보이는 것을 발전이라고 규정하지 않는 이유는 그 때문이다. 반복과정에서는 최후에 명백히 나타나는 것이 처음에 존재했던 것과 거의 다르지 않다. 그러나 또 한편으로 우리는 비록 반복의 경우라도 때때로 그 과정 중의 특정 단계를 따로 떼 그것을 발견이라고 생각하기도 한다. 즉, 전체 과정에서 어떤 종류의 질이 그 시기에 특정의 수준까지 진전된 경우이다.

① 발전은 어떤 특정한 방향으로 일어나는 변화라는 의미를 내포하고 있다.
② 변화는 특정한 방향으로 발전하는 것을 의미한다.
③ 발전은 불특정 방향으로 일어나는 변모라는 의미이다.
④ 발전은 어떤 특정한 반복으로 일어나는 변화라는 의미로 사용된다.
⑤ 변화는 어떤 특정한 방향으로 일어나는 발전이라는 의미로 사용된다.

**45** 다음 글을 통해 알 수 있는 내용으로 적절하지 않은 것은?

> 물은 상온에서 액체 상태이며, 100℃에서 끓어 기체인 수증기로 변하고, 0℃ 이하에서는 고체인 얼음으로 변한다. 만일 물이 상온 상태에서 기체이거나 보다 높은 온도에서 액화되어 고체 상태라면 물이 구성 성분의 대부분을 차지하는 생명체는 존재하지 않았을 것이다.
>
> 생물체가 생명을 유지하기 위해서 물에 의존하는 것은 무엇보다 물 분자 구조의 특징에서 비롯된다. 물 1분자는 1개의 산소 원자(O)와 2개의 수소 원자(H)가 공유 결합을 이루고 있는데, 2개의 수소 원자는 약 104.5°의 각도로 산소와 결합한다. 이때 산소 원자와 수소 원자는 전자를 1개씩 내어서 전자쌍을 만들고 이를 공유한다. 하지만 전자쌍은 전자친화도가 더 큰 산소 원자 쪽에 가깝게 위치하여 산소 원자는 약한 음전하(−)를, 수소는 약한 양전하(+)를 띠게 되어 물 분자는 극성을 가지게 된다. 따라서 극성을 띤 물 분자들끼리는 서로 다른 물 분자의 수소와 산소 사이에 전기적 인력이 작용하는 결합이 형성된다. 물 분자가 극성을 가지고 있어서 물은 여러 가지 물질을 잘 녹이는 특성을 가진다.
>
> 그래서 물은 우리 몸에서 용매 역할을 하며, 각종 물질을 운반하는 기능을 담당한다. 물은 혈액을 구성하고 있어 영양소, 산소, 호르몬, 노폐물 등을 운반하며, 대사 반응, 에너지 전달 과정의 매질 역할을 하고 있다. 또한 전기적 인력으로 결합된 구조는 물이 비열이 큰 성질을 갖게 한다.
>
> 비열은 물질 1g의 온도를 1℃ 높일 때 필요한 열량을 말하는데, 물질의 고유한 특성이다. 체액은 대부분 물로 구성되어 있어서 상당한 추위에도 어느 정도까지는 체온이 내려가는 것을 막아 준다. 특히 우리 몸의 여러 생리 작용은 효소 단백질에 의해 일어나는데, 단백질은 온도 변화에 민감하므로 체온을 유지하는 것은 매우 중요하다.

① 물 분자는 극성을 띠어 전기적 인력을 가진다.
② 물의 분자 구조는 혈액의 역할에 영향을 미친다.
③ 물은 물질의 전달 과정에서 매질로 역할을 한다.
④ 물 분자를 이루는 산소와 수소는 전자를 공유한다.
⑤ 물의 비열은 쉽게 변하는 특징이 있다.

※ 다음은 전국에 있는 K타이어 가맹점의 연간 매출액을 나타낸 것이다. 이어지는 질문에 답하시오. **[46~47]**

〈K타이어 전국 가맹점 연간 매출액〉

(단위 : 억 원)

| 연도<br>가맹점 | 2020년 | 2021년 | 2022년 | 2023년 |
|---|---|---|---|---|
| 서울 1호점 | 120 | 150 | 180 | 280 |
| 부산 2호점 | 150 | 140 | 135 | 110 |
| 대구 3호점 | 30 | 70 | 100 | 160 |

─〈보기〉─

㉠ 원 그래프　　　　　　　　㉡ 점 그래프
㉢ 띠 그래프　　　　　　　　㉣ 선 그래프
㉤ 꺾은선 그래프

**46** 다음 〈보기〉 중 제시된 자료를 도표로 나타내고자 할 때 옳은 유형은?

① ㉠　　　　　　　　　　　② ㉡
③ ㉢　　　　　　　　　　　④ ㉣
⑤ ㉤

**47** 다음 〈보기〉 중 2021년도 지점별 매출액 구성 비율을 도표로 나타내고자 할 때 옳은 유형은?

① ㉠　　　　　　　　　　　② ㉡
③ ㉢　　　　　　　　　　　④ ㉣
⑤ ㉤

**48** 다음은 A ~ H국의 GDP 및 에너지 사용량에 대한 자료이다. 이에 대한 설명으로 옳지 않은 것은?

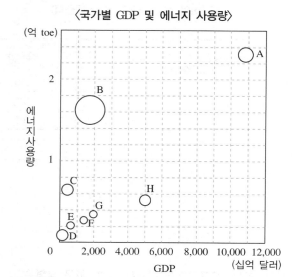

〈국가별 GDP 및 에너지 사용량〉

※ 원의 면적은 각 국가 인구수에 정비례한다.
※ 각 원의 중심좌표는 각 국가의 GDP와 에너지 사용량을 나타낸다.

① 에너지 사용량이 가장 많은 국가는 A국이고, 가장 적은 국가는 D국이다.
② 1인당 에너지 사용량은 C국이 D국보다 많다.
③ GDP가 가장 낮은 국가는 D국이고, 가장 높은 국가는 A국이다.
④ 1인당 GDP는 H국이 B국보다 높다.
⑤ 에너지 사용량 대비 GDP는 A국이 B국보다 낮다.

| 근무자 | 연락 가능한 근무자 |
|---|---|
| 1 | 4, 5, 6 |
| 2 | 1, 3, 8 |
| 3 | 4, 6, 8 |
| 4 | 5, 6, 7 |
| 5 | 1, 3 |
| 6 | 7, 8 |
| 7 | 1, 2, 3 |
| 8 | 4, 7 |

**49** 다음 중 근무자 3을 통해 2에게 연락하려고 할 때, 연락이 가능하지 않은 경로는?

① 3-4-5-1-6-8-7-2

② 3-4-7-2

③ 3-6-7-5-2

④ 3-8-4-7-2

⑤ 3-8-7-2

**50** 2가 6에게 급히 연락할 일이 생겨서 최대한 빠르게 연락을 하려고 할 때, 중간에서 거쳐야 하는 최소 인원은 몇 명인가?(단, 2와 6은 세지 않는다)

① 1명

② 2명

③ 3명

④ 4명

⑤ 5명

# 4권

# 제4회
# 코레일 한국철도공사 고졸채용

# NCS 직업기초능력평가

〈문항 및 시험시간〉

| 평가영역 | 문항 수 | 시험시간 | 모바일 OMR 답안분석 |
|---|---|---|---|
| 의사소통능력+수리능력+문제해결능력 | 50문항 | 60분 | |

# 제4회 모의고사

문항 수 : 50문항
시험시간 : 60분

**01** 다음은 교통안전사업에 대한 논문이다. 이 내용을 4개의 주요 단어로 요약한다고 할 때, 적절하지 않은 것은?

> 국내 교통사고는 매년 35만 건 이상이 발생하여 그 어떤 재난과 비교할 수 없을 만큼 심각한 인명 및 재산 손실을 초래하고 있다. 국가는 국민의 생명과 안전을 지키기 위해 다양한 교통안전사업을 시행하고 있지만 여전히 선진국 수준에는 미치지 못해 보다 적극적인 노력이 필요하다.
>
> 교통안전사업의 평가체계는 다음과 같은 두 가지 문제점을 지니고 있다. 첫 번째는 교통안전사업의 성과분석 및 평가가 사망자 수 감소에 집중되어 있다는 점이다. 두 번째는 교통안전사업 평가에 투자예산이 비용으로 처리된다는 점이다. 교통안전사업이 잘 운영되려면 교통안전사업의 정확한 평가를 통한 불요불급한 예산방지 및 예산효율의 극대화가 무엇보다 중요하다. 교통안전사업 시행에 따른 사회적 비용 감소 효과를 명확하게 분석할 수 있다면 명확한 원칙과 기준을 제시할 수 있을 뿐만 아니라, 교통안전사업의 효과를 높일 수 있어 교통사고 비용 감소에 크게 기여할 수 있을 것이다.
>
> 본 연구에서는 교통안전사업을 시설 개선·교통 단속 및 교육홍보 연구라는 3가지 범주로 나누고, 사업별 예산투자에 따른 사상종별 비용 감소 효과를 분석하였다. K공단 연구자료인 '도로교통 사고비용의 추계와 평가'에 제시된 추계방법을 활용하여 2014년부터 2021년도까지 8개년간 각 지자체의 교통안전사업 투자예산을 계산하였다.
>
> 이를 바탕으로 교통안전사업 투자예산과 사고비용 감소와의 상관관계를 분석하였다. 과거 연구모형을 수정하여 사업 투자금액을 자산으로 분류하였다. 연구결과 사망자 사고비용 감소를 위해 가장 유효한 사업은 교통 단속으로 나타났으며, 중상자 및 경상자 사고비용 감소를 위해 가장 유효한 사업은 안전한 보행환경 조성 사업으로 나타났다.
>
> 비용으로 분류되던 교통안전사업의 결과를 자산으로 처리하고, 종속변수를 교통사고 비용으로 하여 기존 연구와 차별점을 두었다. 사상종별로 효과가 있는 사업이 차이가 있음을 확인하였으며, 교통사고 현황 분석을 통해 주로 발생하는 사고유형을 확인하고 맞춤형 교통안전사업을 전개한다면 보다 효과적이고 수용성 높은 방향으로 사업이 시행될 것으로 판단된다.

① 교통 단속
② 보행환경 조성
③ 사회적 비용
④ 비용 감소 효과
⑤ 교통안전사업

**02** 다음은 K공사의 해외공항 사업에 대한 기사이다. 빈칸에 들어갈 내용으로 가장 적절한 것은?

올해 초 제2터미널의 성공적 개장, 쿠웨이트공항 사업 수주 등 세계적인 공항 건설·운영 노하우를 연달아 입증한 K공사가 해외사업 확대에 다시 한번 박차를 가하고 있다. K공사는 필리핀의 B기업과 '필리핀 마닐라 신공항 개발 사업 추진을 위한 양해각서(MOU)'를 체결했다고 밝혔다.

필리핀 재계 1위인 B기업은 마닐라 신공항 개발 사업의 우선제안자 지위를 갖고 있다. 마닐라 신공항 사업은 현재 수도 공항인 니노이 아키노 공항의 시설 포화 문제*를 해결하기 위해 필리핀 불라칸 지역(마닐라에서 북서쪽으로 40km)에 신공항을 건설하는 프로젝트이다. 사업 방식은 B기업이 필리핀 정부에 사업을 제안하는 '민간 제안 사업' 형태로 추진되고 있다.

필리핀의 경우 대규모 인프라 개발 사업에서 '민간 제안 사업' 제도를 운영하고 있다. 사업을 제안한 민간 사업자는 우선제안자의 지위를 가지며, 정부는 제안 사업의 타당성 검토와 사업 승인 절차를 거쳐 제3자 공고 (60일) 및 제안서 평가 후 최종사업자를 선정한다. B기업은 지난 2016년 9월 필리핀 정부에 마닐라 신공항 사업을 제안했으며, 필리핀 경제개발청(NEDA)의 사업타당성 조사를 거쳐 올해 사업 승인을 받았다.

마닐라 신공항은 연간 여객 처리 용량 1억 명 규모에 여객터미널 8동, 활주로 4본을 갖춘 초대형 공항으로 설계되었으며, 총사업비는 17조 5,000억 원, 1단계 사업만 7조 원에 달하는 대규모 공항 개발 사업이다. 최종사업자로 선정된 민간 사업자는 향후 50년간 신공항을 독점적으로 운영하게 된다.

마닐라 신공항은 바다를 매립해 건설하는 수도권 신공항 사업이라는 점에서 한국 I공항의 건설 및 개항 과정과 유사한 점이 많다. K공사는 1992년 11월 부지 조성 공사 기공식 이후 8년 4개월의 대역사를 거쳐 2001년 3월 I공항을 성공적으로 개항했다. K공사가 마닐라 신공항 사업에 참여하게 되면 I공항 개항으로 축적한 공항 건설과 운영 노하우를 충분히 활용할 수 있게 된다. 그뿐만 아니라 필리핀은 한국인들이 즐겨 찾는 대표적인 관광지로, K공사가 마닐라 신공항 사업에 참여하게 되면 _____

* 니노이 아키노 공항의 연간 여객은 4,200만 명(2017년 기준)으로, 연간 여객 처리 용량(3,100만 명)을 초과했다(2012년부터 시설 포화 문제가 누적·심화).

① 필리핀의 항공 수요가 연평균 5.7%가량 성장할 것이다.
② 단기간에 K공사 해외사업 확대의 기폭제 역할을 할 것이다.
③ 필리핀을 찾는 한국인 관광객들의 편의도 한층 개선될 전망이다.
④ 필리핀 전체 관광객 중 한국인 관광객은 감소할 것으로 예상된다.
⑤ B기업과 구축한 파트너십을 바탕으로 다양한 해외 사업에 도전할 수 있다.

※ 다음은 현 직장 만족도에 대하여 조사한 자료이다. 이어지는 질문에 답하시오. [3~4]

〈현 직장 만족도〉

| 만족분야별 | 직장유형별 | 2022년 | 2023년 |
|---|---|---|---|
| 전반적 만족도 | 기업 | 6.9 | 6.3 |
| | 공공연구기관 | 6.7 | 6.5 |
| | 대학 | 7.6 | 7.2 |
| 임금과 수입 | 기업 | 4.9 | 5.1 |
| | 공공연구기관 | 4.5 | 4.8 |
| | 대학 | 4.9 | 4.8 |
| 근무시간 | 기업 | 6.5 | 6.1 |
| | 공공연구기관 | 7.1 | 6.2 |
| | 대학 | 7.3 | 6.2 |
| 사내분위기 | 기업 | 6.3 | 6.0 |
| | 공공연구기관 | 5.8 | 5.8 |
| | 대학 | 6.7 | 6.2 |

**03** 2022년 3개 기관의 전반적 만족도의 합은 2023년 3개 기관의 임금과 수입 만족도의 합의 몇 배인가?(단, 소수점 둘째 자리에서 반올림한다)

① 1.4배  
② 1.6배  
③ 1.8배  
④ 2.0배  
⑤ 2.2배  

**04** 다음 중 자료에 대한 설명으로 옳지 않은 것은?(단, 비율은 소수점 둘째 자리에서 반올림한다)

① 현 직장에 대한 전반적 만족도는 대학 유형에서 가장 높다.
② 2023년 근무시간 만족도에서는 공공연구기관과 대학의 만족도가 동일하다.
③ 2023년에 모든 유형의 직장에서 임금과 수입의 만족도는 전년 대비 증가했다.
④ 사내분위기 측면에서 2022년과 2023년 공공연구기관의 만족도는 동일하다.
⑤ 2023년 근무시간에 대한 만족도의 전년 대비 감소율은 대학 유형이 가장 크다.

**05** 다음은 어느 연구소의 직원채용절차에 대한 자료이다. 이를 근거로 1일 총 접수 건수를 처리하기 위한 업무 단계별 총 처리 비용이 두 번째로 큰 업무 단계는?

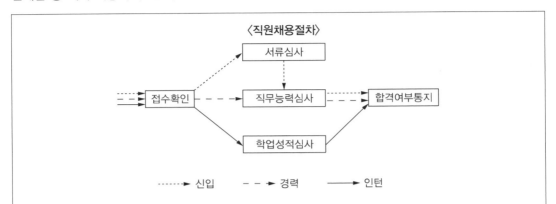

〈직원채용절차〉

〈지원 유형별 1일 접수 건수〉

| 지원 유형 | 접수 건수(건) |
|---|---|
| 신입 | 20 |
| 경력 | 18 |
| 인턴 | 16 |

〈업무 단계별 1건당 처리 비용〉

| 업무 단계 | 처리 비용(원) |
|---|---|
| 접수확인 | 500 |
| 서류심사 | 2,000 |
| 직무능력심사 | 1,000 |
| 학업성적심사 | 1,500 |
| 합격여부통지 | 400 |

※ 직원채용절차에서 중도탈락자는 없다.
※ 업무 단계별 1건당 처리 비용은 지원 유형에 관계없이 동일하다.

① 접수확인  ② 서류심사
③ 직무능력심사  ④ 학업성적심사
⑤ 합격여부통지

※ 유통업체인 K사는 유통대상의 정보에 따라 12자리로 구성된 분류코드를 부여하여 관리하고 있다. 다음 자료를 보고 이어지는 질문에 답하시오. [6~7]

〈분류코드 생성 방법〉

- 분류코드는 한 개 상품당 하나가 부과된다.
- 분류코드는 '발송코드 – 배송코드 – 보관코드 – 운송코드 – 서비스코드'가 순서대로 연속된 12자리 숫자로 구성되어 있다.
- 발송지역

| 발송지역 | 발송코드 | 발송지역 | 발송코드 | 발송지역 | 발송코드 |
|---|---|---|---|---|---|
| 수도권 | a1 | 강원 | a2 | 경상 | b1 |
| 전라 | b2 | 충청 | c4 | 제주 | t1 |
| 기타 | k9 | – | – | – | – |

- 배송지역

| 배송지역 | 배송코드 | 배송지역 | 배송코드 | 배송지역 | 배송코드 |
|---|---|---|---|---|---|
| 서울 | 011 | 인천 | 012 | 강원 | 021 |
| 경기 | 103 | 충남 | 022 | 충북 | 203 |
| 경남 | 240 | 경북 | 304 | 전남 | 350 |
| 전북 | 038 | 제주 | 040 | 광주 | 042 |
| 대구 | 051 | 부산 | 053 | 울산 | 062 |
| 대전 | 071 | 세종 | 708 | 기타 | 009 |

- 보관구분

| 보관품목 | 보관코드 | 보관품목 | 보관코드 | 보관품목 | 보관코드 |
|---|---|---|---|---|---|
| 냉동 | FZ | 냉장 | RF | 파손주의 | FG |
| 고가품 | HP | 일반 | GN | – | – |

- 운송수단

| 운송수단 | 운송코드 | 운송수단 | 운송코드 | 운송수단 | 운송코드 |
|---|---|---|---|---|---|
| 5톤 트럭 | 105 | 15톤 트럭 | 115 | 30톤 트럭 | 130 |
| 항공 운송 | 247 | 열차 수송 | 383 | 기타 | 473 |

- 서비스 종류

| 배송서비스 | 서비스코드 | 배송서비스 | 서비스코드 | 배송서비스 | 서비스코드 |
|---|---|---|---|---|---|
| 당일 배송 | 01 | 지정일 배송 | 02 | 일반 배송 | 10 |

※ 수도권은 서울, 경기, 인천 지역이다.

**06** 다음 분류코드에서 확인할 수 있는 정보가 아닌 것은?

c4304HP11501

① 해당 제품은 충청지역에서 발송되어 경북지역으로 배송되는 제품이다.
② 냉장보관이 필요한 제품이다.
③ 15톤 트럭에 의해 배송될 제품이다.
④ 당일 배송 서비스가 적용된 제품이다.
⑤ 해당 제품은 고가품이다.

**07** 다음 정보를 근거로 할 때, 제품 A에 적용될 분류코드는?

〈정보〉

• 제품 A는 H업체가 7월 5일에 경기도에서 울산지역에 위치한 구매자에게 발송한 제품이다.
• 수산품인 만큼 냉동 보관이 필요하며, 발송자는 택배 도착일을 7월 7일로 지정하였다.
• 제품 A는 5톤 트럭을 이용해 배송된다.

① k9062RF10510
② a1062FZ10502
③ a1062FZ11502
④ a1103FZ10501
⑤ a1102FZ10502

**08** K대리는 부서별 동아리 활동 진행을 맡게 되었는데 필요한 준비물을 챙기던 중 미세먼지에 대비해 마스크를 구입하라는 지시를 받고 마스크를 사려고 한다. 다음 글을 읽고 이해한 내용으로 적절하지 않은 것은?

---

### 보건용 마스크 고르는 법

의약외품으로 허가된 '보건용 마스크' 포장에는 입자차단 성능을 나타내는 'KF80', 'KF94', 'KF99'가 표시되어 있는데, 'KF' 문자 뒤에 붙은 숫자가 클수록 미세입자 차단 효과가 더 크다. 다만 숨쉬기가 어렵거나 불편할 수 있으므로 황사·미세먼지 발생 수준, 사람별 호흡량 등을 고려해 적당한 제품을 선택하는 것이 바람직하다.

약국, 마트, 편의점 등에서 보건용 마스크를 구입하는 경우에는 제품의 포장에서 '의약외품'이라는 문자와 KF80, KF94, KF99 표시를 반드시 확인해야 한다.

아울러 보건용 마스크는 세탁하면 모양이 변형되어 기능을 유지할 수 없으므로 세탁하지 않고 사용해야 하며, 사용한 제품은 먼지나 세균에 오염되어 있을 수 있으므로 재사용하지 말아야 한다.

또한 수건이나 휴지 등을 덧댄 후 마스크를 사용하면 밀착력이 감소해 미세입자 차단 효과가 떨어질 수 있으므로 주의해야 하고, 착용 후에는 마스크 겉면을 가능하면 만지지 말아야 한다.

---

① KF 뒤에 붙은 숫자가 클수록 미세입자 차단 효과가 더 크다.
② 수건이나 휴지 등을 덧댄 후 마스크를 사용하는 것은 이중 차단 효과를 준다.
③ 보건용 마스크는 세탁하면 모양이 변형되어 기능을 유지할 수 없다.
④ 사용한 제품은 먼지나 세균에 오염되어 있을 수 있으므로 재사용하지 말아야 한다.
⑤ 착용 후에는 마스크 겉면을 가능한 한 만지지 않도록 한다.

**09** 다음 글에서 밑줄 친 ㉠~㉤의 수정 방안으로 적절하지 않은 것은?

---

심리학자들은 학습 이후 망각이 생기는 심리적 이유를 다음과 같이 설명하고 있다. 앞서 배운 내용이 나중에 공부한 내용을 밀어내는 순행 억제, 뒤에 배운 내용이 앞에서 배운 내용을 기억의 저편으로 밀어내는 역행 억제, 또한 공부한 두 내용이 서로 비슷해 간섭이 일어나는 유사 억제 등이 작용해 기억을 방해했기 때문이라는 것이다. 이러한 망각을 뇌 속에서 어떤 기억을 잃어버린 것으로 이해해서는 ㉠안된다. 기억을 담고 있는 세포들은 내용물을 흘려버리지 않는다. 기억들은 여전히 ㉡머리속에 있는 것이다. 우리가 뭔가 기억해 내려고 애쓰는데도 찾지 못하는 것은 기억들이 ㉢혼재해 있기 때문이다. ㉣그리고 학습한 내용을 일정한 원리에 따라 ㉤짜임새 있게 체계적으로 잘 정리한다면 학습한 내용을 어렵지 않게 기억해 낼 수 있다.

---

① ㉠ : 띄어쓰기가 올바르지 않으므로 '안 된다'로 고친다.
② ㉡ : 맞춤법에 어긋나므로 '머릿속에'로 고친다.
③ ㉢ : 문맥에 어울리지 않으므로 '잠재'로 수정한다.
④ ㉣ : 앞 문장과의 관계를 고려하여 '그러므로'로 고친다.
⑤ ㉤ : 의미가 중복되므로 '체계적으로'를 삭제한다.

**10** 다음 글의 빈칸에 들어갈 접속어로 가장 적절한 것은?

우리나라는 빠른 속도로 증가하는 치매의 사회경제적 부담에 대응하기 위하여 선제적으로 치매환자와 가족을 위한 정책 비전을 제시하고, 치매국가책임제 발표를 통해 관련한 세부 과제들을 더욱 구체화함으로써 큰 틀에서의 방향성이 확고히 마련되었다고 볼 수 있다. 하지만 이렇게 마련된 정책이 국민에게 맞춤형으로 적절히 제공되기 위해서는 수립된 계획을 적극적으로 추진해 나갈 수 있도록 재정 확보, 전문 인력 양성, 국민의 인식제고 등의 노력이 함께 뒷받침되어야 한다.

이번에 제시된 치매국가책임제의 내용은 제3차 국가치매관리종합계획에서 제시한 치매환자를 위한 보건복지 관련 정책 및 제도적 추진 방향을 보다 구체화하고 확대하였다는 점에서 큰 의의가 있다. 그럼에도 불구하고 치매안심센터가 지역 내 치매환자를 위한 종합적인 정보 제공, 상담 등의 역할을 충실히 담당해 나갈 수 있도록 기능을 명확히 하고 관계자들의 전문성 확보, 효과적인 기관 설립 및 운영이 가능할 수 있도록 정부차원의 적극적인 지원이 필요할 것으로 사료된다. _____ 치매환자를 위한 장기요양서비스를 확대함에 있어서도 인프라 확충과 함께 관련 직종의 관계자가 치매케어를 보다 전문적으로 수행할 수 있도록 치매증상에 맞춘 서비스 제공기술 고도화 등의 노력이 전제되어야 할 것이며, 의료서비스 기관의 확충 역시 충분히 그 역할을 담당해 나갈 수 있도록 정책적 지원이 수반되어야 한다.

치매환자 및 가족을 위한 관련 정책을 신속히 안착시키기 위해서는 지역주민들이 치매환자에 대한 부정적 인식을 가지기보다는 일상생활상의 불편함을 함께 극복해 나가는 사회적 분위기가 조성될 수 있도록 국민들의 치매에 대한 관심을 높이고, 홍보를 적극적으로 추진해 나가는 노력이 필요하다. 무엇보다도 치매질환을 갖고 있다고 해서 시설이나 병원으로 가야 할 것이 아니라, 충분히 내 집에서 혹은 우리 동네에서 살아갈 수 있음을 제시해 주는 인식 대전환의 기회들이 적극적으로 제시되어야 할 것이다.

① 그러나
② 그러므로
③ 그래서
④ 또한
⑤ 그럼에도 불구하고

**11** 다음은 한반도 지역별 지진발생 횟수에 대한 자료이다. 이에 대한 설명으로 옳은 것은?

〈한반도 지역별 지진발생 횟수〉

(단위 : 회)

| 구분 | 2021년 | 2022년 | 2023년 |
|---|---|---|---|
| 서울·경기·인천 | 1 | 1 | 1 |
| 부산·울산·경남 | 1 | 6 | 5 |
| 대구·경북 | 6 | 179 | 121 |
| 광주·전남 | 1 | 1 | 6 |
| 전북 | 1 | 1 | 2 |
| 대전·충남·세종 | 2 | 6 | 3 |
| 충북 | 1 | 0 | 2 |
| 강원 | 1 | 1 | 1 |
| 제주 | 0 | 1 | 0 |
| 서해 | 7 | 6 | 19 |
| 남해 | 12 | 11 | 18 |
| 동해 | 8 | 16 | 20 |
| 북한 | 3 | 23 | 25 |
| 합계 | 44 | 252 | 223 |

※ 수도권은 서울·경기·인천 지역을 의미한다.

① 연도별로 전체 지진발생 횟수 중 가장 많은 비중을 차지하는 지역은 2021년부터 2023년까지 매년 동일하다.

② 전체 지진발생 횟수 중 북한의 지진발생 횟수가 차지하는 비중은 2022년에 비해 2023년에 5%p 이상 증가하였다.

③ 2021년 전체 지진발생 횟수 중 대전·충남·세종이 차지하는 비중은 2022년 전체 지진발생 횟수 중 동해가 차지하는 비중보다 크다.

④ 전체 지진발생 횟수 중 수도권에서의 지진발생 횟수가 차지하는 비중은 2022년과 2023년 모두 전년 대비 감소하였다.

⑤ 2022년에 지진이 발생하지 않은 지역을 제외하고 2022년 대비 2023년 지진발생 횟수의 증가율이 두 번째로 높은 지역은 서해이다.

**12** A ~ G 일곱 팀이 토너먼트로 시합을 하려고 한다. 다음과 같이 한 팀만 부전승으로 올라가 경기를 진행한다고 할 때, 대진표를 작성하는 경우의 수는?

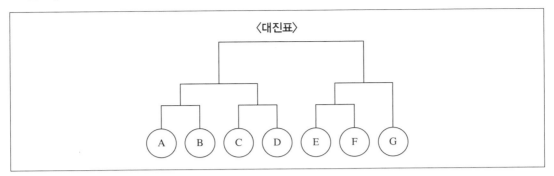

① 300가지          ② 315가지

③ 340가지          ④ 380가지

⑤ 400가지

**13** K농산물은 날마다 가격이 다르다. 7일간의 평균 가격이 다음과 같을 때, 5월 10일의 가격은 얼마인가?

| 구분 | 5/7 | 5/8 | 5/9 | 5/10 | 5/11 | 5/12 | 5/13 | 평균 |
|------|-----|-----|-----|------|------|------|------|------|
| 가격(원) | 400 | 500 | 300 | ( ) | 400 | 550 | 300 | 400 |

① 300원          ② 350원

③ 400원          ④ 450원

⑤ 500원

**14** 다음 〈보기〉를 원인 분석 단계의 절차에 따라 순서대로 바르게 나열한 것은?

〈문제해결절차〉

문제 인식 → 문제 도출 → 원인 분석 → 해결안 개발 → 실행 및 평가

문제해결절차의 원인 분석은 파악된 핵심문제에 대한 분석을 통해 근본 원인을 도출해 내는 단계로, Issue 분석, Data 분석, 원인 파악의 절차로 진행된다.

Issue 분석 → Data 분석 → 원인 파악

〈보기〉

㉠ 가설검증계획에 의거하여 분석결과를 미리 이미지화한다.
㉡ 데이터 수집계획을 세운 후 목적에 따라 정량적이고 객관적인 사실을 수집한다.
㉢ 인터뷰 및 설문조사 등을 활용하여 현재 수행하고 있는 업무에 가장 크게 영향을 미치는 문제를 선정한다.
㉣ 이슈와 데이터 분석을 통해 얻은 결과를 바탕으로 최종 원인을 확인한다.
㉤ 자신의 경험, 지식 등에 의존하여 이슈에 대한 일시적인 결론을 예측해보는 가설을 설정한다.
㉥ 목적에 따라 수집된 정보를 항목별로 분류·정리한 후 'What', 'Why', 'How' 측면에서 의미를 해석한다.

① ㉠ - ㉢ - ㉤ - ㉡ - ㉥ - ㉣
② ㉡ - ㉥ - ㉢ - ㉤ - ㉠ - ㉣
③ ㉢ - ㉤ - ㉠ - ㉡ - ㉥ - ㉣
④ ㉢ - ㉠ - ㉤ - ㉥ - ㉡ - ㉣
⑤ ㉤ - ㉠ - ㉢ - ㉡ - ㉥ - ㉣

**15** K회사 사무실에 도둑이 들었다. 범인은 2명이고, 용의자로 지목된 A ~ E가 다음 〈보기〉와 같이 진술했다. 이 중 2명이 거짓말을 하고 있다고 할 때, 동시에 범인이 될 수 있는 사람을 나열한 것은?

〈보기〉

A : B나 C 중에 한 명만 범인이에요.
B : 저는 확실히 범인이 아닙니다.
C : 제가 봤는데 E가 범인이에요.
D : A가 범인이 확실해요.
E : 사실은 제가 범인이에요.

① A, B
② B, C
③ B, D
④ C, D
⑤ D, E

※ 다음은 K공사의 인재 채용 조건과 입사 지원자 A ~ E 5명에 대한 자료이다. 이어지는 질문에 답하시오. [16~17]

〈인재 채용 조건〉

• 직원의 평균 연령대를 고려하여 1986년 이후 출생자만 채용한다.
• 경영・경제・회계・세무학 전공자이면서 2년 이상의 경력을 지닌 지원자만 채용한다.
• 지원자의 예상 출퇴근 소요시간을 10분당 1점, 희망연봉을 100만 원당 1점으로 계산하여 총 평가 점수가 낮은 사람 순서로 채용을 고려한다.

〈A ~ E지원자의 상세 정보〉

| 구분 | A | B | C | D | E |
| --- | --- | --- | --- | --- | --- |
| 출생연도 | 1988년 | 1982년 | 1993년 | 1990년 | 1994년 |
| 전공학과 | 경제학과 | 경영학과 | 회계학과 | 영문학과 | 세무학과 |
| 경력 | 5년 | 8년 | 2년 | 3년 | 1년 |
| 예상 출퇴근 소요시간 | 1시간 | 40분 | 1시간 30분 | 20분 | 30분 |
| 희망연봉 | 3,800만 원 | 4,200만 원 | 3,600만 원 | 3,000만 원 | 3,200만 원 |

**16** A ~ E지원자 중 단 1명을 채용한다고 할 때, 다음 중 K공사가 채용할 사람은?

① A
② B
③ C
④ D
⑤ E

**17** 인재 채용 조건이 다음과 같이 변경되어 A ~ E지원자 중 단 1명을 채용한다고 할 때, 다음 중 K공사가 채용할 사람은?

〈인재 채용 조건〉

• 직원들과의 관계를 고려하여 1991년 이후 출생자만 채용한다.
• 2년 이상의 경력자라면 전공과 상관없이 채용한다(단, 2년 미만의 경력자는 경영・경제・회계・세무학을 전공해야만 한다).
• 지원자의 예상 출퇴근 소요시간을 10분당 3점, 희망연봉을 100만 원당 2점으로 계산하여 평가한다. 이때, 경력 1년당 5점을 차감하며, 경영・경제・회계・세무학 전공자의 경우 30점을 차감한다. 총 평가 점수가 낮은 사람 순서로 채용을 고려한다.

① A
② B
③ C
④ D
⑤ E

**18** 다음 코레일의 공지문을 참고하여 안내한 내용으로 적절하지 않은 것은?

〈철도차량운전면허 기능시험 접수 및 시행 알림〉

1. **접수시간** : 5월 6일(월) 9시 ~ 5월 8일(수) 18시
   ※ 마감일 18시 이후에는 접수가 절대 불가하오니 참고하기 바랍니다.

2. **접수방법(인터넷접수)**
   - 코레일 홈페이지 : www.korail.com 접속(자격시험 – 철도시험 – 인터넷접수 및 조회 – 인터넷접수)
   - 철도안전정보종합관리시스템 : www.railsafety.or.kr 접속(면허시험관리 – 시험 – 원서접수)
   - 2024년 정기 2차 기능시험 접수면허 : 총 3개 면허(제2종 전기차량 / 디젤차량 / 철도장비)

3. **접수 시 유의사항**
   - 원서작성 시 휴대전화 기재란에 연락가능 휴대전화 번호를 반드시 기재(SMS문자 수신 위함)하시고, 원서접수화면 좌측상단에 시험정보 문자 발송 동의란에 반드시 체크가 이루어져야 접수가 완료됩니다.
   - 제2종 전기차량 운전면허 중 서울메트로 시험장 선택은 서울메트로에서 교육을 이수하신 분만 응시하셔야 합니다.
   - 개인별 기능시험 일정은 05.15(수) 17시 이후, 휴대폰 SMS 수신 후 확인 가능합니다(반드시 SMS 수신 후 수험표 출력).
     ※ 기능시험 기간은 05.20 ~ 06.28이며 응시인원에 따라 공휴일(토, 일 포함)에도 기능시험을 시행할 수 있습니다.

4. **환불안내**
   - 기능시험 시작일 기준 5일 전 18시까지 환불 가능합니다.
     ※ 응시원서 접수 당시 '국민기초생활 보장법'에 따른 수급자 또는 '한부모가족지원법'에 따른 보호대상자는 응시수수료가 50% 감면됩니다. 대상자는 국민기초생활수급자 증명서 또는 한부모가족 증명서를 제출하기 바랍니다.
   - 수수료 감면 신청 기간 : 기능시험 시작일 기준 5일 전 18시까지
   - 대상자는 감면 신청서 작성
     ※ 기능시험 응시일자는 접수순이 아니고 컴퓨터를 통해 무작위로 배정됩니다. 접수에 참고하기 바랍니다.

5. **합격자 발표일** : 07.04(목) 9시 철도안전정보종합관리시스템

① 환불은 5월 15일 18시까지 가능합니다.
② 개인별 기능시험 일정을 확인하려면 반드시 SMS 수신에 동의하셔야 합니다.
③ 접수는 코레일 홈페이지와 철도안전정보종합관리시스템에서 하실 수 있습니다.
④ 응시원서 수수료 감면 대상자는 5월 16일 18시까지 신청하셔야 합니다.
⑤ 기능시험 응시일자는 무작위로 배정되오니 참고하시기 바랍니다.

**19** 다음 글을 읽고 〈보기〉를 참고하여 가장 적절한 반응을 보인 사람은?

일그러진 달항아리와 휘어진 대들보. 물론 달항아리와 대들보가 언제나 그랬던 것은 아니다. 사실인즉, 일그러지지 않은 달항아리와 휘어지지 않은 대들보가 더 많았을 것이다. 하지만 주목해야 할 것은 한국인들은 달항아리가 일그러졌다고 해서 깨뜨려 버리거나, 대들보감이 구부러졌다고 해서 고쳐서 쓰거나 하지는 않았다는 것이다. 나아가 그들은 살짝 일그러진 달항아리나 그럴싸하게 휘어진 대들보, 입술이 약간 휘어져 삐뚜름 능청거리는 사발이 오히려 멋있다는 생각을 했던 것 같다.

일그러진 달항아리와 휘어진 대들보에서 '형(形)의 어눌함'과 함께 '상(象)의 세련됨'을 볼 수 있다. 즉, '상의 세련됨'을 머금은 '형의 어눌함'을 발견하게 된다. 대체로 평균치를 넘어서는 우아함을 갖춘 상은 어느 정도 형의 어눌함을 수반한다. 이런 형상을 가리켜 아졸하거나 고졸하다고 하는데, 한국 문화는 이렇게 상의 세련됨과 형의 어눌함이 어우러진 아졸함이나 고졸함의 형상으로 넘쳐난다. 분청이나 철화, 달항아리 같은 도자기 역시 예상과는 달리 균제적이거나 대칭적이지 않은 경우가 많다. 이같은 비균제성이나 비대칭성은 무의식(無意識)의 산물이 아니라 '형의 어눌함을 수반하는 상의 세련됨'을 추구하는 미의식(美意識)의 산물이다. 이러한 미의식은 하늘과 땅과 인간을 하나의 커다란 유기체로 파악하는 우리 민족이 자신의 삶을 통해 천지인의 조화를 이룩하기 위해 의식적으로 노력한 결과이다.

〈보기〉

'상(象)'은 '형(形)'과 대립하는 개념이다. 감각적으로 쉽게 느낄 수 있는 것을 '형'이라 한다면, 자연의 원리를 깨달은 사람만이 인식할 수 있는 것을 '상'이라 한다.

① 예지 : 한옥에서는 '형'의 어눌함을 찾아볼 수 없어.
② 보람 : 삐뚜름한 대접에서 '상'의 세련됨을 찾을 수 있어.
③ 윤희 : 휘어진 대들보에서는 '상'의 세련됨을 발견할 수 없어.
④ 주성 : 비대칭성의 미는 무의식의 산물이야.
⑤ 수빈 : 일그러진 달항아리의 아름다움을 느끼지 못한다면 '형'의 어눌함을 발견하지 못했기 때문이야.

**20** 다음 글을 읽고 추론한 내용으로 가장 적절한 것은?

> 미적인 것이란 내재적이고 선험적인 예술 작품의 특성을 밝히는 데서 더 나아가 삶의 풍부하고 생동적인 양상과 가치, 목표를 예술 형식으로 변환한 것이다. 미(美)는 어떤 맥락으로부터도 자율적이기도 하지만 타율적이다. 미에 대한 자율적 견해를 지닌 칸트도 일견 타당하지만, 미를 도덕이나 목적론과 연관시킨 톨스토이나 마르크스도 타당하다. 우리가 길을 지나다 이름 모를 곡을 듣고서 아름답다고 느끼는 것처럼 순수미의 영역이 없는 것은 아니다. 하지만 그 곡이 독재자를 열렬히 지지하기 위한 선전곡이었음을 안 다음부터 그 곡을 혐오하듯 미(美) 또한 사회 경제적, 문화적 맥락의 영향을 받기도 한다.

① 작품의 구조 자체에 주목하여 문학작품을 감상해야 한다는 절대주의적 관점은 칸트의 견해와 유사하다.
② 톨스토이의 견해에 따라 시를 감상한다면 운율과 이미지, 시상 전개 등을 중심으로 감상해야 한다.
③ 톨스토이와 마르크스는 예술 작품이 내재하고 있는 고유한 특성이 감상에 중요하지 않다고 주장했다.
④ 칸트는 현실과 동떨어진 작품보다 부조리한 사회 현실을 고발하는 작품의 가치를 더 높게 평가하였을 것이다.
⑤ 칸트의 견해에 따르면 예술 작품이 독자에게 어떠한 영향을 미치느냐에 따라 작품의 가치가 달라질 수 있다.

**21** 다음 글을 읽고 옵트인 방식을 도입하자는 주장에 대한 근거로 적절하지 않은 것은?

> 스팸 메일 규제와 관련한 논의는 스팸 메일 발송자의 표현의 자유와 수신자의 인격권 중 어느 것을 우위에 둘 것인가를 중심으로 전개되어 왔다. 스팸 메일의 규제 방식은 옵트인(Opt-in) 방식과 옵트아웃(Opt-out) 방식으로 구분된다. 전자는 광고성 메일을 금지하지는 않되 수신자의 동의를 받아야만 발송할 수 있게 하는 방식으로, 영국 등 EU 국가들에서 시행하고 있다. 그러나 이 방식은 수신 동의 과정에서 발송자와 수신자 양자에게 모두 비용이 발생하며, 시행 이후에도 스팸 메일이 줄지 않았다는 조사 결과도 나오고 있어 규제 효과가 크지 않을 수 있다.
>
> 반면, 옵트아웃 방식은 일단 스팸 메일을 발송할 수 있게 하되 수신자가 이를 거부하면 이후에는 메일을 재발송할 수 없도록 하는 방식으로, 미국에서 시행되고 있다. 그런데 이러한 방식은 스팸 메일과 일반적 광고 메일의 선별이 어렵고, 수신자가 수신 거부를 하는 데 따르는 불편과 비용을 초래하며 불법적으로 재발송되는 메일을 통제하기 힘들다. 또한, 육체적·정신적으로 취약한 청소년들이 스팸 메일에 무차별적으로 노출되어 피해를 입을 수 있다.

① 옵트아웃 방식을 사용한다면 수신자가 수신 거부를 하는 것이 더 불편해질 것이다.
② 옵트인 방식은 수신에 동의하는 데 따르는 수신자의 경제적 손실을 막을 수 있다.
③ 옵트아웃 방식을 사용한다면 재발송 방지가 효과적으로 이루어지지 않을 것이다.
④ 옵트인 방식은 수신자 인격권 보호에 효과적이다.
⑤ 날로 수법이 교묘해져가는 스팸 메일을 규제하기 위해서는 수신자 사전 동의를 받아야 하는 옵트인 방식을 채택하는 것이 효과적이다.

**22** 다음은 산업 및 가계별 대기배출량과 기체별 지구온난화 유발 확률에 대한 자료이다. 어느 부문의 대기배출량을 줄여야 지구온난화 예방에 가장 효과적인가?

〈산업 및 가계별 대기배출량〉

(단위 : 천 톤 $CO_2eq.$)

| 구분 | | 이산화탄소 | 아산화질소 | 메탄 | 수소불화탄소 |
|---|---|---|---|---|---|
| 산업부문 | 전체 | 45,950 | 3,723 | 17,164 | 0.03 |
| | 농업, 임업 및 어업 | 10,400 | 810 | 12,000 | 0 |
| | 석유, 화학 및 관련제품 | 6,350 | 600 | 4,800 | 0.03 |
| | 전기, 가스, 증기 및 수도사업 | 25,700 | 2,300 | 340 | 0 |
| | 건설업 | 3,500 | 13 | 24 | 0 |
| 가계부문 | | 5,400 | 100 | 390 | 0 |

〈기체별 지구온난화 유발 확률〉

(단위 : %)

| 구분 | 이산화탄소 | 아산화질소 | 메탄 | 수소불화탄소 |
|---|---|---|---|---|
| 유발 확률 | 30 | 20 | 40 | 10 |

① 농업, 임업 및 어업
② 석유, 화학 및 관련제품
③ 전기, 가스, 증기 및 수도사업
④ 건설업
⑤ 가계부문

**23** 다음은 한국, 미국, 일본, 프랑스가 화장품산업 경쟁력 4대 분야에서 획득한 점수에 대한 자료이다. 이에 대한 설명으로 옳은 것은?

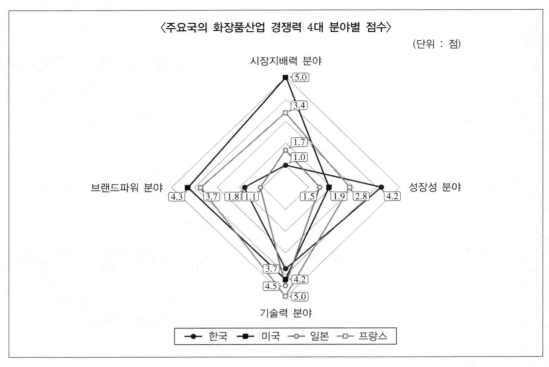

① 기술력 분야에서는 한국의 점수가 가장 높다.

② 성장성 분야에서 점수가 가장 높은 국가는 시장지배력 분야에서도 점수가 가장 높다.

③ 브랜드파워 분야에서 각국 점수 중 최댓값과 최솟값의 차이는 3점 이하이다.

④ 미국이 4대 분야에서 획득한 점수의 합은 프랑스가 4대 분야에서 획득한 점수의 합보다 높다.

⑤ 시장지배력 분야의 점수는 일본이 프랑스보다 높지만 미국보다는 낮다.

**24** 다음 (가) ~ (다)의 문제해결 방법을 바르게 연결한 것은?

> (가) 상이한 문화적 토양을 가지고 있는 구성원을 가정하고, 서로의 생각을 직설적으로 주장하고 논쟁이나 협상을 통해 서로의 의견을 조정해 가는 방법이다. 이때 논리, 즉 사실과 원칙에 근거한 토론이 중심적 역할을 한다.
>
> (나) 깊이 있는 커뮤니케이션을 통해 서로의 문제점을 이해하고 공감함으로써 창조적인 문제해결을 도모한다. 초기에 생각하지 못했던 창조적인 해결 방법이 도출되고, 동시에 구성원의 동기와 팀워크가 강화된다.
>
> (다) 조직구성원들을 같은 문화적 토양을 가지고 이심전심으로 서로를 이해하는 상황으로 가정한다. 무언가를 시사하거나 암시를 통하여 의사를 전달하고 기분을 서로 통하게 함으로써 문제해결을 도모하려고 한다.

|   | (가) | (나) | (다) |
|---|---|---|---|
| ① | 퍼실리테이션 | 하드 어프로치 | 소프트 어프로치 |
| ② | 소프트 어프로치 | 하드 어프로치 | 퍼실리테이션 |
| ③ | 소프트 어프로치 | 퍼실리테이션 | 하드 어프로치 |
| ④ | 하드 어프로치 | 퍼실리테이션 | 소프트 어프로치 |
| ⑤ | 하드 어프로치 | 소프트 어프로치 | 퍼실리테이션 |

**25** K공사는 2024년에 신입사원 채용을 진행하고 있다. 최종 관문인 다대다 면접평가를 위해 A ~ E면접자를 포함한 총 8명이 다음 〈조건〉과 같이 의자에 앉았다. D면접자가 2번 의자에 앉았을 때, 항상 옳은 것은?(단, 면접실 의자는 순서대로 1번부터 8번까지 번호가 매겨져 있다)

> ───────〈조건〉───────
> • C면접자와 D면접자는 이웃해 앉지 않고, D면접자와 E면접자는 이웃해 앉는다.
> • A면접자와 C면접자 사이에는 2명이 앉는다.
> • A면접자는 양 끝(1번, 8번)에 앉지 않는다.
> • B면접자는 6번 또는 7번 의자에 앉고, E면접자는 3번 의자에 앉는다.

① A면접자는 4번에 앉는다.
② C면접자는 1번에 앉는다.
③ A면접자와 B면접자가 서로 이웃해 앉는다면 C면접자는 4번 또는 8번에 앉는다.
④ B면접자가 7번에 앉으면 A면접자와 B면접자 사이에 2명이 앉는다.
⑤ C면접자가 8번에 앉으면 B면접자는 6번에 앉는다.

**26** 다음 글을 읽고 이어질 문단을 논리적 순서대로 바르게 나열한 것은?

낙수 이론(Trickle Down Theory)은 낙수 효과(Trickle Down Effect)에 의해서 경제 상황이 개선될 수 있다는 것을 골자로 하는 이론이다. 이 이론은 경제적 상위계층의 생산 혹은 소비 등의 전반적 경제활동에 따라 경제적 하위계층에게도 그 혜택이 돌아간다는 모델에 기반을 두고 있다.

(가) 한국에서 이 낙수 이론에 의한 경제구조의 변화를 실증적으로 나타내는 것이 바로 1970년대 경제 발전기의 경제 발전 방식과 그 결과물이다. 한국은 대기업 중심의 경제 발전을 통해서 경제의 규모를 키웠고, 이는 기대 수명 증가 등 긍정적 결과로 나타났다.

(나) 그러나 낙수 이론에 기댄 경제정책이 실증적인 효과를 낸 전력이 있음에도 불구하고, 낙수 이론에 의한 경제 발전 모델이 과연 전체의 효용을 바람직하게 증가시켰는지에 대해서는 비판들이 있다.

(다) 사회적 측면에서는 계층 간 위화감 조성이라는 문제점 또한 제기된다. 결국 상류층이 돈을 푸는 것으로 인하여 하류층의 경제적 상황에 도움이 되는 것이므로, 상류층과 하류층의 소비력의 차이가 여실히 드러나며, 이는 사회적으로 위화감을 조성시킨다는 것이다.

(라) 제일 많이 제기되는 비판은 경제적 상류계층이 경제활동을 할 때까지 기다려야 한다는 낙수 효과의 본질적인 문제점에서 연유한다. 결국 낙수 효과는 상류계층의 경제활동에 의해 이루어지는 것이므로, 당사자가 움직이지 않는다면 발생하지 않기 때문이다.

① (가) - (나) - (라) - (다)　　　　② (가) - (다) - (라) - (나)
③ (가) - (라) - (나) - (다)　　　　④ (다) - (가) - (라) - (나)
⑤ (다) - (나) - (가) - (라)

**27** 다음 글의 서술상 특징으로 가장 적절한 것은?

제2차 세계대전이 끝나고 나서 미국과 소련 및 그 동맹국들 사이에서 공공연하게 전개된 제한적 대결 상태를 냉전이라고 한다. 냉전의 기원에 관한 논의는 냉전이 시작된 직후부터 최근까지 계속 진행되었다. 이는 단순히 냉전의 발발 시기와 이유에 대한 논의만이 아니라, 그 책임 소재를 묻는 것이기도 하다. 그 연구의 결과를 편의상 세 가지로 나누어 볼 수 있다.

가장 먼저 나타난 전통주의는 냉전을 유발한 근본적 책임이 소련의 팽창주의에 있다고 보았다. 소련은 세계를 공산화하기 위한 계획을 수립했고, 이 계획을 실행하기 위해 특히 동유럽 지역을 시작으로 적극적인 팽창 정책을 수행하였다. 그리고 미국이 자유 민주주의 세계를 지켜야 한다는 도덕적 책임감에 기초하여 그에 대한 봉쇄 정책을 추구하는 와중에 냉전이 발생했다고 본다. 그리고 미국의 봉쇄 정책이 성공적으로 수행된 결과 냉전이 종식되었다는 것이 이들의 입장이다.

여기에 비판을 가한 수정주의는 기본적으로 냉전의 책임이 미국 쪽에 있고, 미국의 정책은 경제적 동기에서 비롯되었다고 주장했다. 즉, 미국은 전후 세계를 자신들이 주도해 나가야 한다고 생각했고, 전쟁 중에 급증한 생산력을 유지할 수 있는 시장을 얻기 위해 세계를 개방 경제 체제로 만들고자 했다. 그러므로 미국 정책 수립의 기저에 깔린 것은 이념이 아니라는 것이다. 무엇보다 소련은 미국에 비해 국력이 미약했으므로 적극적 팽창 정책을 수행할 능력이 없었다는 것이 수정주의의 기본적 입장이었다. 오히려 미국이 유럽에서 공격적인 정책을 수행했고, 소련은 이에 대응했다는 것이다.

냉전의 기원에 관한 또 다른 주장인 탈수정주의는 위의 두 가지 주장에 대한 절충적 시도로, 냉전의 책임을 일방적으로 어느 한 쪽에 부과해서는 안 된다고 보았다. 즉, 냉전은 양국이 추진한 정책의 '상호작용'에 의해 발생했다는 것이다. 또한, 경제를 중심으로만 냉전을 보아서는 안 되며 안보 문제 등도 같이 고려하여 파악해야 한다고 보았다. 소련의 목적은 주로 안보 면에서 제한적으로 추구되었는데, 미국은 소련의 행동에 과잉 반응했고, 이것이 상황을 악화시켰다는 것이다. 이로 인해 냉전 책임론은 크게 후퇴하고 구체적인 정책 형성에 대한 연구가 부각되었다.

① 하나의 현상에 대한 다양한 견해를 제시하고 있다.
② 여러 가지 의견을 비교하면서 그 우월성을 논하고 있다.
③ 기존의 견해를 비판하면서 새로운 견해를 제시하고 있다.
④ 현상의 원인을 분석하여 다양한 해결책을 제시하고 있다.
⑤ 충분한 사례를 들어 자신의 주장을 뒷받침하고 있다.

**28** K씨는 인터넷이 가능한 휴대폰을 구입하기 위해 매장에 들렀다. 통화품질, 데이터 이용편의성, 디자인 등의 조건은 동일하기 때문에 결정 계수가 가장 낮은 제품을 구매하려고 한다. 다음 중 K씨가 선택할 휴대폰은?

<표>

〈휴대폰 모델별 구분〉

| 모델 | 통신 종류 | 할부 개월 | 단말기 가격(원) | 월 납부요금(원) |
|---|---|---|---|---|
| A | LTE | 24 | 300,000 | 34,000 |
| B | LTE | 24 | 350,000 | 38,000 |
| C | 3G | 36 | 250,000 | 25,000 |
| D | 3G | 36 | 200,000 | 23,000 |
| E | 무(無)데이터 | 24 | 150,000 | 15,000 |

〈휴대폰 모델 결정 계수 계산식〉

(결정 계수)=(할부 개월)×10,000+(단말기 가격)×0.5+(월 납부요금)×0.5

① A모델  
② B모델  
③ C모델  
④ D모델  
⑤ E모델

**29** K회사는 신입사원들을 대상으로 3개월 동안 의무적으로 강연을 듣게 하였다. 강연은 월요일과 수요일에 1회씩 열리고 금요일에는 격주로 1회씩 열린다고 할 때, 8월 1일 월요일에 처음 강연을 들은 신입사원이 13번째 강연을 듣는 날은 언제인가?(단, 첫번째 주 금요일 강연은 열리지 않았다)

① 8월 31일  
② 9월 2일  
③ 9월 5일  
④ 9월 7일  
⑤ 9월 9일

**30** 다음은 K은행에 대한 SWOT 분석 결과이다. 이를 토대로 판단할 때, 빈칸 ⊙ ~ ©에 들어갈 전략으로 적절하지 않은 것은?

| 구분 | 분석 결과 |
| --- | --- |
| 강점(Strength) | • 안정적 경영상태 및 자금흐름<br>• 풍부한 오프라인 인프라 |
| 약점(Weakness) | • 담보 중심의 방어적 대출 운영으로 인한 혁신기업 발굴 및 투자 가능성 저조<br>• 은행업계의 저조한 디지털 전환 적응력 |
| 기회(Opportunity) | • 테크핀 기업들의 성장으로 인해 협업 기회 풍부 |
| 위협(Threat) | • 핀테크 및 테크핀 기업들의 금융업 점유율 확대 |

| 구분 | 강점(S) | 약점(W) |
| --- | --- | --- |
| 기회(O) | • 안정적 자금상태를 기반으로 혁신적 기술을 갖춘 테크핀과의 협업을 통해 실적 증대 | • 테크핀 기업과의 협업을 통해 혁신적 문화를 학습하여 디지털 전환을 위한 문화적 개선 추진<br>• _____⊙_____ |
| 위협(T) | • _____©_____ | • 전당포식 대출 운영 기조를 변경하여 혁신금융기업으로부터 점유율 방어<br>• _____©_____ |

① ⊙ : 테크핀 기업의 기업운영 방식을 벤치마킹 후 현재 운영 방식에 융합하여 디지털 전환에 필요한 혁신 동력 배양

② ⊙ : 금융혁신 기업과의 협업을 통해 혁신기업의 특성을 파악하고 이를 조기에 파악할 수 있는 안목을 키워 도전적 대출 운영에 반영

③ © : 신생 금융기업에 비해 풍부한 오프라인 인프라를 바탕으로, 아직 오프라인 채널을 주로 이용하는 고령층 고객에 대한 점유율 우위 선점

④ © : 풍부한 자본을 토대로 한 온라인 채널 투자를 통해 핀테크 및 테크핀 기업의 점유율 확보로부터 방어

⑤ © : 조직문화를 개방적으로 혁신하여 디지털 전환에 대한 적응력을 제고해 급성장하는 금융업 신생기업으로부터 점유율 우위 확보

※ 다음은 K공사 입사시험 성적 결과표와 직원 채용 규정이다. 이어지는 질문에 답하시오. [31~32]

〈입사시험 성적 결과표〉

(단위 : 점)

| 구분 | 대학 졸업유무 | 서류점수 | 필기시험 점수 | 면접시험 점수 | | 영어시험 점수 |
| --- | --- | --- | --- | --- | --- | --- |
| | | | | 개인 | 그룹 | |
| 이선빈 | 유 | 84 | 86 | 35 | 34 | 78 |
| 유미란 | 유 | 78 | 88 | 32 | 38 | 80 |
| 김지은 | 유 | 72 | 92 | 31 | 40 | 77 |
| 최은빈 | 무 | 80 | 82 | 40 | 39 | 78 |
| 이유리 | 유 | 92 | 80 | 38 | 35 | 76 |

〈직원 채용 규정〉

- 위 응시자 중 규정에 따라 최종 3명을 채용한다.
- 대학 졸업자 중 (서류점수)+(필기시험 점수)+(개인 면접시험 점수)의 합이 높은 2명을 경영지원실에 채용한다.
- 경영지원실 채용 후 나머지 응시자 3명 중 그룹 면접시험 점수와 영어시험 점수의 합이 가장 높은 1명을 기획조정실에 채용한다.

**31** 다음 중 직원 채용 규정에 따른 불합격자 2명이 바르게 짝지어진 것은?

① 이선빈, 김지은
② 이선빈, 최은빈
③ 김지은, 최은빈
④ 김지은, 이유리
⑤ 최은빈, 이유리

**32** 직원 채용 규정을 다음과 같이 변경한다고 할 때, 불합격자 2명이 바르게 짝지어진 것은?

〈직원 채용 규정(변경 후)〉

- 응시자 중 [서류점수(50%)]+(필기시험 점수)+[면접시험 점수(개인과 그룹 중 높은 점수)]의 환산점수가 높은 3명을 채용한다.

① 이선빈, 유미란
② 이선빈, 최은빈
③ 이선빈, 이유리
④ 유미란, 최은빈
⑤ 최은빈, 이유리

**33** 다음 기사문의 제목으로 가장 적절한 것은?

> 정부는 '미세먼지 저감 및 관리에 관한 특별법(이하 미세먼지 특별법)' 제정·공포안이 의결돼 내년 2월부터 시행된다고 밝혔다. 미세먼지 특별법은 그동안 수도권 공공·행정기관을 대상으로 시범·시행한 '고농도 미세먼지 비상저감조치'의 법적 근거를 마련했다. 이로 인해 미세먼지 관련 정보와 통계의 신뢰도를 높이기 위해 국가미세먼지 정보센터를 설치하게 되고, 이에 따라 시·도지사는 미세먼지 농도가 비상저감조치 요건에 해당하면 자동차 운행을 제한하거나 대기오염물질 배출시설의 가동시간을 변경할 수 있다. 또한 비상저감조치를 시행할 때 관련 기관이나 사업자에 휴업, 탄력적 근무제도 등을 권고할 수 있게 되었다. 이와 함께 환경부 장관은 관계 중앙행정기관이나 지방자치단체의 장, 시설운영자에게 대기오염물질 배출시설의 가동률 조정을 요청할 수도 있다.
>
> 미세먼지 특별법으로 시·도지사, 시장, 군수, 구청장은 어린이나 노인 등이 이용하는 시설이 많은 지역을 '미세먼지 집중관리구역'으로 지정해 미세먼지 저감사업을 확대할 수 있게 되었다. 그리고 집중관리구역 내에서는 대기오염 상시측정망 설치, 어린이 통학차량의 친환경차 전환, 학교 공기정화시설 설치, 수목 식재, 공원 조성 등을 위한 지원이 우선적으로 이뤄지게 된다.
>
> 국무총리 소속의 '미세먼지 특별대책위원회'와 이를 지원하기 위한 '미세먼지 개선기획단'도 설치된다. 국무총리와 대통령이 지명한 민간위원장은 위원회의 공동위원장을 맡는다. 위원회와 기획단의 존속 기간은 5년으로 설정했으며, 연장하려면 만료되기 1년 전에 그 실적을 평가해 국회에 보고하게 된다.
>
> 아울러 정부는 5년마다 미세먼지 저감 및 관리를 위한 종합계획을 수립하고 시·도지사는 이에 따른 시행계획을 수립하고 추진실적을 매년 보고하도록 했다. 또한 미세먼지 특별법은 입자의 지름이 $10\mu m$ 이하인 먼지는 '미세먼지', $2.5\mu m$ 이하인 먼지는 '초미세먼지'로 구분하기로 확정했다.

① 미세먼지와 초미세먼지 구분 방법
② 미세먼지 특별대책위원회의 역할
③ 미세먼지 집중관리구역 지정 방안
④ 대기오염 상시측정망의 효과
⑤ 미세먼지 특별법의 제정과 시행

**34** 다음은 대화 과정에서 지켜야 할 협력의 원리에 대한 설명이다. 이를 참고할 때, 〈보기〉의 사례에 대한 설명으로 옳은 것은?

> 협력의 원리란 대화 참여자가 대화의 목적에 최대한 기여할 수 있도록 서로 협력해야 한다는 것으로, 듣는 사람이 요구하지 않은 정보를 불필요하게 많이 제공하거나 대화의 목적이나 주제에 맞지 않는 내용을 말하는 것은 바람직하지 않다. 협력의 원리를 지키기 위해서는 다음과 같은 사항을 고려해야 한다.
> • 양의 격률 : 필요한 만큼만 정보를 제공해야 한다.
> • 질의 격률 : 타당한 근거를 들어 진실한 정보를 제공해야 한다.
> • 관련성의 격률 : 대화의 목적이나 주제와 관련된 것을 말해야 한다.
> • 태도의 격률 : 모호하거나 중의적인 표현을 피하고, 간결하고 조리 있게 말해야 한다.

─────〈보기〉─────

> A사원 : 오늘 점심은 어디로 갈까요?
> B대리 : 아무거나 먹읍시다. 오전에 간식을 먹었더니 배가 별로 고프진 않은데, 아무 데나 괜찮습니다.

① B대리는 불필요한 정보를 제공하고 있으므로 양의 격률을 지키지 않았다.
② B대리는 거짓된 정보를 제공하고 있으므로 질의 격률을 지키지 않았다.
③ B대리는 질문에 적합하지 않은 대답을 하고 있으므로 관련성의 격률을 지키지 않았다.
④ B대리는 대답을 명료하게 하지 않고 있으므로 태도의 격률을 지키지 않았다.
⑤ A대리와 B대리는 서로 협력하여 의미 전달을 하고 있으므로 협력의 원리를 따르고 있다.

**35** 다음은 우리나라 지역별 가구 수와 1인 가구 수를 나타낸 자료이다. 이에 대한 설명으로 옳은 것은?

〈지역별 가구 수 및 1인 가구 수〉

(단위 : 천 가구)

| 구분 | 전체 가구 | 1인 가구 |
|---|---|---|
| 서울특별시 | 3,675 | 1,012 |
| 부산광역시 | 1,316 | 367 |
| 대구광역시 | 924 | 241 |
| 인천광역시 | 1,036 | 254 |
| 광주광역시 | 567 | 161 |
| 대전광역시 | 596 | 178 |
| 울산광역시 | 407 | 97 |
| 경기도 | 4,396 | 1,045 |
| 강원특별자치도 | 616 | 202 |
| 충청북도 | 632 | 201 |
| 충청남도 | 866 | 272 |
| 전라북도 | 709 | 222 |
| 전라남도 | 722 | 242 |
| 경상북도 | 1,090 | 365 |
| 경상남도 | 1,262 | 363 |
| 제주특별자치도 | 203 | 57 |
| 합계 | 19,017 | 5,279 |

① 전체 가구 대비 1인 가구의 비율이 가장 높은 지역은 충청북도이다.

② 서울특별시 · 인천광역시 · 경기도의 1인 가구는 전체 1인 가구의 40% 이상을 차지한다.

③ 도 지역의 가구 수 총합보다 서울시 및 광역시의 가구 수 총합이 더 크다.

④ 경기도를 제외한 도 지역 중 1인 가구 수가 가장 많은 지역이 전체 가구 수도 제일 많다.

⑤ 전라북도와 전라남도의 1인 가구 수 합의 2배는 경기도의 1인 가구 수보다 많다.

**36** 다음은 데이트 폭력 신고건수에 대한 그래프이다. 이에 대한 설명으로 옳지 않은 것은?(단, 비율은 소수점 둘째 자리에서 반올림한다)

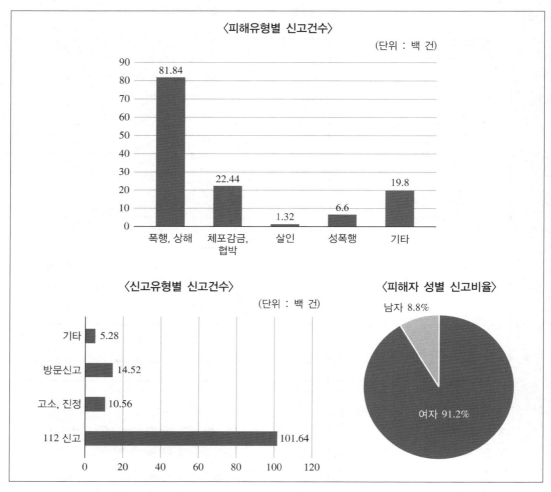

① 데이트 폭력 신고건수는 총 13,200건이다.
② 112 신고로 접수된 건수는 체포감금, 협박 피해자로 신고한 건수의 4배 이상이다.
③ 남성 피해자의 50%가 폭행, 상해로 신고했을 때, 폭행, 상해 전체 신고건수에서 남성의 비율은 약 7.1%이다.
④ 방문신고의 25%가 성폭행 피해자일 때, 이들은 전체 신고건수에서 약 2.8%를 차지한다.
⑤ 살인 신고건수에서 여성 피해자가 남성 피해자의 2배일 때, 전체 남성 피해자 신고건수 중 살인 신고건수는 3% 미만이다.

**37** 숫자 0, 1, 2, 3, 4가 적힌 5장의 카드에서 2장을 뽑아 두 자리 정수를 만들 때 그 수가 짝수일 확률은?

① $\dfrac{3}{8}$

② $\dfrac{1}{2}$

③ $\dfrac{5}{8}$

④ $\dfrac{3}{4}$

⑤ $\dfrac{7}{8}$

**38** 다음은 K공사의 연도별 재무자료이다. 이를 바르게 이해하지 못한 사람은?

〈연도별 재무자료〉

(단위 : 억 원, %)

| 구분 | 자산 | 부채 | 자본 | 부채 비율 |
|---|---|---|---|---|
| 2014년 | 41,298 | 15,738 | 25,560 | 61.6 |
| 2015년 | 46,852 | 23,467 | 23,385 | 100.4 |
| 2016년 | 46,787 | 21,701 | 25,086 | 86.5 |
| 2017년 | 50,096 | 23,818 | 26,278 | 80.6 |
| 2018년 | 60,388 | 26,828 | 33,560 | 79.9 |
| 2019년 | 64,416 | 30,385 | 34,031 | 89.3 |
| 2020년 | 73,602 | 39,063 | 34,539 | 113.1 |
| 2021년 | 87,033 | 52,299 | 34,734 | 150.6 |
| 2022년 | 92,161 | 55,259 | 36,902 | 149.7 |
| 2023년 | 98,065 | 56,381 | 41,684 | 135.3 |

① A : K공사의 자산과 부채는 2016년부터 8년간 꾸준히 증가했어.
② B : 부채 비율이 전년 대비 가장 많이 증가한 해는 2015년이네.
③ C : 10년간 평균 부채 비율은 90% 미만이야.
④ D : 2023년의 자산과 자본은 10년 중 가장 많았지만, 그만큼 부채도 가장 많았네.
⑤ E : K공사의 자본금은 2018년에 전년 대비 7,000억 원 이상 증가했는데, 이는 10년간 자본금 추이를 볼 때 두드러진 변화야.

〈규칙〉
1. 한글 자음은 알파벳 a~n으로 치환하여 입력한다.
   예 ㄱ, ㄴ, ㄷ = a, b, c
   ─ 된소리 ㄲ, ㄸ, ㅃ, ㅆ, ㅉ는 치환하지 않고 그대로 입력한다.
2. 한글 모음 ㅏ, ㅑ, ㅓ, ㅕ, ㅗ, ㅛ, ㅜ, ㅠ, ㅡ, ㅣ는 알파벳 대문자 A~J로 치환하여 입력한다.
   예 ㅏ, ㅑ, ㅓ = A, B, C
   ─ 위에 해당하지 않는 모음은 치환하지 않고 그대로 입력한다.
3. 띄어쓰기는 반영하지 않는다.
4. 숫자 1~7을 요일별로 요일 순서에 따라 암호 첫째 자리에 입력한다.
   예 월요일 ─ 1, 화요일 ─ 2, …, 일요일 ─ 7

**39** K씨가 다음과 같은 암호를 입력하여 금고를 열었다고 할 때, 암호로 치환하기 전의 문구로 옳은 것은?

6hJdㅐcEaAenJaIeaEdIdhDdgGhJㅆcAaE

① 이래도 그래 금고를 열 수 있을까
② 그래도 어쭈 금고를 열 수 없다고
③ 이래도 감히 금고를 열 수 있다고
④ 이래서 오잉 금고를 열 수 있다고
⑤ 이제야 겨우 금고를 열 수 없다고

**40** 다음 중 암호에 대한 설명으로 옳은 것은?

① 7hEeFnAcA → 일요일의 암호 '조묘하다'
② 3iJfhㅔaAbcA → 수요일의 암호 '집에가다'
③ 2bAaAbEdcA → 화요일의 암호 '나가돌다'
④ 6cEbhIdeCahIe → 토요일의 암호 '돈을먹음'
⑤ 1kAbjEgGiCh → 월요일의 암호 '칸트수정'

온갖 사물이 뒤섞여 등장하는 사진들에서 고양이를 틀림없이 알아보는 인공지능이 있다고 해 보자. 그러한 식별 능력은 고양이 개념을 이해하는 능력과 어떤 관계가 있을까? 고양이를 실수 없이 가려내는 능력이 고양이 개념을 이해하는 능력의 필요충분조건이라고 할 수 있을까?

먼저, 인공지능이든 사람이든 고양이 개념에 대해 이해하면서도 영상 속의 짐승이나 사물이 고양이인지 정확히 판단하지 못하는 경우는 있을 수 있다. 예를 들어, 누군가가 전형적인 고양이와 거리가 먼 희귀한 외양의 고양이를 보고 "좀 이상하게 생긴 족제비로군요."라고 말했다고 해 보자. 이것은 틀린 판단이지만, 그렇다고 그가 고양이 개념을 이해하지 못하고 있다고 평가하는 것은 부적절할 것이다.

이번에는 다른 예로 누군가가 영상자료에서 가을에 해당하는 장면들을 실수 없이 가려낸다고 해 보자. 그는 가을 개념을 이해하고 있다고 보아야 할까? 그 장면들을 실수 없이 가려낸다고 해도 그가 가을이 적잖은 사람들을 왠지 쓸쓸하게 하는 계절이라든가, 농경문화의 전통에서 수확의 결실이 있는 계절이라는 것, 혹은 가을이 지구 자전축의 기울기와 유관하다는 것 등을 반드시 알고 있는 것은 아니다. 심지어 가을이 지구의 1년을 넷으로 나눈 시간 중 하나를 가리킨다는 사실을 모르고 있을 수도 있다. 만일 가을이 여름과 겨울 사이에 오는 계절이라는 사실조차 모르는 사람이 있다면 우리는 그가 가을 개념을 이해하고 있다고 인정할 수 있을까? 그것은 불합리할 것이다.

가을이든 고양이든 인공지능이 그런 개념들을 충분히 이해하는 것은 영원히 불가능하다고 단언할 이유는 없다. 하지만 우리가 여기서 확인한 점은 개념의 사례를 식별하는 능력이 개념을 이해하는 능력을 함축하는 것은 아니고, 그 역도 마찬가지라는 것이다.

① 인간 개념과 관련된 모든 지식을 가진 사람은 아무도 없겠지만 우리는 대개 인간과 인간 아닌 존재를 어렵지 않게 구별할 줄 안다.

② 어느 정도의 훈련을 받은 사람은 병아리의 암수를 정확히 감별하지만 그렇다고 암컷과 수컷 개념을 이해하고 있다고 볼 이유는 없다.

③ 자율주행 자동차에 탑재된 인공지능이 인간 개념을 이해하고 있지 않다면 동물 복장을 하고 횡단보도를 건너는 인간 보행자를 인간으로 식별하지 못한다.

④ 정육면체 개념을 이해할 리가 없는 침팬지도 다양한 형태의 크고 작은 상자들 가운데 정육면체 모양의 상자에만 숨겨둔 과자를 족집게같이 찾아낸다.

⑤ 10월 어느 날 남반구에서 북반구로 여행을 간 사람이 그곳의 계절을 봄으로 오인한다고 해서 그가 봄과 가을의 개념을 잘못 이해하고 있다고 할 수는 없다.

**42** 다음 문단을 논리적 순서대로 바르게 나열한 것은?

(가) 매년 수백만 톤의 황산이 애팔래치아 산맥에서 오하이오 강으로 흘러들어 간다. 이 황산은 강을 붉게 물들이고 산성으로 변화시킨다. 이렇게 강이 붉게 물드는 것은 티오바실러스라는 세균으로 인해 생성된 침전물 때문이다. 철2가 이온($Fe^{2+}$)과 철3가 이온($Fe^{3+}$)의 용해도가 이러한 침전물의 생성에 중요한 역할을 한다.

(나) 애팔래치아 산맥의 석탄 광산에 있는 황철광에는 이황화철($FeS_2$)이 함유되어 있다. 티오바실러스는 이 황철광에 포함된 이황화철($FeS_2$)을 산화시켜 철2가 이온($Fe^{2+}$)과 강한 산인 황산을 만든다. 이 과정에서 티오바실러스는 일차적으로 에너지를 얻는다. 일단 만들어진 철2가 이온($Fe^{2+}$)은 티오바실러스에 의해 다시 철3가 이온($Fe^{3+}$)으로 산화되는데, 이 과정에서 또 다시 티오바실러스는 에너지를 이차적으로 얻는다.

(다) 이황화철($FeS_2$)의 산화는 다음과 같이 가속된다. 티오바실러스에 의해 생성된 황산은 황철광을 녹이게 된다. 황철광이 녹으면 황철광 안에 들어 있던 이황화철($FeS_2$)은 티오바실러스와 공기 중의 산소에 더 노출되어 화학반응이 폭발적으로 증가하게 된다. 티오바실러스의 생장과 번식에는 이와 같이 에너지의 원료가 되는 이황화철($FeS_2$)과 산소 그리고 세포 구성에 필요한 무기질이 꼭 필요하다. 이러한 환경조건이 자연적으로 완비된 광산 지역에서는 일반적인 방법으로 티오바실러스의 생장을 억제하기가 힘들다. 이황화철($FeS_2$)과 무기질이 다량으로 광산에 있으므로 이 경우 오하이오 강의 오염을 막기 위한 방법은 광산을 밀폐시켜 산소의 공급을 차단하는 것뿐이다.

(라) 철2가 이온($Fe^{2+}$)은 강한 산(pH 3.0 이하)에서 물에 녹은 상태를 유지한다. 이러한 철2가 이온($Fe^{2+}$)은 자연 상태에서 pH 4.0 ~ 5.0 사이가 되어야 철3가 이온($Fe^{3+}$)으로 산화된다. 놀랍게도 티오바실러스는 강한 산에서 잘 자라고, 강한 산에 있는 철2가 이온($Fe^{2+}$)을 적극적으로 산화시켜 철3가 이온($Fe^{3+}$)을 만든다. 그리고 물에 녹지 않는 철3가 이온($Fe^{3+}$)은 다른 무기 이온과 결합하여 붉은 침전물을 만든다. 환경에 영향을 미칠 정도로 다량의 붉은 침전물을 만들기 위해서는 엄청난 양의 철2가 이온($Fe^{2+}$)과 강한 산이 있어야 한다. 그렇다면 이것들은 어떻게 만들어지는 것일까?

① (가) – (나) – (라) – (다)　　　　② (가) – (라) – (나) – (다)

③ (라) – (가) – (다) – (나)　　　　④ (라) – (나) – (가) – (다)

⑤ (라) – (나) – (다) – (가)

**43** 다음은 저탄소 녹색성장 10대 기술 분야의 특허 출원 및 등록 현황에 대한 자료이다. 이에 대한 설명으로 옳지 않은 것을 〈보기〉에서 모두 고르면?

〈저탄소 녹색성장 10대 기술 분야의 특허 출원 및 등록 현황〉

(단위 : 건)

| 연도 구분<br>기술 분야 | 2021년 | | 2022년 | | 2023년 | |
|---|---|---|---|---|---|---|
| | 출원 | 등록 | 출원 | 등록 | 출원 | 등록 |
| 태양광 / 열 / 전지 | 1,079 | 1,534 | 898 | 1,482 | 1,424 | 950 |
| 수소바이오 / 연료전지 | 1,669 | 900 | 1,527 | 1,227 | 1,393 | 805 |
| $CO_2$ 포집저장처리 | 552 | 478 | 623 | 409 | 646 | 371 |
| 그린홈 / 빌딩 / 시티 | 792 | 720 | 952 | 740 | 867 | 283 |
| 원전플랜트 | 343 | 294 | 448 | 324 | 591 | 282 |
| 전력IT | 502 | 217 | 502 | 356 | 484 | 256 |
| 석탄가스화 | 107 | 99 | 106 | 95 | 195 | 88 |
| 풍력 | 133 | 46 | 219 | 85 | 363 | 87 |
| 수력 및 해양에너지 | 126 | 25 | 176 | 45 | 248 | 33 |
| 지열 | 15 | 7 | 23 | 15 | 36 | 11 |
| 전체 | 5,318 | 4,320 | 5,474 | 4,778 | 6,247 | 3,166 |

───〈보기〉───

ㄱ. 2021 ~ 2023년 동안 출원 건수와 등록 건수가 모두 매년 증가한 기술 분야는 없다.

ㄴ. 2022년에 출원 건수가 전년 대비 감소한 기술 분야에서는 2023년 등록 건수도 전년 대비 감소하였다.

ㄷ. 2023년 등록 건수가 많은 상위 3개 기술 분야의 등록 건수 합은 2023년 전체 등록 건수의 70% 이상을 차지한다.

ㄹ. 2023년 출원 건수가 전년 대비 50% 이상 증가한 기술 분야의 수는 3개이다.

① ㄱ, ㄴ      ② ㄱ, ㄷ

③ ㄴ, ㄹ      ④ ㄱ, ㄷ, ㄹ

⑤ ㄴ, ㄷ, ㄹ

※ K공사의 인사팀 팀원 6명이 회식을 하기 위해 이탈리안 레스토랑에 갔다. 다음 〈조건〉을 바탕으로 이어지는 질문에 답하시오. **[44~45]**

---
〈조건〉
---

- 인사팀은 토마토 파스타 2개, 크림 파스타 1개, 토마토 리소토 1개, 크림 리소토 2개, 콜라 2잔, 사이다 2잔, 주스 2잔을 주문했다.
- 인사팀은 Q팀장, L과장, M대리, S대리, H사원, J사원으로 구성되어 있는데, 같은 직급끼리는 같은 소스가 들어가는 요리를 주문하지 않았고, 같은 음료도 주문하지 않았다.
- 각자 좋아하는 요리가 있으면 그 요리를 주문하고, 싫어하는 요리나 재료가 있으면 주문하지 않았다.
- Q팀장은 토마토 파스타를 좋아하고, S대리는 크림 리소토를 좋아한다.
- L과장과 H사원은 파스타면을 싫어한다.
- 대리들 중에 콜라를 주문한 사람은 없다.
- 크림 파스타를 주문한 사람은 사이다도 주문했다.
- 토마토 파스타나 토마토 리소토와 주스는 궁합이 안 맞는다고 하여 함께 주문하지 않았다.

**44** 다음 중 주문한 결과로 옳지 않은 것은?

① 사원들 중 한 사람은 주스를 주문했다.
② L과장은 크림 리소토를 주문했다.
③ Q팀장은 콜라를 주문했다.
④ 토마토 리소토를 주문한 사람은 콜라를 주문했다.
⑤ 사이다를 주문한 사람은 파스타를 주문했다.

**45** 다음 중 같은 요리와 음료를 주문한 사람을 바르게 연결한 것은?

① J사원, S대리
② H사원, L과장
③ S대리, L과장
④ M대리, H사원
⑤ M대리, Q팀장

소독이란 물체의 표면 및 그 내부에 있는 병원균을 죽여 전파력 또는 감염력을 없애는 것이다. 이때, 소독의 가장 안전한 형태로는 멸균이 있다. 멸균이란 대상으로 하는 물체의 표면 또는 그 내부에 분포하는 모든 세균을 완전히 죽여 무균의 상태로 만드는 조작으로, 살아있는 세포뿐만 아니라 포자, 박테리아, 바이러스 등을 완전히 파괴하거나 제거하는 것이다.

물리적 멸균법은 열, 햇빛, 자외선, 초단파 따위를 이용하여 균을 죽여 없애는 방법이다. 열(Heat)에 의한 멸균에는 건열 방식과 습열 방식이 있는데, 건열 방식은 소각과 건식오븐을 사용하여 멸균하는 방식이다. 건열 방식이 활용되는 예로는 미생물 실험실에서 사용하는 많은 종류의 기구를 물 없이 멸균하는 것이 있다. 이는 습열 방식을 활용했을 때 유리를 포함하는 기구가 파손되거나 금속 재질로 이루어진 기구가 습기에 의해 부식할 가능성을 보완한 방법이다. 그러나 건열 방식은 습열 방식에 비해 멸균 속도가 느리고 효율이 떨어지며, 열에 약한 플라스틱이나 고무제품은 대상물의 변성이 이루어져 사용할 수 없다. 예를 들어 많은 세균의 내생포자는 습열 멸균 온도 조건(121℃)에서는 5분 이내에 사멸되나, 건열 방식을 활용할 경우 이보다 더 높은 온도(160℃)에서도 약 2시간 정도가 지나야 사멸되는 양상을 나타낸다. 반면, 습열 방식은 바이러스, 세균, 진균 등의 미생물들을 손쉽게 사멸시킨다. 습열은 효소 및 구조단백질 등의 필수 단백질의 변성을 유발하고, 핵산을 분해하며 세포막을 파괴하여 미생물을 사멸시킨다. 끓는 물에 약 10분간 노출하면 대개의 영양세포나 진핵포자를 충분히 죽일 수 있으나, 100℃의 끓는 물에서는 세균의 내생포자를 사멸시키지는 못한다. 따라서 물을 끓여서 하는 열처리는 _____ 멸균을 시키기 위해서는 100℃가 넘는 온도(일반적으로 121℃)에서 압력(약 $1.1\text{kg}/\text{cm}^2$)을 가해 주는 고압증기멸균기를 이용한다. 고압증기멸균기는 물을 끓여 증기를 발생시키고 발생한 증기와 압력에 의해 멸균을 시키는 장치이다. 고압증기멸균기 내부가 적정 온도와 압력(121℃, 약 $1.1\text{kg}/\text{cm}^2$)에 이를 때까지 뜨거운 포화 증기를 계속 유입시킨다. 해당 온도에서 포화 증기는 15분 이내에 모든 영양세포와 내생포자를 사멸시킨다. 고압증기멸균기에 의해 사멸되는 미생물은 고압에 의해서라기보다는 고압하에서 수증기가 얻을 수 있는 높은 온도에 의해 사멸되는 것이다.

① 더 많은 세균을 사멸시킬 수 있다.
② 멸균 과정에서 더 많은 비용이 소요된다.
③ 멸균 과정에서 더 많은 시간이 소요된다.
④ 소독을 시킬 수는 있으나, 멸균을 시킬 수는 없다.
⑤ 멸균을 시킬 수는 있으나, 소독을 시킬 수는 없다.

**47** 다음 문단을 논리적 순서대로 바르게 나열한 것은?

(가) '빅뱅 이전에 아무 일도 없었다.'는 말을 달리 해석하는 방법도 있다. 그것은 바로 빅뱅 이전에는 시간도 없었다고 해석하는 것이다. 그 경우 '빅뱅 이전'이라는 개념 자체가 성립하지 않으므로 그 이전에 아무 일도 없었던 것은 당연하다. 그렇게 해석한다면 빅뱅이 일어난 이유도 설명할 수 있게 된다. 즉, 빅뱅은 '0년'을 나타내는 것이다. 시간의 시작은 빅뱅의 시작으로 정의되기 때문에 우주가 그 이전이든 이후이든 왜 탄생했느냐고 묻는 것은 이치에 닿지 않는다.

(나) 단지 지금 설명할 수 없다는 뜻이 아니라 설명 자체가 있을 수 없다는 뜻이다. 어떻게 설명이 가능하겠는가? 수도관이 터진 이유는 그전에 닥쳐온 추위로 설명할 수 있다. 공룡이 멸종한 이유는 그 전에 지구와 운석이 충돌했을 가능성으로 설명하면 된다. 바꿔 말해서, 우리는 한 사건을 설명하기 위해 그 사건 이전에 일어났던 사건에서 원인을 찾는다. 그러나 빅뱅의 경우에는 그 이전에 아무것도 없었으므로 어떠한 설명도 찾을 수 없는 것이다.

(다) 그런데 이런 식으로 사고하려면, 아무 일도 일어나지 않고 시간만 존재하는 것을 상상할 수 있어야 한다. 그것은 곧 시간을 일종의 그릇처럼 상상하고 그 그릇 안에 담긴 것과 무관하게 여긴다는 뜻이다. 시간을 이렇게 본다면 변화는 일어날 수 없다. 여기서 변화는 시간의 경과가 아니라 사물의 변화를 가리킨다. 이런 전제하에서 우리가 마주하는 문제는 이것이다. 어떤 변화가 생겨나기도 전에 영겁의 시간이 있었다면, 왜 우주가 탄생하게 되었는지를 설명할 수 없다.

(라) 우주론자들에 따르면 우주는 빅뱅으로부터 시작되었다고 한다. 빅뱅이란 엄청난 에너지를 가진 아주 작은 우주가 폭발하듯 갑자기 생겨난 사건을 말한다. 그게 사실이라면 빅뱅 이전에는 무엇이 있었느냐는 질문이 나오는 게 당연하다. 아마 아무것도 없었을 것이다. 그렇다면 빅뱅 이전에 아무것도 없었다는 말은 무슨 뜻일까? 영겁의 시간 동안 단지 진공이었다는 뜻이다. 움직이는 것도, 변화하는 것도 없었다는 것이다.

① (가) – (나) – (다) – (라)  
② (가) – (다) – (나) – (라)  
③ (가) – (라) – (나) – (다)  
④ (라) – (가) – (나) – (다)  
⑤ (라) – (다) – (나) – (가)

**48** 다음은 궁능원 관람객 수 추이에 대한 자료이다. 이를 토대로 문화재 관광 콘텐츠의 개발방향을 찾기 위해 옳지 않은 설명을 한 사람은?

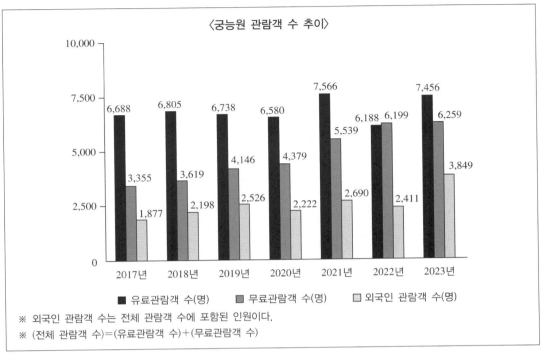

〈궁능원 관람객 수 추이〉

※ 외국인 관람객 수는 전체 관람객 수에 포함된 인원이다.
※ (전체 관람객 수)=(유료관람객 수)+(무료관람객 수)

① A씨 : 2023년 외국인 관광객 수는 2017년에 비해 102% 이상 증가했네요. 외국인 관광객에 대한 콘텐츠 개발을 더욱더 확충했으면 좋겠어요.

② B씨 : 무료관람객 수의 경우 2017년 이후 지속적으로 증가하는 양상을 보였고 2021년에 전년 대비 가장 많이 증가했지만, 2023년에는 전년 대비 가장 적게 증가했어요.

③ C씨 : 유료관람객은 2022년을 제외하고 항상 많은 비중을 차지하고 있어요. 유료관람객 확대 유치를 위한 콘텐츠가 필요해요.

④ D씨 : C씨의 의견에 덧붙이자면, 유료관람객 수는 2017년 이후로 증가와 감소가 반복되고 있어요. 유료관람객 수의 지속적인 증가를 위해 지역주민에 대한 할인, 한복업체와 연계한 생활한복 무료대여 행사같이 여러 가지 이벤트를 개발했으면 좋겠어요.

⑤ E씨 : A씨의 의견이 맞는 것 같아요. 2023년의 전체 관람객 수에서 외국인 관람객이 차지한 비중이 2017년에 비해 10%p 이상 증가했네요. 외국인 관람객을 위한 외국어 안내문과 팸플릿을 개선했으면 좋겠네요.

**49** 다음은 우리나라 국민들의 환경오염 방지 기여도에 대한 자료이다. 이에 대한 설명으로 옳은 것은?

〈환경오염 방지 기여도〉

(단위 : %)

| 구분 | | 합계 | 매우 노력함 | 약간 노력함 | 별로 노력하지 않음 | 전혀 노력하지 않음 |
|---|---|---|---|---|---|---|
| 성별 | 남성 | 100 | 13.6 | 43.6 | 37.8 | 5.0 |
| | 여성 | 100 | 23.9 | 50.1 | 23.6 | 2.4 |
| 연령 | 10 ～ 19세 | 100 | 13.2 | 41.2 | 39.4 | 6.2 |
| | 20 ～ 29세 | 100 | 10.8 | 39.9 | 42.9 | 6.4 |
| | 30 ～ 39세 | 100 | 13.1 | 46.7 | 36.0 | 4.2 |
| | 40 ～ 49세 | 100 | 15.5 | 52.4 | 29.4 | 2.7 |
| | 50 ～ 59세 | 100 | 21.8 | 50.4 | 25.3 | 2.5 |
| | 60 ～ 69세 | 100 | 29.7 | 46.0 | 21.6 | 2.7 |
| | 70세 이상 | 100 | 31.3 | 44.8 | 20.9 | 3.0 |
| 경제활동 | 취업 | 100 | 16.5 | 47.0 | 32.7 | 3.8 |
| | 실업 및 비경제활동 | 100 | 22.0 | 46.6 | 27.7 | 3.7 |

① 10세 이상 국민들 중 환경오염 방지를 위해 별로 노력하지 않는 사람 비율의 합이 가장 높다.

② 10 ～ 69세까지 각 연령층에서 약간 노력하는 사람의 비중이 제일 높다.

③ 매우 노력함과 약간 노력함의 비율 합은 남성보다 여성이, 취업자보다 실업 및 비경제활동자가 더 높다.

④ 10세 이상 국민들 중 환경오염 방지를 위해 매우 노력하는 사람의 비율이 가장 높은 연령층은 60 ～ 69세이다.

⑤ 우리나라 국민들 중 환경오염 방지를 위해 전혀 노력하지 않는 사람의 비율이 가장 높은 연령층은 10 ～ 19세이다.

**50** 서울에서 열린 관광채용박람회의 해외채용관에는 8개의 부스가 마련되어 있다. A호텔, B호텔, C항공사, D항공사, E여행사, F여행사, G면세점, H면세점이 〈조건〉에 따라 8개의 부스에 각각 위치하고 있을 때, 다음 중 항상 참이 되는 것은?

| 〈부스 위치〉 | | | |
|:---:|:---:|:---:|:---:|
| 1 | 2 | 3 | 4 |
| 복도 | | | |
| 5 | 6 | 7 | 8 |

〈조건〉
- 업종이 같은 종류의 기업은 같은 라인에 위치할 수 없다.
- A호텔과 B호텔은 복도를 사이에 두고 마주 보고 있다.
- G면세점과 H면세점은 양 끝에 위치하고 있다.
- E여행사 반대편에 위치한 H면세점은 F여행사와 나란히 위치하고 있다.
- C항공사는 가장 앞 번호의 부스에 위치하고 있다.

① A호텔은 면세점 옆에 위치하고 있다.
② B호텔은 여행사 옆에 위치하고 있다.
③ C항공사는 여행사 옆에 위치하고 있다.
④ D항공사는 E여행사와 나란히 위치하고 있다.
⑤ G면세점은 B호텔과 나란히 위치하고 있다.

# 5권

# 코레일 한국철도공사 고졸채용
# 정답 및 해설

## 온라인 모의고사 무료쿠폰

| 쿠폰 | NCS통합 1회분 | APCY-00000-B3DE7 |
|---|---|---|
| 번호 | 코레일 고졸채용 2회분 | APSJ-00000-E2BF1 |

### [쿠폰 사용 안내]

1. 합격시대 홈페이지(www.sdedu.co.kr/pass_sidae_new)에 접속합니다.
2. 홈페이지 중앙 '1회 무료 이용권 제공' 배너를 클릭하고, 쿠폰번호를 등록합니다.
3. 내강의실 > 모의고사 > 합격시대 모의고사를 클릭하면 모의고사 응시가 가능합니다.
※ 본 쿠폰은 등록 후 30일간 이용 가능합니다.
※ iOS / macOS 운영체제에서는 서비스되지 않습니다.

## 무료코레일특강

### [강의 이용 안내]

1. SD에듀 홈페이지(www.sdedu.co.kr)에 접속합니다.
2. '코레일'로 검색 후 무료특강을 클릭합니다.
3. '신청하기'를 클릭하면 코레일 한국철도공사 7개년 기출특강 강의를 수강할 수 있습니다.

**끝까지 책임진다! SD에듀!**
QR코드를 통해 도서 출간 이후 발견된 오류나 개정법령, 변경된 시험 정보, 최신기출문제, 도서 업데이트 자료 등이 있는지 확인해 보세요! **시대에듀 합격 스마트 앱**을 통해서도 알려 드리고 있으니 구글 플레이나 앱 스토어에서 다운받아 사용하세요. 또한, 파본 도서인 경우에는 구입하신 곳에서도 교환해 드립니다.

# 제1회 모의고사 정답 및 해설

| 01 | 02 | 03 | 04 | 05 | 06 | 07 | 08 | 09 | 10 |
|----|----|----|----|----|----|----|----|----|----|
| ② | ⑤ | ⑤ | ⑤ | ③ | ② | ① | ③ | ③ | ④ |
| 11 | 12 | 13 | 14 | 15 | 16 | 17 | 18 | 19 | 20 |
| ④ | ⑤ | ① | ④ | ④ | ④ | ② | ① | ⑤ | ③ |
| 21 | 22 | 23 | 24 | 25 | 26 | 27 | 28 | 29 | 30 |
| ③ | ② | ③ | ④ | ② | ④ | ④ | ③ | ① | ① |
| 31 | 32 | 33 | 34 | 35 | 36 | 37 | 38 | 39 | 40 |
| ④ | ① | ① | ④ | ③ | ② | ① | ② | ① | ① |
| 41 | 42 | 43 | 44 | 45 | 46 | 47 | 48 | 49 | 50 |
| ① | ⑤ | ⑤ | ⑤ | ② | ③ | ① | ② | ⑤ | ④ |

## 01
**정답 ②**

제시된 기사문은 코레일 사장이 프랑스와 네덜란드를 방문하여 유럽 철도 기관장 면담, 스마트레일 콘퍼런스 패널 참석 등 10개 철도 기관장과의 면담, 9개 철도 시설에 대한 산업시찰을 통해 유럽 철도와의 실질적인 협력을 위한 발판을 마련했다는 내용이다.

## 02
**정답 ⑤**

코레일 사장이 프랑스와 네덜란드를 방문하였고 어떤 활동을 했는지 설명하는 (다), 스마트레일 콘퍼런스의 전반적인 참여현황과 패널토론 이야기인 (나), 한국에서 열리는 스마트레일 콘퍼런스를 홍보하고 콘퍼런스 참석에 앞서 SNCF, UIC, RATP를 방문했다는 (가), SNCF CEO 기욤 페피와의 만남에 대해서 이야기하는 (라), 코레일 사장의 유럽 방문의 공식일정과 TGV 열차를 설명하는 (바), 출장을 통해 이뤄낸 향후 협력의 합의와 다짐을 이야기하는 (마)의 순서가 적절하다.

## 03
**정답 ⑤**

두 번째 문단의 여섯 번째 문장 '즉, 총과 사람의 ~ 가지게 된다.'에서 잡종 행위자가 만들어졌다는 표현은 있으나, 총기 사용 규제에 대한 내용은 없다. 또한, 라투르는 총기 사용 규제를 주장하는 사람과 반대하는 사람을 모두 비판하며 어느 한 쪽의 의견을 주장하지 않았다.

### 오답분석
① 첫 번째 문단의 마지막 문장 '이렇게 라투르는 ~ 된다고 하였다.'에서 기술이 우리 사회의 훌륭한 행위자 역할을 한다고 표현했다.

② 첫 번째 문단에서 '과속방지 둔덕'이 교통경찰의 역할을 대신한다고 표현했고, 세 번째 문단의 마지막 문장에서 이런 기술이 능동적 역할을 했다고 표현했으므로 옳은 내용이다.
③ 세 번째 문단의 마지막 문장 '결국 라투르는 ~ 극복하고자 하였다.'에서 라투르는 기술의 능동적 역할에 주목하면서 자연 / 사회, 주체 / 객체의 이분법을 극복하려 했음을 알 수 있다.
④ 세 번째 문단의 첫 번째 문장 '라투르는 ~ 비판한다.'에서 확인할 수 있는 내용이다.

## 04
**정답 ⑤**

단순히 젊은 세대의 문화만을 존중하거나 기존 세대의 문화만을 따르는 것이 아닌, 두 문화가 어우러질 수 있도록 기업 차원에서 분위기를 만드는 것이 문제의 본질적인 해결법으로 가장 적절하다.

### 오답분석
① 급여 받은 만큼만 일하게 되는 악순환이 반복될 것이므로 제시문에서 언급된 문제를 해결하는 기업 차원의 방법으로는 적절하지 않다.
② 기업의 전반적인 생산성 향상을 이룰 수 없으므로 기업 차원의 방법으로 적절하지 않다.
③ 젊은 세대의 채용을 기피하는 분위기가 생길 수 있으므로 적절하지 않다.
④ 젊은 세대의 특성을 받아들이기만 하면, 전반적인 생산성 향상과 같은 기업의 이득은 배제하게 되는 문제점이 발생한다.

## 05
**정답 ③**

마지막 문단의 '이러한 점을 반영하여 유네스코에서는 한글을 문화유산으로 등록함은 물론, 세계적으로 문맹 퇴치에 이바지한 사람에게 '세종대왕'의 이름을 붙인 상을 주고 있다.'라는 문장을 통해 추론할 수 있다.

### 오답분석
① 문자와 모양의 의미를 외워야 하는 것은 문자 하나하나가 의미를 나타내는 표의문자인 '한자'에 해당한다.
② 한글이 표음문자인 것은 맞지만, 기본적으로 24개의 문자를 익혀야 학습할 수 있다.
④ '세종이 만든 28자는 세계에서 가장 훌륭한 알파벳'이라고 평가한 사람은 미국의 다이아몬드(J. Diamond) 교수이다.
⑤ 한글이 세계 언어학계에 본격적으로 알려진 것은 1960년대이다.

## 06
**정답 ②**

제시문에서는 OECD 회원국 가운데 꼴찌를 차지한 한국인의 부족한 수면 시간에 대해 언급하며, 이로 인해 수면장애 환자가 늘어나고 있음을 설명하고 있다. 또한 불면증, 수면무호흡증, 렘수면 행동장애 등 다양한 수면장애를 설명하며, 이러한 수면장애들이 심혈관계질환, 치매, 우울증 등의 원인이 될 수 있다는 점을 통해 심각성을 이야기한다. 마지막으로 이러한 수면장애를 방치해서는 안 되며, 전문적인 치료가 필요하다고 제시하고 있다. 따라서 제시문을 바탕으로 '한국인의 수면 시간'과 관련된 글을 쓴다고 할 때, 글의 주제로 적절하지 않은 것은 수면 마취제와 관련된 ②이다.

## 07
**정답 ①**

제시된 문단은 신탁 원리의 탄생 배경인 12세기 영국의 상황에 대해 이야기하고 있다. 따라서 이어지는 내용은 (가) 신탁 제도의 형성과 위탁자, 수익자, 수탁자의 관계 등장 → (다) 불안정한 지위의 수익자 → (나) 적극적인 권리 행사가 허용되지 않는 연금 제도에 기반한 신탁 원리 → (라) 연금 운용 권리를 현저히 약화시키는 신탁 원리와 그 대신 부여된 수탁자 책임의 문제점 순서로 나열하는 것이 적절하다.

## 08
**정답 ③**

찬성 측은 공공 자전거 서비스 제도의 효과에 대해 예상하나, 구체적인 근거를 제시하고 있지는 않다.

**오답분석**
① 반대 측은 찬성 측의 공공 자전거 서비스는 사람들 모두가 이용할 수 있다는 주장에 대해 '물론 그렇게 볼 수도 있습니다만'과 같이 대답하며 찬성 측의 주장을 일부 인정하고 있다.
② 반대 측은 자전거를 이용하지 않는 사람들도 공공 자전거 서비스 제도에 필요한 비용을 지불해야 하므로 형평성의 문제가 발생할 수 있다고 보았다.
④ 반대 측은 공공 자전거 서비스 제도로 도로에 자전거와 자동차가 섞이게 되는 상황을 예상하면서 찬성 측의 주장에 대해 의문을 제기하고 있다.
⑤ 찬성 측은 공공 자전거 서비스 제도로 교통 체증 문제를 완화할 수 있다고 보았으며, 반대 측은 도로에 자전거와 자동차가 섞이게 되어 교통 혼잡 문제가 발생할 수 있다고 봄으로써 서로 대립하는 논점을 가짐을 알 수 있다.

## 09
**정답 ③**

두 번째 문단에서 부조화를 감소시키는 행동은 비합리적인 면이 있는데, 그러한 행동들이 자신들의 문제에 대해 실제적인 해결책을 찾지 못하도록 할 수 있다고 하였다.

**오답분석**
① 인지부조화는 불편함을 유발하기 때문에 사람들은 이것을 감소시키려고 한다.

② 제시문에는 부조화를 감소시키는 행동의 합리적인 면이 나타나 있지 않다.
④ 제시문에서 부조화를 감소시키려는 자기방어적인 행동은 부정적인 결과를 초래한다고 하였다.
⑤ 부조화를 감소시키는 행동으로 사람들은 자신의 긍정적인 측면의 이미지를 유지하게 되는데, 이를 통해 부정적인 이미지를 감소시키는지는 알 수 없다.

## 10
**정답 ④**

제시문에 따르면 인지부조화 이론에서 '사람들은 현명한 사람을 자기 편, 우매한 사람을 다른 편이라 생각할 때 마음이 편안해질 것이다.'라고 하였다. 따라서 자신의 의견과 동일한 주장을 하는 글은 논리적인 글을 기억하고, 자신의 의견과 반대되는 주장을 하는 글은 형편없는 글을 기억할 것이라 예측할 수 있다.

## 11
**정답 ④**

두 번째 문단에서 '꼭 필요한 부위에만 접착제와 대나무 못을 사용하여 목재가 수축·팽창하더라도 뒤틀림과 휘어짐이 최소화될 수 있도록 하였다.'라고 하였다. 따라서 접착제와 대나무 못을 사용하면 수축과 팽창이 발생하지 않게 된다는 말은 적절하지 않다.

## 12
**정답 ⑤**

제시문은 빠른 사회변화 속 다양해지는 수요에 맞춘 주거복지 정책의 예로 예술인을 위한 공동주택, 창업 및 취업자를 위한 주택, 의료안심주택을 들고 있다. 따라서 글의 주제로 적절한 것은 '다양성을 수용하는 주거복지 정책'이다.

## 13
**정답 ①**

제시문은 2,500년 전 인간과 현대의 인간의 공통점을 언급하며 2,500년 전에 쓰인 『논어』가 현대에서 지니는 가치에 대하여 설명하고 있다. 따라서 (가) 『논어』가 쓰인 2,500년 전 과거와 현대의 차이점 → (마) 2,500년 전의 책인 『논어』가 폐기되지 않고 현대에서도 읽히는 이유에 대한 의문 → (나) 인간이라는 공통점을 지닌 2,500년 전 공자와 우리들 → (다) 2,500년의 시간이 흐르는 동안 인간의 달라진 부분과 달라지지 않은 부분에 대한 설명 → (라) 시대가 흐름에 따라 폐기될 부분을 제외하더라도 여전히 오래된 미래로서의 가치를 지니는 『논어』 순으로 나열하는 것이 적절하다.

## 14
**정답 ④**

탄소배출권거래제는 의무감축량을 초과 달성했을 경우 초과분을 거래할 수 있는 제도이다. 따라서 온실가스의 초과 달성분을 구입 혹은 매매할 수 있음을 추측할 수 있으며, 빈칸 이후 문단에서도 탄소배출권을 일종의 현금화가 가능한 자산으로 언급함으로써 이러한 추측을 돕고 있다. 따라서 빈칸에는 ④가 가장 적절하다.

① 청정개발체제에 대한 설명이다.
② 제시문에는 탄소배출권거래제가 가장 핵심적인 유연성체제라고는 언급되어 있지 않다.
③ 제시문에서 탄소배출권거래제가 6대 온실가스 중 이산화탄소를 줄이는 것을 특히 중요시한다는 내용은 확인할 수 없다.
⑤ 탄소배출권거래제가 탄소배출권이 사용되는 배경이라고는 볼 수 있으나, 다른 감축의무국가를 도움으로써 탄소배출권을 얻을 수 있다는 내용은 제시문에서 확인할 수 없다.

## 15 정답 ④

㉠의 주장을 요약하면 저작물의 공유 캠페인과 신설된 공정 이용 규정으로 인해 저작권자들의 정당한 권리가 침해받고, 이 때문에 창작물을 창조하는 사람들의 동기가 크게 감소한다는 것이다. 이에 따라 활용 가능한 저작물이 줄어들게 되어 이용자들도 피해를 당한다고 말한다. 따라서 ㉠은 저작권자의 권리를 인정해주는 것이 결국 이용자에게도 도움이 된다고 주장함을 추론할 수 있다.

## 16 정답 ④

제시문에서는 인간에게 사회성과 반사회성이 공존하고 있다고 설명하고 있으며, 이 중 반사회성이 없다면 재능을 꽃피울 수 없다고 하였다. 따라서 사회성만으로도 자신의 재능을 키울 수 있다는 주장인 ④가 반론이 될 수 있다.

② 반사회성이 재능을 계발한다는 주장을 포함하는 동시에 반사회성을 포함한 다른 어떤 요소가 있어야 한다는 주장이다. 따라서 제시문에 대한 직접적인 반론은 될 수 없다.

## 17 정답 ②

제시문을 통해 조선 시대 금속활자는 왕실의 위엄과 권위를 상징하는 것임을 알 수 있다. 특히 정조는 왕실의 위엄을 나타내기 위한 을묘원행을 기념하는 의궤 인쇄를 정리자로 인쇄하고, 화성 행차의 의미를 부각하기 위해 그 해의 방목만을 정리자로 간행했다. 이를 통해 정리자는 정조가 가장 중시한 금속활자였다는 것을 알 수 있다. 따라서 빈칸에 들어갈 내용으로 가장 적절한 것은 ②이다. 나머지는 제시문의 단서만으로 추론할 수 없다.

## 18 정답 ①

- 남자의 고등학교 진학률 : $\dfrac{861,517}{908,388} \times 100 ≒ 94.8\%$
- 여자의 고등학교 진학률 : $\dfrac{838,650}{865,323} \times 100 ≒ 96.9\%$

## 19 정답 ⑤

공립 중학교의 남녀별 졸업자 수가 알려져 있지 않으므로 계산할 수 없다.

## 20 정답 ③

제품별 밀 소비량 그래프에서 라면류와 빵류의 밀 사용량의 10%는 각각 6.6톤, 6.4톤이다. 따라서 과자류에 사용될 밀 소비량은 총 42+6.6+6.4=55톤이다.

## 21 정답 ③

A~D과자 중 밀을 가장 많이 사용하는 과자는 45%를 사용하는 D과자이고, 가장 적게 사용하는 과자는 15%인 C과자이다. 따라서 두 과자의 밀 사용량 차이는 42×(0.45−0.15)=42×0.3=12.6톤이다.

## 22 정답 ②

처리 건수 중 인용 건수 비율을 구하면 2020년이 $\dfrac{3,667}{32,737} \times 100$ ≒11.20%, 2023년이 $\dfrac{3,031}{21,080} \times 100 ≒14.38\%$이므로 그 차이는 14.38−11.20=3.18%p이다.

ㄱ. 기타처리 건수의 전년 대비 감소율은 다음과 같다.
- 2021년 : $\dfrac{12,871-16,674}{16,674} \times 100 ≒ -22.81\%$
- 2022년 : $\dfrac{10,166-12,871}{12,871} \times 100 ≒ -21.02\%$
- 2023년 : $\dfrac{8,204-10,166}{10,166} \times 100 ≒ -19.30\%$

따라서 기타처리 건수의 감소율은 매년 감소하였다.

ㄷ. 조정합의 건수의 처리 건수 대비 비율은 2021년이 $\dfrac{2,764}{28,744} \times 100 ≒ 9.62\%$로, 2022년의 $\dfrac{2,644}{23,573} \times 100 ≒ 11.22\%$보다 낮다.

ㄹ. 조정합의 건수 대비 의견표명 건수 비율은 2020년이 $\dfrac{467}{2,923} \times 100 ≒ 15.98\%$, 2021년이 $\dfrac{474}{2,764} \times 100 ≒ 17.15\%$, 2022년이 $\dfrac{346}{2,644} \times 100 ≒ 13.09\%$, 2023년이 $\dfrac{252}{2,567} \times 100 ≒ 9.82\%$이다. 조정합의 건수 대비 의견표명 건수 비율이 높은 순서대로 나열하면 2021년 – 2020년 – 2022년 – 2023년이다. 또한, 평균처리일이 짧은 순서대로 나열하면 2021년 – 2023년 – 2020년 – 2022년이다. 따라서 평균처리일이 짧은 해일수록 조정합의 건수 대비 의견표명 건수 비율이 높다는 설명은 옳지 않다.

## 23

**정답 ③**

일본에 수출하는 용접 분야 기업의 수는 96개이고, 중국에 수출하는 주조 분야 기업의 수는 15개이므로 $96 \div 15 = 6.4$이다. 따라서 7배는 되지 않는다.

**오답분석**

① 열처리 분야 60개 기업 중 중국에 수출하는 기업은 13개 기업으로, $\frac{13}{60} \times 100 = 21.67\%$이므로 20% 이상이다.

② 금형 분야 기업의 수는 전체 기업 수의 40%인 1,016개보다 적으므로 옳은 설명이다.

④ 소성가공 분야 기업 중 미국에 수출하는 기업의 수(94개)가 동남아에 수출하는 기업의 수(87개)보다 많다.

⑤ 주조 분야 기업 중 일본에 24개의 기업이 수출하므로 가장 많은 기업이 수출하는 국가이다.

## 24

**정답 ④**

• 준엽 : 국내 열처리 분야 기업이 가장 많이 수출하는 국가는 중국(13개)이며, 가장 많이 진출하고 싶어 하는 국가도 중국(16개)으로 같다.

• 진경 : 용접 분야 기업 중 기타 국가에 수출하는 기업 수는 77개로, 용접 분야 기업 중 독일을 제외한 유럽에 진출하고 싶어 하는 기업의 수인 49개보다 많다.

**오답분석**

• 지현 : 가장 많은 수의 금형 분야 기업이 진출하고 싶어 하는 국가는 유럽(독일 제외)이다.

• 찬영 : 표면처리 분야 기업 중 유럽(독일 제외)에 진출하고 싶어 하는 기업은 13개로, 미국에 진출하고 싶어하는 기업인 7개의 2배인 14개 미만이다.

## 25

**정답 ②**

㉠ 근로자가 총 90명이고 전체에게 지급된 임금의 총액이 2억 원이므로 근로자당 평균 월 급여액은 $\frac{2억 \ 원}{90명} = 222만$ 원이다.

따라서 평균 월 급여액은 230만 원 이하이다.

㉡ 월 210만 원 이상 급여를 받는 근로자 수는 $26 + 12 + 8 + 4 = 50$명이다. 따라서 총 90명의 절반인 45명보다 많으므로 옳은 설명이다.

**오답분석**

㉢ 월 180만 원 미만의 급여를 받는 근로자 수는 $6 + 4 = 10$명이다. 따라서 전체에서 $\frac{10}{90} = 11\%$의 비율을 차지하고 있으므로 옳지 않은 설명이다.

㉣ '월 240만 원 이상 270만 원 미만'의 구간에서 월 250만 원 이상 받는 근로자의 수는 주어진 자료만으로는 확인할 수 없다. 따라서 옳지 않은 설명이다.

## 26

**정답 ④**

$2017 \sim 2022$년의 KTX 부정승차 평균 적발 건수가 70,000건이라고 하였으므로 2017년 부정승차 적발 건수를 $a$건이라고 하면

$$\frac{a + 65,000 + 70,000 + 82,000 + 62,000 + 67,000}{6} = 70,000$$

$$\rightarrow a + 346,000 = 420,000$$

$$\therefore a = 74,000$$

그러므로 2017년 부정승차 적발 건수는 74,000건이다.

또한, $2018 \sim 2023$년의 부정승차 평균 적발 건수가 65,000건이라고 하였으므로 2023년 부정승차 적발 건수를 $b$건이라고 하면

$$\frac{65,000 + 70,000 + 82,000 + 62,000 + 67,000 + b}{6} = 65,000$$

$$\rightarrow 346,000 + b = 390,000$$

$$\rightarrow b = 390,000 - 346,000$$

$$\therefore b = 44,000$$

그러므로 2023년 부정승차 적발 건수는 44,000건이다.

따라서 2023년도 부정승차 적발 건수와 2017년도 적발 건수의 차이는 $74,000 - 44,000 = 30,000$건이다.

## 27

**정답 ④**

• (가)안 : $2 \cdot 3$분기 자재구매 비용은 $7,000 \times 40 + 10,000 \times 40 = 680,000$원이다. 2분기에 재고가 10개가 남으므로 재고관리비는 $10 \times 1,000 = 10,000$원이다. 따라서 자재구매 · 관리 비용은 $680,000 + 10,000 = 690,000$원이다.

• (나)안 : $2 \cdot 3$분기 자재구매 비용은 $7,000 \times 60 + 10,000 \times 20 = 620,000$원이다. 2분기에 재고가 30개가 남으므로 재고관리비는 $30 \times 1,000 = 30,000$원이다. 따라서 자재구매 · 관리 비용은 $620,000 + 30,000 = 650,000$원이다.

따라서 (가)안과 (나)안의 비용 차이를 구하면 $690,000 - 650,000 = 40,000$원이다.

## 28

**정답 ③**

(마름모의 넓이)

$= (한 \ 대각선의 \ 길이) \times (다른 \ 대각선의 \ 길이) \times \frac{1}{2}$

따라서 두 마름모의 넓이의 차는 $\left(9 \times 6 \times \frac{1}{2}\right) - \left(4 \times 6 \times \frac{1}{2}\right) = 27 - 12 = 15$이다.

## 29

**정답 ①**

구매 방식별 비용을 구하면 다음과 같다.

• 스마트폰앱 : $12,500 \times 0.75 = 9,375$원

• 전화 : $(12,500 - 1,000) \times 0.9 = 10,350$원

• 회원카드와 쿠폰 : $(12,500 \times 0.9) \times 0.85 = 9,563$원

• 직접 방문 : $(12,500 \times 0.7) + 1,000 = 9,750$원

• 교환권 : 10,000원

따라서 가장 저렴한 구매 방식은 스마트폰앱이다.

## 30 정답 ①

㉠ • 1시간 미만 운동하는 3학년 남학생 수 : 87명
• 4시간 이상 운동하는 1학년 여학생 수 : 46명
따라서 옳은 설명이다.
㉡ 제시된 자료에서 남학생 중 1시간 미만 운동하는 남학생의 비율이 여학생 중 1시간 미만 운동하는 여학생의 비율보다 각 학년에서 모두 낮음을 확인할 수 있다.

**오답분석**

㉢ 남학생과 여학생 모두 학년이 높아질수록 3시간 이상 4시간 미만 운동하는 학생의 비율은 낮아진다. 그러나 남학생과 여학생 모두 학년이 높아질수록 4시간 이상 운동하는 학생의 비율은 높아지므로 옳지 않은 설명이다.
㉣ 3학년 남학생의 경우 3시간 이상 4시간 미만 운동하는 학생의 비율은 4시간 이상 운동하는 학생의 비율보다 낮다.

## 31 정답 ④

5만 달러 미만에서 10만 ~ 50만 달러 미만의 투자건수 비율을 합하면 된다. 따라서 28+20.9+26=74.9%이다.

## 32 정답 ①

100만 ~ 500만 달러 미만에서 500만 달러 미만의 투자건수 비율을 합하면 된다. 따라서 11.9+4.5=16.4%이다.

## 33 정답 ①

2000년 아시아의 소비실적이 1,588Moe이었으므로, 3배 이상이 되려면 4,764Moe 이상이 되어야 한다.

## 34 정답 ④

• 5% 소금물 600g에 들어있는 소금의 양 : $\frac{5}{100} \times 600 = 30$g
• 10분 동안 가열한 후 남은 소금물의 양
: $600 - (10 \times 10) = 500$g
• 가열 후 남은 소금물의 농도 : $\frac{30}{500} \times 100 = 6\%$

여기에 더 넣은 소금물 200g의 농도를 $x$%라 하면 다음과 같다.

$\frac{6}{100} \times 500 + \frac{x}{100} \times 200 = \frac{10}{100} \times 700$

→ $2x + 30 = 70$

∴ $x = 20$

## 35 정답 ③

조건에 의해서 각 팀은 새로운 과제를 3, 2, 1, 1, 1개 맡아야 한다. 기존에 수행하던 과제를 포함해서 한 팀이 맡을 수 있는 과제는 최대 4개라는 점을 고려하면 다음과 같은 경우가 나온다.

| 구분 | 기존 과제 수 | 새로운 과제 수 | | |
|---|---|---|---|---|
| (가)팀 | 0 | 3 | 3 | 2 |
| (나)팀 | 1 | 1 | 1 | 3 |
| (다)팀 | 2 | 2 | 1 | 1 |
| (라)팀 | 2 | 1 | 2 | 1 |
| (마)팀 | 3 | 1 | | |

ㄱ. a는 새로운 과제 2개를 맡는 팀이 수행하므로 (나)팀이 맡을 수 없다.
ㄷ. 기존에 수행하던 과제를 포함해서 과제 2개를 맡을 수 있는 팀은 기존 과제 수가 0개이거나 1개인 (가)팀과 (나)팀인데 위의 세 경우 모두 과제 2개를 맡는 팀이 반드시 있다.

**오답분석**

ㄴ. f는 새로운 과제 1개를 맡는 팀이 수행하므로 (가)팀이 맡을 수 없다.

## 36 정답 ②

두 번째, 다섯 번째 조건과 여덟 번째 조건에 따라 회계직인 D는 미국 서부의 해외사업본부로 배치된다.

## 37 정답 ②

주어진 조건에 따르면 가능한 경우는 총 2가지로 다음과 같다.

| 구분 | 인도네시아 | 미국서부 | 미국남부 | 칠레 | 노르웨이 |
|---|---|---|---|---|---|
| 경우 1 | B | D | A | C | E |
| 경우 2 | C | D | B | A | E |

㉠ 경우 2로 B는 미국 남부에 배치된다.
㉣ 경우 1, 2 모두 노르웨이에는 항상 회계직인 E가 배치된다.

**오답분석**

㉡ 경우 1로 C는 칠레에 배치된다.
㉢ 경우 1일 때 A는 미국 남부에 배치된다.

## 38 정답 ①

세 번째와 다섯 번째 정보로부터 A사원은 야근을 3회, 결근을 2회 하였고, 네 번째와 여섯 번째 정보로부터 B사원은 지각을 2회, C사원은 지각을 3회 하였음을 알 수 있다. C사원의 경우 지각을 3회 하였으므로 결근과 야근을 각각 1회 또는 2회 하였는데, 근태 총 점수가 −2점이므로 지각에서 −3점, 결근에서 −1점, 야근에서 +2점을 얻어야 한다. 마지막으로 B사원은 결근을 3회, 야근을 1회 하여 근태 총 점수가 −4점이 된다.

| 구분 | A | B | C | D |
|------|---|---|---|---|
| 지각 | 1 | 2 | 3 | 1 |
| 결근 | 2 | 3 | 1 | 1 |
| 야근 | 3 | 1 | 2 | 2 |
| 근태 총 점수(점) | 0 | -4 | -2 | 0 |

따라서 C사원이 지각을 가장 많이 하였다.

## 39      정답 ①

38번의 결과로부터 A사원과 B사원이 지각보다 결근을 많이 하였음을 알 수 있다.

## 40      정답 ②

ㄱ. 한류의 영향으로 한국 제품을 선호하므로 한류 배우를 모델로 하여 적극적인 홍보 전략을 추진한다.
ㄷ. 빠른 제품 개발 시스템이 있기 때문에 소비자 기호를 빠르게 분석하여 제품 생산에 반영한다.

### 오답분석

ㄴ. 인건비 상승과 외국산 저가 제품 공세 강화로 인해 적절한 대응이라고 볼 수 없다.
ㄹ. 선진국은 기술 보호주의를 강화하고 있으므로 적절한 대응이라고 볼 수 없다.

## 41      정답 ①

먼저 16진법으로 표현된 수를 10진법으로 변환하여야 한다.
• $43 = 4 \times 16 + 3 = 67$
• $41 = 4 \times 16 + 1 = 65$
• $54 = 5 \times 16 + 4 = 84$
변환된 수를 아스키 코드표를 이용하여 해독하면 67=C, 65=A, 84=T임을 확인할 수 있다. 따라서 철수가 장미에게 보낸 문자의 의미는 CAT이다.

## 42      정답 ⑤

두 번째 조건과 세 번째 조건에 따라 3학년이 앉은 첫 번째 줄과 다섯 번째 줄의 바로 옆줄인 두 번째 줄과 네 번째 줄, 여섯 번째 줄에는 3학년이 앉을 수 없다. 즉, 두 번째 줄, 네 번째 줄, 여섯 번째 줄에는 1학년 또는 2학년이 앉아야 한다. 이때 3학년이 앉은 줄의 수가 1학년과 2학년이 앉은 줄의 수와 같다는 네 번째 조건에 따라 남은 세 번째 줄은 반드시 3학년이 앉아야 한다. 따라서 ⑤는 항상 거짓이 된다.

### 오답분석

① 두 번째 줄에는 1학년 또는 2학년이 앉을 수 있다.
② 책상 수가 몇 개인지는 알 수 없다.

③ 학생 수가 몇 명인지는 알 수 없다.
④ 여섯 번째 줄에는 1학년 또는 2학년이 앉을 수 있다.

## 43      정답 ⑤

A ~ E의 진술을 차례대로 살펴보면, A는 B보다 먼저 탔으므로 서울역 또는 대전역에서 승차하였다. 이때, A는 자신이 C보다 먼저 탔는지 알지 못하므로 C와 같은 역에서 승차하였음을 알 수 있다. 다음으로 B는 A와 C보다 늦게 탔으므로 첫 번째 승차 역인 서울역에서 승차하지 않았으며, C는 가장 마지막에 타지 않았으므로 마지막 승차 역인 울산역에서 승차하지 않았다. 한편, D가 대전역에서 승차하였으므로 같은 역에서 승차하는 A와 C는 서울역에서 승차하였음을 알 수 있다. 또한 마지막 역인 울산역에서 혼자 승차하는 경우에만 자신의 정확한 탑승 순서를 알 수 있으므로 자신의 탑승 순서를 아는 E가 울산역에서 승차하였다.

| 구분 | 서울역 | | 대전역 | | 울산역 |
|------|--------|---|--------|---|--------|
| 탑승객 | A | C | B | D | E |

따라서 'E는 울산역에서 승차하였다.'는 항상 참이 된다.

### 오답분석

① A는 서울역에서 승차하였다.
② B는 대전역, C는 서울역에서 승차하였으므로 서로 다른 역에서 승차하였다.
③ C는 서울역, D는 대전역에서 승차하였으므로 서로 다른 역에서 승차하였다.
④ D는 대전역, E는 울산역에서 승차하였으므로 서로 다른 역에서 승차하였다.

## 44      정답 ⑤

E는 교양 수업을 신청한 A보다 나중에 수강한다고 하였으므로 목요일 또는 금요일에 강의를 들을 수 있다. 이때, 목요일과 금요일에는 교양 수업이 진행되므로 'E는 반드시 교양 수업을 듣는다.'의 ⑤는 항상 참이 된다.

### 오답분석

① A가 수요일에 강의를 듣는다면 E는 교양2 또는 교양3 강의를 들을 수 있다.
② B가 수강하는 전공 수업의 정확한 요일을 알 수 없으므로 C는 전공1 또는 전공2 강의를 들을 수 있다.
③ C가 화요일에 강의를 듣는다면 D는 교양 강의를 듣는다. 이때, 교양 수업을 듣는 A는 E보다 앞선 요일에 수강하므로 E는 교양2 또는 교양3 강의를 들을 수 있다.

| 구분 | 월<br>(전공1) | 화<br>(전공2) | 수<br>(교양1) | 목<br>(교양2) | 금<br>(교양3) |
|------|------|------|------|------|------|
| 경우 1 | B | C | D | A | E |
| 경우 2 | B | C | A | D | E |
| 경우 3 | B | C | A | E | D |

④ D는 전공 수업을 신청한 C보다 나중에 수강하므로 전공 또는 교양 수업을 들을 수 있다.

## 45
정답 ②

접근 연상이 아닌 대비 연상에 해당한다.

> **자유연상법의 유형**
> - 접근 연상 : 주제와 관련이 있는 대상이나 과거의 경험을 떠올리는 것이다.
> - 대비 연상 : 주제와 반대되는 대상을 생각하는 것이다.
> - 유사 연상 : 주제와 유사한 대상이나 경험을 떠올려 보는 활동이다.

## 46
정답 ③

브레인스토밍은 '질보다 양'의 규칙을 따라, 심사숙고하는 것보다 가능한 많은 아이디어를 생각하는 것이 바람직하다.

## 47
정답 ①

자동차의 용도별 구분을 보면 비사업용 자동차에 사용할 수 있는 문자 기호는 'ㅏ, ㅓ, ㅗ, ㅜ'뿐이다. 따라서 '겨'라고 한 ①은 옳지 않다.

## 48
정답 ②

84배 7895는 사업용인 택배차량이다.

**오답분석**

①·③·④·⑤ 비사업용 화물차량이다.

## 49
정답 ⑤

조건의 주요 명제들을 순서대로 논리 기호화하면 다음과 같다.
- 두 번째 명제 : 머그컵 → ~노트
- 세 번째 명제 : 노트
- 네 번째 명제 : 태블릿PC → 머그컵
- 다섯 번째 명제 : ~태블릿PC → (가습기 ∧ ~컵받침)

세 번째 명제에 따라 노트는 반드시 선정되며, 두 번째 명제의 대우(노트 → ~머그컵)에 따라 머그컵은 선정되지 않는다. 그리고 네 번째 명제의 대우(~머그컵 → ~태블릿PC)에 따라 태블릿PC도 선정되지 않으며, 다섯 번째 명제에 따라 가습기는 선정되고 컵받침은 선정되지 않는다. 따라서 총 3종류의 경품을 선정한다고 하였으므로 노트, 가습기와 함께 펜이 경품으로 선정된다.

## 50
정답 ④

제시된 조건에 따라 최고점과 최저점을 제외한 3명의 면접관의 평균과 보훈 가점을 더한 총점은 다음과 같다.

| 구분 | 총점 | 순위 |
|---|---|---|
| A | $\dfrac{80+85+75}{3}=80$점 | 7위 |
| B | $\dfrac{75+90+85}{3}+5 ≒ 88.33$점 | 3위 |
| C | $\dfrac{85+85+85}{3}=85$점 | 4위 |
| D | $\dfrac{80+85+80}{3} ≒ 81.67$점 | 6위 |
| E | $\dfrac{90+95+85}{3}+5=95$점 | 2위 |
| F | $\dfrac{85+90+80}{3}=85$점 | 4위 |
| G | $\dfrac{80+90+95}{3}+10 ≒ 98.33$점 | 1위 |
| H | $\dfrac{90+80+85}{3}=85$점 | 4위 |
| I | $\dfrac{80+80+75}{3}+5 ≒ 83.33$점 | 5위 |
| J | $\dfrac{85+80+85}{3} ≒ 83.33$점 | 5위 |
| K | $\dfrac{85+75+75}{3}+5 ≒ 83.33$점 | 5위 |
| L | $\dfrac{75+90+70}{3} ≒ 78.33$점 | 8위 |

따라서 총점이 가장 높은 6명의 합격자를 면접을 진행한 순서대로 나열하면 G − E − B − C − F − H이다.

# 제2회 모의고사 정답 및 해설

| 01 | 02 | 03 | 04 | 05 | 06 | 07 | 08 | 09 | 10 |
|----|----|----|----|----|----|----|----|----|----|
| ③ | ④ | ⑤ | ④ | ① | ④ | ① | ⑤ | ④ | ③ |
| 11 | 12 | 13 | 14 | 15 | 16 | 17 | 18 | 19 | 20 |
| ② | ⑤ | ② | ⑤ | ⑤ | ⑤ | ③ | ⑤ | ② | ⑤ |
| 21 | 22 | 23 | 24 | 25 | 26 | 27 | 28 | 29 | 30 |
| ③ | ④ | ③ | ② | ① | ④ | ② | ④ | ③ | ③ |
| 31 | 32 | 33 | 34 | 35 | 36 | 37 | 38 | 39 | 40 |
| ③ | ② | ④ | ③ | ② | ① | ① | ③ | ① | ② |
| 41 | 42 | 43 | 44 | 45 | 46 | 47 | 48 | 49 | 50 |
| ① | ④ | ⑤ | ② | ④ | ② | ① | ① | ③ | ③ |

## 01
정답 ③

보기의 이때에 산업선의 역할이 부각되었다는 내용과 (다) 바로 앞 문장의 '한국 철도는 다시 경제발전과 지역사회 개발의 주역으로 부상하였다.'로 보아 보기가 들어갈 가장 적절한 위치는 (다)임을 알 수 있다.

## 02
정답 ④

K공사의 '5대 안전서비스 제공을 통한 스마트도시 시민안전망'과 관련한 업무 협약을 맺었다고 시작하는 (다), 앞서 소개한 오산시의 다양한 정책을 소개하는 (나), 오산시에 구축할 5가지 시민안전망에 대해 설명하는 (가)와 (마), 마지막으로 기존의 문제점을 보완하며 인프라 구축을 예고하는 (라) 문단이 차례로 오는 것이 적절하다.

## 03
정답 ⑤

문서의 마지막에 반드시 '끝.'자를 붙여서 마무리해야 하는 문서는 공문서이다.

## 04
정답 ④

㉠에서는 오랑우탄이 건초더미를 주목한 연구 결과를 통해 유인원도 다른 개체의 생각을 미루어 짐작하는 능력이 있다고 주장한다. 오랑우탄이 건초더미를 주목한 것은 B가 상자 뒤에 숨었다는 사실을 모르는 A의 입장이 되었기 때문이라는 것이다. 그러나 오랑우탄이 단지 건초더미가 자신에게 가까운 곳에 있었기 때문에 주목한 것이라면, 다른 개체의 입장이 아닌 자신의 입장에서 생각한 것이 되므로 ㉠은 약화된다.

### 오답분석
① 외모의 유사성은 제시문에 나타난 연구 내용과 관련이 없다.
② 사람에게 동일한 실험을 한 후 비슷한 결과가 나왔다는 것은 사람도 유인원처럼 다른 개체의 생각을 미루어 짐작하는 능력이 있다는 것이므로 오히려 ㉠을 강화할 수 있다.
③ 새로운 오랑우탄을 대상으로 동일한 실험을 한 후 비슷한 결과가 나왔다는 것은 ㉠을 강화할 수 있다.
⑤ 제시문에서는 나머지 오랑우탄 10마리에 대해 언급하고 있지 않다.

## 05
정답 ①

제시문은 급격하게 성장하는 호주의 카셰어링 시장을 언급하면서 이러한 성장 원인에 대해 분석하고 있으며, 호주 카셰어링 시장의 성장 가능성과 이에 따른 전망을 이야기하고 있다. 따라서 글의 제목으로 ①이 가장 적절하다.

## 06
정답 ④

세 번째 문단에 따르면 호주에서 차량 2대를 소유한 가족의 경우 차량 구매 금액을 비롯하여 차량 유지비에 쓰는 비용만 최대 연간 18,000호주 달러에 이른다고 하였다. 이처럼 차량 유지비에 대한 부담이 크기 때문에 차량 유지비가 들지 않는 카셰어링 서비스를 이용하려는 사람이 늘어나고 있다.

## 07
정답 ①

제시문은 고대 그리스, 헬레니즘, 로마 시대를 순서대로 나열하여 설명하였다. 따라서 역사적 순서대로 주제의 변천에 대해 서술하고 있다.

## 08

**정답 ⑤**

제시된 문단은 과거 의사소통능력 수업에 대한 문제를 제기하고 있다. 따라서 이에 대한 문제점인 ⓒ이 제시된 문단 다음에 이어지는 것이 적절하다. ⓛ은 과거 문제점에 대한 해결법으로 문제중심학습(PBL)을 제시하므로 ⓒ 다음에 오는 것이 적절하며, ㉠ 역시 문제중심학습에 대한 장점으로 ⓛ 다음에 오는 것이 적절하다. 마지막으로 ㉣의 경우 문제중심학습에 대한 주의할 점으로 마지막에 오는 것이 가장 적절하다. 따라서 ⓒ – ⓛ – ㉠ – ㉣ 순으로 나열해야 한다.

## 09

**정답 ④**

제시문은 정부가 제공하는 공공 데이터를 활용한 앱 개발에 대한 글이다. 따라서 먼저 다양한 앱을 개발하려는 사람들을 통해 화제를 제시한 (라) 문단이 오는 것이 적절하며, 이러한 앱 개발에 있어 부딪히는 문제들을 제시한 (가) 문단이 그 뒤에 오는 것이 적절하다. 다음으로 이러한 문제들을 해결하기 위한 방법으로 공공 데이터를 제시하는 (나) 문단이 오고, 공공 데이터에 대한 추가 설명으로 공공 데이터를 위한 정부의 노력인 (다) 문단이 마지막으로 오는 것이 적절하다.

## 10

**정답 ③**

제시문은 오브제의 정의와 변화 과정에 대한 글이다. 빈칸 앞에서는 예술가의 선택에 의해 기성품 그 본연의 모습으로 예술작품이 되는 오브제를, 빈칸 이후에는 나아가 진정성과 상징성이 제거된 팝아트에서의 오브제 기법에 대하여 서술하고 있다. 따라서 빈칸에는 예술가의 선택에 의해 기성품 본연의 모습으로 오브제가 되는 ③의 사례가 오는 것이 가장 적절하다.

## 11

**정답 ②**

제시문은 '탈원전·탈석탄 공약에 맞는 제8차 전력공급기본계획 (안) 수립 → 분산형 에너지 생산시스템으로의 정책 방향 전환 → 분산형 에너지 생산시스템에 대한 대통령의 강한 의지 → 중앙집중형 에너지 생산시스템의 문제점 노출 → 중앙집중형 에너지 생산시스템의 비효율성'의 순으로 전개되고 있다. 따라서 제시문은 일관되게 '에너지 분권의 필요성과 나아갈 방향을 모색해야 한다.'라고 말하고 있다.

> **오답분석**

①·③ 제시문에서 언급되지 않았다.
④ 다양한 사회적 문제점들과 기후, 천재지변 등에 의한 문제점들을 언급하고 있으나, 이는 글의 주제를 뒷받침하기 위한 이슈이므로 글 전체의 주제로 보기는 어렵다.
⑤ 전력수급기본계획의 수정 방안을 제시하고 있지는 않다.

## 12

**정답 ⑤**

근시안적인 자세를 가지고 행동하는 것, 즉 '나무는 보되 숲은 보지 못하는' 관점의 관리문화는 현재 우리나라의 관리문화를 말하는 것이다. 따라서 ⑤가 옳지 않음을 알 수 있다.

## 13

**정답 ②**

제시문에 따르면 인터넷 뉴스를 유료화하면 인터넷 뉴스를 보는 사람의 수가 줄어들 것이므로 ②는 적절하지 않다.

## 14

**정답 ⑤**

뉴스의 품질이 떨어지는 원인이 근본적으로 독자에게 있다거나, 그 해결 방안이 종이 신문 구독이라는 반응은 제시문을 바르게 이해했다고 보기 어렵다.

## 15

**정답 ⑤**

쇼펜하우어는 표상의 세계 안에서의 이성의 역할, 즉 시간과 공간, 인과율을 통해서 세계를 파악하는 주인의 역할을 함에도 불구하고 이 이성이 다시 의지에 종속됨으로써 제한적이며 표면적일 수밖에 없다는 한계를 지적하고 있다.

> **오답분석**

① 세계의 본질은 의지의 세계라는 내용은 쇼펜하우어 주장의 핵심 내용이라는 점에서는 옳지만, 제시문의 주요 내용은 주관 또는 이성 인식으로 만들어내는 표상의 세계는 결국 한계를 가질 수밖에 없다는 것이다.
② 제시문에서는 표상 세계의 한계를 지적했을 뿐, 표상 세계의 극복과 그 해결 방안에 대한 내용은 없다.
③ 제시문에서 의지의 세계와 표상 세계는 의지가 표상을 지배하는 종속관계라는 차이를 파악할 수 있으나, 중심 내용은 아니다.
④ 쇼펜하우어가 주관 또는 이성을 표상의 세계를 이끌어 가는 능력으로 주장하고 있다는 점에서 타당하나, 중심 내용은 아니다.

## 16

**정답 ⑤**

ㄴ. B는 공직자의 임용 기준을 개인의 능력·자격·적성에 두고 공개경쟁 시험을 통해 공무원을 선발한다면, 정실 개입의 여지가 줄어든다고 주장하고 있다. 따라서 공직자 임용과정의 공정성을 높일 필요성이 부각된다면, B의 주장은 설득력을 얻는다.
ㄷ. C는 사회를 구성하는 모든 지역 및 계층으로부터 인구 비례에 따라 공무원을 선발해야 한다고 주장하고 있다. 따라서 지역 편향성을 완화할 필요성이 제기된다면, C의 주장은 설득력을 얻는다.

> **오답분석**

ㄱ. A는 대통령 선거에서 승리한 정당이 공직자 임용의 권한을 가져야 한다고 주장하였다. 이는 정치적 중립성이 보장되지 않는 것이므로 A의 주장은 설득력을 잃는다.

## 17　　　　　　　　　　　　　　　　　　　　정답 ③

종교적·주술적 성격의 동물은 대개 초자연적인 강대한 힘을 가지고 인간 세계를 지배하거나 수호하는 신적인 존재이다.

**오답분석**

① 미술 작품 속에 등장하는 동물에는 해태나 봉황 등 인간의 상상에서 나온 동물도 적지 않다.
② 미술 작품에 등장하는 동물은 성격에 따라 구분할 수 있으나, 이 구분은 엄격한 것이 아니다.
④ 인간의 이지가 발달함에 따라 신적인 기능이 감소한 종교적·주술적 동물은 신이 아닌 인간에게 봉사하는 존재로 전락한다.
⑤ 신의 위엄을 뒷받침하고 신을 도와 치세의 일부를 분담하기 위해 이용되는 동물들 역시 현실 이상의 힘을 가지며 신성시된다. 다만, 이는 신의 권위를 강조하기 위함이다.

## 18　　　　　　　　　　　　　　　　　　　　정답 ⑤

D대리의 청렴도 점수를 $a$점으로 가정하고, 승진심사 평점 계산식을 세우면 다음과 같다.

$(60 \times 0.3) + (70 \times 0.3) + (48 \times 0.25) + (a \times 0.15) = 63.6$

$\rightarrow a \times 0.15 = 12.6$

$\therefore a = \dfrac{12.6}{0.15} = 84$

따라서 D대리의 청렴도 점수는 84점임을 알 수 있다.

## 19　　　　　　　　　　　　　　　　　　　　정답 ②

B과장의 승진심사 평점은 $(80 \times 0.3) + (72 \times 0.3) + (78 \times 0.25) + (70 \times 0.15) = 75.6$점이다.
따라서 B과장이 승진후보에 들기 위해 더 필요한 점수는 $80 - 75.6 = 4.4$점임을 알 수 있다.

## 20　　　　　　　　　　　　　　　　　　　　정답 ⑤

평균근속연수는 2018년 이후 지속적으로 감소하고 있으며, 남성 직원이 여성 직원보다 재직기간이 길다.

**오답분석**

① 기본급은 2021년도에 전년 대비 감소하였다.
② 2023년도에는 1인당 평균 보수액이 남성과 여성 직원이 같다.
③ 1인당 평균 보수액은 2019년도에 가장 많다.
④ 상시 종업원 수는 2019년 이후 지속적으로 늘고 있으며, 여성 직원의 비율은 전체 상시 종업원 580명 중 213명으로 약 37%에 달한다.

## 21　　　　　　　　　　　　　　　　　　　　정답 ③

원 그래프는 일반적으로 내역이나 내용의 구성비를 원을 분할하여 나타낸다.

**오답분석**

① 점 그래프 : 종축과 횡축에 2요소를 두고, 보고자 하는 것이 어떤 위치에 있는가를 알고자 할 때 쓴다.
② 방사형 그래프 : 원 그래프의 일종으로 레이더 차트, 거미줄 그래프라고도 한다. 비교하는 수량을 직경 또는 반경으로 나누어 원의 중심에서의 거리에 따라 각 수량의 관계를 나타내는 그래프이다. 대표적으로 비교하거나 경과를 나타내는 용도로 활용된다.
④ 막대 그래프(봉 그래프) : 비교하고자 하는 수량을 막대 길이로 표시하고 그 길이를 비교하여 각 수량 간의 대소 관계를 나타내는 것이다. 가장 간단한 형태이며, 선 그래프와 같이 각종 그래프의 기본을 이룬다. 막대 그래프는 내역·비교·경과·도수 등을 표시하는 용도로 쓰인다.
⑤ 선(절선) 그래프 : 시간의 경과에 따른 수량의 변화를 절선의 기울기로 나타내는 그래프이다. 대체로 경과·비교·분포(도수·곡선 그래프)를 비롯하여 상관관계(상관선 그래프·회귀선) 등을 나타낼 때 쓴다.

## 22　　　　　　　　　　　　　　　　　　　　정답 ④

현재기온이 가장 높은 수원은 이슬점 온도는 가장 높지만, 습도는 65%로, 95%의 백령도보다 낮으므로 옳지 않다.

**오답분석**

① 파주의 시정은 20km로 가장 좋다.
② 수원이 이슬점 온도와 불쾌지수 모두 가장 높다.
③ 불쾌지수 70을 초과한 지역은 수원과 동두천, 2곳이다.
⑤ 시정이 0.4km로 가장 좋지 않은 백령도의 경우 풍속이 4.4m/s로 가장 강하다.

## 23　　　　　　　　　　　　　　　　　　　　정답 ③

K기업의 복사지 한 달 사용량 : 20,000장÷10개월=2,000장/개월
K기업의 현재부터 한 달 사용량 : 2,000장×2=4,000장
따라서 4,000장×4=16,000장이므로 4개월 후에 연락해야 한다.

## 24　　　　　　　　　　　　　　　　　　　　정답 ②

원 중심에서 멀어질수록 점수가 높아지는데, B국의 경우 공격보다 미드필드가 원 중심에서 먼 곳에 표시가 되어 있으므로 B국은 공격보다 미드필드에서의 능력이 뛰어남을 알 수 있다.

## 25　　　　　　　　　　　　　　　　　　　　정답 ①

주어진 자료를 분석하면 다음과 같다.

| 생산량(개) | 0 | 1 | 2 | 3 | 4 | 5 |
|---|---|---|---|---|---|---|
| 총 판매수입(만 원) | 0 | 7 | 14 | 21 | 28 | 35 |
| 총 생산비용(만 원) | 5 | 9 | 12 | 17 | 24 | 33 |
| 이윤(만 원) | −5 | −2 | +2 | +4 | +4 | +2 |

ㄱ. 2개를 생산할 때와 5개를 생산할 때의 이윤은 2만 원으로 동일하다.

ㄴ. 자료를 통해 이윤이 극대화되면서 가능한 최대 생산량은 4개임을 알 수 있다.

**오답분석**

ㄷ. 생산량을 4개에서 5개로 늘리면 이윤은 2만 원으로 감소한다.

ㄹ. 1개를 생산하면 −2만 원이지만, 생산하지 않을 때는 −5만 원이다.

## 26 정답 ④

10대의 인터넷 공유활동을 참여율이 큰 순서대로 나열하면 '커뮤니티 이용 → 퍼나르기 → 블로그 운영 → UCC게시 → 댓글달기'이다. 반면, 30대는 '커뮤니티 이용 → 퍼나르기 → 블로그 운영 → 댓글달기 → UCC게시'이다. 따라서 활동 순위가 같지 않다.

**오답분석**

① 20대가 다른 연령에 비해 참여율이 비교적 높은 편임을 자료에서 쉽게 확인할 수 있다.

② 남성이 여성보다 참여율이 대부분의 활동에서 높지만, 블로그 운영에서는 여성의 참여율이 높다.

③ 남녀 간의 참여율 격차가 가장 큰 영역은 13.8%p인 댓글달기이며, 그 반대로는 2.7%p인 커뮤니티 이용이다.

⑤ 40대는 다른 영역과 달리 댓글달기 활동에서는 다른 연령대보다 높은 참여율을 보이고 있다.

## 27 정답 ②

월간 용돈을 5만 원 미만으로 받는 비율은 중학생 89.4%, 고등학생 60%이므로 중학생이 고등학생보다 높다.

**오답분석**

① 용돈을 받는 남학생과 여학생의 비율은 각각 82.9%, 85.4%이다. 따라서 여학생이 더 높다.

③ 고등학교 전체 인원을 100명이라 한다면 그중에 용돈을 받는 학생은 약 80.8명이다. 80.8명 중에 용돈을 5만 원 이상 받는 학생의 비율은 40%이므로 80.8×0.4≒32.3명이다.

④ 전체에서 금전출납부의 기록, 미기록 비율은 각각 30%, 70%이다. 따라서 기록하는 비율이 더 낮다.

⑤ 용돈을 받지 않는 중학생과 고등학생 비율은 각각 12.4%, 19.2%이다. 따라서 용돈을 받지 않는 고등학생 비율이 더 높다.

## 28 정답 ④

정확한 값을 계산하기보다 우선 자료에서 해결 실마리를 찾아, 적절하지 않은 선택지를 제거하는 방식으로 접근하는 것이 좋다. 먼저 효과성을 기준으로 살펴보면, 1순위인 C부서의 효과성은 3,000÷1,500=2이고, 2순위인 B부서의 효과성은 1,500÷1,000=1.5이다. 따라서 3순위 A부서의 효과성은 1.5보다 낮아야 한다는 것을 알 수 있다. 그러므로 A부서의 목표량 (가)는 500÷(가)<1.5 → (가)>333.3…으로 적어도 333보다는 커야 한다.

따라서 (가)가 300인 ①은 제외된다.

효율성을 기준으로 살펴보면, 2순위인 A부서의 효율성은 500÷(200+50)=2이다. 따라서 1순위인 B부서의 효율성은 2보다 커야 한다는 것을 알 수 있다. 그러므로 B부서의 인건비 (나)는 1,500÷((나)+200)>2 → (나)<550으로 적어도 550보다는 작아야 한다. 따라서 (나)가 800인 ②·⑤는 제외된다.

남은 것은 ③과 ④인데, 먼저 ③부터 대입해보면 C부서의 효율성이 3,000÷(1,200+300)=2로 2순위인 A부서의 효율성과 같다. 그러므로 정답은 ④이다.

## 29 정답 ③

• 첫 번째 문제를 맞힐 확률 : $\frac{1}{5}$

• 첫 번째 문제를 틀릴 확률 : $1-\frac{1}{5}=\frac{4}{5}$

• 두 번째 문제를 맞힐 확률 : $\frac{2}{5}\times\frac{1}{4}=\frac{1}{10}$

• 두 번째 문제를 틀릴 확률 : $1-\frac{1}{10}=\frac{9}{10}$

∴ 두 문제 중 하나만 맞힐 확률

: $\frac{1}{5}\times\frac{9}{10}+\frac{4}{5}\times\frac{1}{10}=\frac{13}{50}=26\%$

## 30 정답 ③

• 1인 1일 사용량에서 영업용 사용량이 차지하는 비중

: $\frac{80}{282}\times100≒28.37\%$

• 1인 1일 가정용 사용량의 하위 두 항목이 차지하는 비중

: $\frac{20+13}{180}\times100≒18.33\%$

## 31 정답 ③

부산(1.9%) 및 인천(2.5%) 지역은 증가율이 상대적으로 낮게 나와 있으나, 이는 서울(1.1%) 또한 마찬가지이다.

**오답분석**

①·② 자료를 통해 확인할 수 있다.

④ 2023년 에너지 소비량은 경기(9,034천 TOE), 충남(4,067천 TOE), 서울(3,903천 TOE)의 순서이다.

⑤ 전국 에너지 소비량은 2013년이 28,588천 TOE, 2023년이 41,594천 TOE로, 10년 사이에 13,006천 TOE의 증가를 보이고 있다.

## 32 정답 ②

제시된 자료에 의하면 수도권은 서울과 인천·경기를 합한 지역을 의미한다. 따라서 전체 마약류 단속 건수 중 수도권의 마약류 단속 건수의 비중은 22.1+35.8=57.9%이다.

① • 대마 단속 전체 건수 : 167건
  • 코카인 단속 전체 건수 : 65건
  $65 \times 3 = 195 > 167$이므로 옳지 않은 설명이다.

③ 코카인 단속 건수가 없는 지역은 강원, 충북, 제주로 3곳이다.

④ • 대구·경북 지역의 향정신성의약품 단속 건수 : 138건
  • 광주·전남 지역의 향정신성의약품 단속 건수 : 38건
  $38 \times 4 = 152 > 138$이므로 옳지 않은 설명이다.

⑤ • 강원 지역의 향정신성의약품 단속 건수 : 35건
  • 강원 지역의 대마 단속 건수 : 13건
  $13 \times 3 = 39 > 35$이므로 옳지 않은 설명이다.

## 33 정답 ④

A, B, E구의 1인당 소비량을 각각 $a$, $b$, $e$라고 하자.
제시된 조건을 식으로 나타내면 다음과 같다.

• 첫 번째 조건 : $a + b = 30 \cdots \bigcirc$
• 두 번째 조건 : $a + 12 = 2e \cdots \bigcirc\!\bigcirc$
• 세 번째 조건 : $e = b + 6 \cdots \bigcirc\!\bigcirc\!\bigcirc$

$\bigcirc\!\bigcirc\!\bigcirc$을 $\bigcirc\!\bigcirc$에 대입하여 식을 정리하면
$a + 12 = 2(b + 6) \rightarrow a - 2b = 0 \cdots$ ②
$\bigcirc$-②을 하면 $3b = 30 \rightarrow b = 10$, $a = 20$, $e = 16$
A ~ E구의 변동계수를 구하면 다음과 같다.

• A구 : $\dfrac{5}{20} \times 100 = 25\%$

• B구 : $\dfrac{4}{10} \times 100 = 40\%$

• C구 : $\dfrac{6}{30} \times 100 = 20\%$

• D구 : $\dfrac{4}{12} \times 100 = 33.33\%$

• E구 : $\dfrac{8}{16} \times 100 = 50\%$

따라서 변동계수가 3번째로 큰 곳은 D구이다.

## 34 정답 ③

동남아 국제선의 도착 운항 1편당 도착 화물량은
$\dfrac{36,265.7}{16,713} = 2.17$톤이므로 옳은 설명이다.

① 중국 국제선의 출발 여객 1명당 출발 화물량은 $\dfrac{31,315.8}{1,834,699}$
  $= 0.017$톤이고, 도착 여객 1명당 도착 화물량은 $\dfrac{25,217.6}{1,884,697}$
  $= 0.013$톤이므로 옳지 않은 설명이다.

② 미주 국제선의 전체 화물 중 도착 화물이 차지하는 비중은
  $\dfrac{106.7}{125.1} \times 100 = 85.3\%$로, 90%보다 작다.

④ 중국 국제선의 도착 운항편수는 12,427편으로, 일본 국제선의
  도착 운항편수의 70%인 $21,425 \times 0.7 = 14,997.5$편 미만이다.

⑤ 각 국제선의 전체 화물 중 도착 화물이 차지하는 비중은 일본
  국제선이 $\dfrac{49,302.6}{99,114.9} \times 100 = 49.7\%$이고, 동남아 국제선이
  $\dfrac{36,265.7}{76,769.2} \times 100 = 47.2\%$이다. 따라서 동남아 국제선이 일본
  국제선보다 비중이 낮다.

## 35 정답 ②

ㄱ. LNG 구매력이 우수하다는 강점을 이용해 북아시아 가스관
  사업이라는 기회를 활용하는 것은 SO전략에 해당된다.

ㄷ. 수소 자원 개발이 고도화되고 있는 기회를 이용하여 높은 공
  급단가라는 약점을 보완하는 것은 WO전략에 해당된다.

ㄴ. 북아시아 가스관 사업은 강점이 아닌 기회에 해당되므로 ST
  전략에 해당되지 않는다.

ㄹ. 높은 LNG 확보 능력이라는 강점을 이용해 높은 가스 공급단
  가라는 약점을 보완하는 것은 WT전략에 해당되지 않는다.

## 36 정답 ①

모든 조건을 고려하면 A의 고향은 부산, B의 고향은 춘천, E의
고향은 대전이고 C와 D의 고향은 각각 대구 또는 광주이다. 탑승
자에 따라 열차의 경유지를 나타내면 다음과 같다.

| 구분 | | 대전 | 대구 | 부산 | 광주 | 춘천 | 탑승자 |
|---|---|---|---|---|---|---|---|
| 경우 1 | 열차 1 | ○ | ○ | ○ | | | A, D, E |
| | 열차 2 | ○ | | ○ | | ○ | B |
| | 열차 3 | ○ | | | ○ | | C |
| 경우 2 | 열차 1 | ○ | | ○ | ○ | | A, D, E |
| | 열차 2 | ○ | | ○ | | ○ | B |
| | 열차 3 | ○ | ○ | | | | C |

따라서 E의 고향은 대전이다.

## 37 정답 ①

열차 2는 대전, 부산, 춘천을 경유하므로 36번으로부터 열차 2를
탈 수 있는 사람은 A, B, E이다.

## 38 정답 ③

열차 1이 광주를 경유하면 36번으로부터 경우 2에 해당하므로 C
의 고향은 대구로, 열차 3은 대구를 경유한다.

## 39　정답 ①

1순위부터 3순위 품목들을 20세트 구매 시 배송비를 제외한 총금액은 다음과 같다.
- 1순위 : 소고기, $62,000 \times 20 \times 0.9 = 1,116,000$원
- 2순위 : 참치, $31,000 \times 20 \times 0.9 = 558,000$원
- 3순위 : 돼지고기, $37,000 \times 20 = 740,000$원

2순위인 참치 세트 총금액이 1순위인 소고기 세트보다 $1,116,000 - 558,000 = 558,000$원 저렴하므로 세 번째 조건에 따라 차순위인 참치 세트를 준비한다. 마지막 조건에 따라 배송비를 제외한 총금액이 50만 원 이상이므로 6순위 김 세트는 준비하지 않는다. 따라서 K공사에서 설 선물로 준비하는 상품은 B업체의 참치이다.

## 40　정답 ②

B는 뒷면을 가공한 이후 A의 앞면 가공이 끝날 때까지 5분을 기다려야 한다. 즉, 뒷면 가공(15분) → 5분 기다림 → 앞면 가공(20분) → 조립(5분)이 이루어지므로 총 45분이 걸리고, 유휴 시간은 5분이다.

## 41　정답 ①

첫 번째 조건에서 원탁 의자에 임의로 번호를 적고 회의 참석자들을 앉혀 본다.

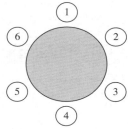

네 번째 조건에서 A와 B 사이에 2명이 앉으므로 임의로 1번 자리에 A가 앉으면 4번 자리에 B가 앉는다. 그리고 B자리 바로 왼쪽에 F가 앉기 때문에 F는 5번 자리에 앉는다. 만약 6번 자리에 C 또는 E가 앉게 되면 2번과 3번 자리에 D와 E 또는 D와 C가 나란히 앉게 되어 세 번째 조건에 부합하지 않는다. 따라서 6번 자리에 D가 앉아야 하고 두 번째 조건에서 C가 A 옆자리에 앉아야 하므로 2번 자리에 C가, 나머지 3번 자리에는 E가 앉게 된다. 따라서 나란히 앉게 되는 참석자들은 선택지 중 A와 D이다.

## 42　정답 ④

상궁 연봉은 $(11 \times 5) + (1 \times 7.12) = 62.12$냥으로, 보병 연봉의 2배인 $(3 \times 5) + (9 \times 2.5) \times 2 = 37.5 \times 2 = 75$냥보다 적다.

### 오답분석

① 1냥의 가치는 보병 연봉을 기준으로 계산하면 $1,500,000 \div [(3 \times 5) + (9 \times 2.5)] = 40,000$원/냥이다. 따라서 18세기 조선의 1푼의 가치는 400원/푼이므로 옳은 내용이다.

② 기병 연봉은 종9품 연봉보다 콩 1섬, 면포 9필이 더 많고, 정5품보다는 쌀 10섬만큼 적고, 콩 1섬, 면포 9필만큼 많다. 따라서 쌀 10섬이 50냥이고, 콩 1섬과 면포 9필이 $(1 \times 7.12) + (9 \times 2.5) = 29.62$냥이므로 정5품 연봉이 더 많다.

③ 정1품 관료의 12년치 연봉은 $12 \times [(25 \times 5) + (3 \times 7.12)] = 1,756.32$냥이고, 100칸 기와집의 가격은 2,165냥이므로 기와집의 가격이 더 높다.

⑤ 나인의 1년치 연봉은 $(5 \times 5) + (1 \times 7.12) = 32.12$냥으로, 소고기 40근 가격인 $40 \times 0.7 = 28$냥 이상이다.

## 43　정답 ⑤

- 갑이 화장품 세트를 구매하는 데 든 비용
  - 화장품 세트 : 29,900원
  - 배송비 : 3,000원(∵ 일반배송상품이지만 화장품 상품은 30,000원 미만 주문 시 배송비 3,000원 부과)
- 을이 책 3권을 구매하는 데 든 비용
  - 책 3권 : 30,000원(∵ 각각 10,000원)
  - 배송비 : 무료(∵ 일반배송상품, 도서상품은 배송비 무료)

따라서 물건을 구매하는 데 갑은 32,900원, 을은 30,000원이 든다.

## 44　정답 ②

- 사과 한 박스의 가격 : $32,000 \times 0.75(25\%$ 할인$) = 24,000$원
- 배송비 : 무료(∵ 일반배송상품, 도서지역에 해당되지 않음)
- 최대 배송 날짜 : 일반배송상품은 결제완료 후 평균 2 ~ 4일 이내 배송되므로(공휴일 및 연휴 제외) 금요일 결제 완료 후 토요일, 일요일을 제외하고 늦어도 12일 목요일까지 배송된다.

## 45　정답 ④

보기의 자료에 대하여 생산한 공장을 기준으로 분류할 경우 중국, 필리핀, 멕시코, 베트남, 인도네시아 5개로 분류할 수 있다.

## 46　정답 ②

- 생산한 시대를 기준으로 생산연도가 잘못 표시된 경우
  - CY87068506(1990년대)
  - VA27126459(2010년대)
  - MY03123268(1990년대)
  - CZ11128465(2000년대)
  - MX95025124(1980년대)
  - VA07107459(2010년대)
  - CY12056487(1990년대)
- 1 ~ 12월의 번호인 01 ~ 12번호가 아닌 경우
  - VZ08203215
  - IA12159561
  - CZ05166237
  - PZ04212359

따라서 잘못 기입된 시리얼 번호는 11개이다.

## 47
정답 ①

사원별 성과지표의 평균을 구하면 다음과 같다.
- A사원 : $(3+3+4+4+4)÷5=3.6$
- B사원 : $(3+3+3+4+4)÷5=3.4$
- C사원 : $(5+2+2+3+2)÷5=2.8$
- D사원 : $(3+3+2+2+5)÷5=3$
- E사원 : $(4+2+5+3+3)÷5=3.4$

즉, A사원만 당해 연도 연봉에 1,000,000원이 추가된다.
각 사원의 당해 연도 연봉을 구하면 다음과 같다.
- A사원 : 300만$+(3×300만)+(3×200만)+(4×100만)$
  $+(4×150만)+(4×100만)+100만=33,000,000$원
- B사원 : 300만$+(3×300만)+(3×200만)+(3×100만)$
  $+(4×150만)+(4×100만)=31,000,000$원
- C사원 : 300만$+(5×300만)+(2×200만)+(2×100만)$
  $+(3×150만)+(2×100만)=30,500,000$원
- D사원 : 300만$+(3×300만)+(3×200만)+(2×100만)$
  $+(2×150만)+(5×100만)=28,000,000$원
- E사원 : 300만$+(4×300만)+(2×200만)+(5×100만)$
  $+(3×150만)+(3×100만)=31,500,000$원

따라서 가장 많은 연봉을 받을 직원은 A사원이다.

## 48
정답 ①

제시된 상황은 고객의 요구가 빠르게 변화하는 사회에서 현재의 상품에 안주하다가는 최근 냉동핫도그 고급화 전략을 내세우는 곳들에게 뒤처질 수 있다는 문제를 인식하고, 그에 대한 문제 상황을 해결하기 위해 신제품 개발에 대해 논의하는 내용이다.

**문제해결 절차 5단계**

| | |
|---|---|
| 문제인식 | 'What'을 결정하는 단계로, 해결해야 할 전체 문제를 파악하여 우선순위를 정하고, 선정문제에 대한 목표를 명확히 하는 단계 |
| 문제도출 | 선정된 문제를 분석하여 해결해야 할 것이 무엇인지를 명확히 하는 단계 |
| 원인분석 | 파악된 핵심문제에 대한 분석을 통해 근본 원인을 도출해 내는 단계 |
| 해결안 개발 | 문제로부터 도출된 근본 원인을 효과적으로 해결할 수 있는 최적의 해결방안을 수립하는 단계 |
| 해결안 실행 및 평가 | 해결안 개발에서 수립된 실행계획을 실제 상황에 적용하는 활동으로, 당초 장애가 되는 문제 원인들을 해결안을 사용하여 제거해 나가는 단계 |

## 49
정답 ③

제시된 문제를 해결하기 위해서는 고급화에 맞춰 시장을 공략하기 위해 새로운 관점으로 사고를 전환하는 능력이 필요하다.

**문제해결을 위한 기본적 사고**

| | |
|---|---|
| 전략적 사고 | 문제와 해결방안이 상위 시스템 또는 다른 문제와 어떻게 연결되어 있는지를 생각하는 것 |
| 분석적 사고 | 전체를 각각의 요소로 나누어 그 요소의 의미를 도출한 다음 우선순위를 부여하고 구체적인 문제 해결 방법을 실행하는 것 |
| 발상의 전환 | 기존의 사물과 세상을 바라보는 인식의 틀을 전환하여 새로운 관점에서 바라보는 사고를 지향 |
| 내외부 자원의 효과적 활용 | 문제해결 시 기술, 재료, 방법, 사람 등 필요한 자원 확보 계획을 수립하고 모든 자원을 효과적으로 활용하는 것 |

## 50
정답 ③

제시된 직원 투표 결과를 정리하면 다음과 같다.

(단위 : 표)

| 여행 상품 | 1인당 비용(원) | 총무 팀 | 영업 팀 | 개발 팀 | 홍보 팀 | 공장 1 | 공장 2 | 합계 |
|---|---|---|---|---|---|---|---|---|
| A | 500,000 | 2 | 1 | 2 | 0 | 15 | 6 | 26 |
| B | 750,000 | 1 | 2 | 1 | 1 | 20 | 5 | 30 |
| C | 600,000 | 3 | 1 | 0 | 1 | 10 | 4 | 19 |
| D | 1,000,000 | 3 | 4 | 2 | 1 | 30 | 10 | 50 |
| E | 850,000 | 1 | 2 | 0 | 2 | 5 | 5 | 15 |
| 합계 | | 10 | 10 | 5 | 5 | 80 | 30 | 140 |

㉠ 가장 인기 높은 여행상품은 D이다. 그러나 공장1의 고려사항은 회사에 손해를 줄 수 있으므로, 2박 3일 여행상품이 아닌 1박 2일 여행상품 중 가장 인기 있는 B가 선택된다. 따라서 $750,000×140=105,000,000$원이 필요하므로 옳다.
㉢ 공장1의 A, B 투표 결과가 바뀐다면 여행상품 A, B의 투표 수가 31표, 25표가 되어 선택되는 여행상품이 A로 변경된다.

**오답분석**
㉡ 가장 인기 높은 여행상품은 D이므로 옳지 않다.

# 제3회 모의고사 정답 및 해설

| 01 | 02 | 03 | 04 | 05 | 06 | 07 | 08 | 09 | 10 |
|---|---|---|---|---|---|---|---|---|---|
| ⑤ | ① | ④ | ② | ③ | ⑤ | ④ | ③ | ③ | ② |
| 11 | 12 | 13 | 14 | 15 | 16 | 17 | 18 | 19 | 20 |
| ③ | ⑤ | ③ | ③ | ⑤ | ③ | ② | ④ | ④ | ③ |
| 21 | 22 | 23 | 24 | 25 | 26 | 27 | 28 | 29 | 30 |
| ① | ③ | ⑤ | ② | ② | ① | ③ | ② | ① | ④ |
| 31 | 32 | 33 | 34 | 35 | 36 | 37 | 38 | 39 | 40 |
| ③ | ① | ③ | ② | ④ | ② | ⑤ | ④ | ④ | ③ |
| 41 | 42 | 43 | 44 | 45 | 46 | 47 | 48 | 49 | 50 |
| ① | ① | ① | ① | ⑤ | ④ | ① | ⑤ | ③ | ① |

## 01
정답 ⑤

서울 ↔ 부산 왕복 시 3인 기준 고속버스 운임은 205,200원이며 승용차를 이용할 때는 165,000원이다. '사랑여행 KTX 묶음상품'을 이용할 때 서울 ↔ 부산 왕복 운임이 179,400원이므로 고속버스보다는 저렴하지만 승용차보다는 비싸기 때문에 적절하지 않다.

## 02
정답 ①

A지점에서 B지점까지의 거리를 $5a$km라 하고, K열차의 처음 속도를 $x$km/min이라 하면 G열차의 속도는 $(x-3)$km/min이다.

$$\frac{5a}{x-3}=\frac{4a}{x}+\frac{a}{x-5} \rightarrow \frac{5}{x-3}=\frac{4}{x}+\frac{1}{x-5}$$

$$\rightarrow 5x(x-5)=4(x-3)(x-5)+x(x-3)$$

$$\rightarrow 5x^2-25x=4(x^2-8x+15)+x^2-3x \rightarrow 10x=60$$

$$\therefore x=6$$

따라서 K열차의 처음 출발 속도는 6km/min이다.

## 03
정답 ④

ㄴ. 2020년 대비 2023년 모든 분야의 침해사고 건수는 감소하였으나, 50% 이상 줄어든 것은 스팸릴레이 한 분야이다.

ㄹ. 기타 해킹 분야의 2023년 침해사고 건수는 2021년 대비 증가했으므로 옳지 않은 설명이다.

**오답분석**

ㄱ. 단순침입시도 분야의 침해사고는 매년 스팸릴레이 분야의 침해사고 건수의 두 배 이상인 것을 확인할 수 있다.

ㄷ. 2022년 홈페이지 변조 분야의 침해사고 건수가 차지하는 비중은 $\frac{5,216}{16,135}\times100 ≒ 32.3\%$로, 35% 이하이다.

## 04
정답 ②

두 번째와 세 번째 조건에 따라 A는 가위를 내지 않았고 B는 바위를 내지 않았다. 따라서 A가 바위를 내고 B가 가위를 낸 경우, A가 바위를 내고 B가 보를 낸 경우, A가 보를 내고 B가 가위를 낸 경우, A와 B가 둘 다 보를 낸 경우 총 4가지로 나누어 조건을 따져보면 다음과 같다.

| 구분 | A | B | C | D | E | F |
|---|---|---|---|---|---|---|
| 경우 1 | 바위 | 가위 | 바위 | 가위 | 바위 | 보 |
| 경우 2 | 바위 | 보 | 바위 | 보 | 가위 | 보 |
| 경우 3 | 보 | 가위 | 보 | 가위 | 바위 | 가위 |
| 경우 4 | 보 | 보 | 보 | 보 | 가위 | 가위 |

따라서 A와 B가 모두 보를 낸 경우에만 모든 조건을 만족하므로, E와 F가 이겼다.

## 05
정답 ③

ㄴ. 제시문은 어떤 기계를 선택해야 비용을 최소화할 수 있는지에 대해 고려하고 있다.

ㄷ. • A기계를 선택하는 경우
  - (비용)=(임금)+(임대료)=(8,000×10)+10,000
    =90,000원
  - (이윤) : 100,000−90,000=10,000원
 • B기계를 선택하는 경우
  - (비용)=(임금)+(임대료)=(7,000×8)+20,000
    =76,000원
  - (이윤) : 100,000−76,000=24,000원

따라서 합리적인 선택은 B기계를 선택하는 경우로 24,000원의 이윤이 발생한다.

**오답분석**

ㄱ. B기계를 선택하는 경우가 A기계를 선택하는 경우보다 14,000원(=24,000−10,000)의 이윤이 더 발생한다.

ㄹ. A기계를 선택하는 경우 비용은 90,000원이다.

## 06

U-City 사업이 지능화시설물 구축 혹은 통합운영센터의 건설로 표면화되었지만, 공공주도 및 공급자 중심의 스마트도시 시설투자는 정책 수혜자인 시민의 체감으로 이어지지 못하는 한계가 발생하게 된다. 또한 대기업의 U-City 참여 제한 등으로 성장 동력이 축소되는 과정을 겪어왔다.

## 07

정답 ④

성과 이름은 붙여 쓰고 이에 덧붙는 호칭어, 관직명 등은 띄어 써야 하므로 '김민관 씨'가 올바른 표기이다. 따라서 ④는 옳지 않다.

## 08

정답 ③

제시문은 철학에서의 '부조리'에 대한 개념을 설명하는 글이다. 따라서 부조리의 개념을 소개하는 (나) 문단이 나오고, 부조리라는 개념을 도입하고 설명한 알베르 카뮈에 대해 설명하고 있는 (라) 문단이 나오는 것이 적절하다. 다음으로 앞 문단의 연극의 비유에 관해 설명하고 있는 (가) 문단이 오고, 이에 대한 결론을 제시하는 (다) 문단 순서로 나열하는 것이 적절하다.

## 09

정답 ③

신용카드의 공제율은 15%이고, 체크카드의 공제율은 30%이기 때문에 공제받을 금액은 체크카드를 사용했을 때 더 유리하다.

### 오답분석

② 연봉의 25%를 초과 사용한 범위가 공제의 대상에 해당된다. 연봉 35,000,000원의 25%는 8,750,000원이므로 현재까지 사용한 금액 6,000,000원에 2,750,000원을 초과하여 더 사용해야 공제받을 수 있다.

④ 사용한 금액 5,750,000원에서 더 사용해야 하는 금액인 2,750,000원을 뺀 3,000,000원이 공제대상금액이 된다. 이는 체크카드 사용금액 내에 포함되므로 공제율 30%를 적용하여 900,000원이 소득공제금액이다.

⑤ 사용한 금액 5,000,000원에서 더 사용해야 하는 금액인 2,750,000원을 뺀 2,250,000원이 공제대상금액이 된다. 이는 체크카드 사용금액 내에 포함되므로 공제율 30%를 적용하여 675,000원이 소득공제금액이다.

## 10

정답 ②

K씨의 신용카드 사용금액은 총 6,500,000원이고, 추가된 현금영수증 금액은 5,000,000원이다. 그리고 변경된 연봉의 25%는 $40,000,000 \times 0.25 = 10,000,000$원이다. 즉, 15,000,000원에서 10,000,000원을 차감한 5,000,000원에 대해 공제가 가능하며, 현금영수증 사용금액 내에 포함되므로 공제율 30%를 적용한 1,500,000원이 소득공제금액이 된다. 제시된 과표에 따르면 연봉 40,000,000원에 해당하는 세율은 15%이고, 이를 소득공제금액에 적용하면 세금은 $1,500,000 \times 0.15 = 225,000$원이다.

## 11

정답 ③

2022년 E강사의 수강생 만족도는 3.2점이므로 2023년 E강사의 시급은 2022년과 같은 48,000원이다. 2023년 시급과 수강생 만족도를 참고하여 2024년 강사별 시급과 2023년과 2024년의 시급 차이를 구하면 다음과 같다.

| 강사 | 2024년 시급 | (2024년 시급)− (2023년 시급) |
|---|---|---|
| A | $55,000(1+0.05)$ $=57,750$원 | $57,750-55,000$ $=2,750$원 |
| B | $45,000(1+0.05)$ $=47,250$원 | $47,250-45,000$ $=2,250$원 |
| C | $54,600(1+0.1)$ $=60,060$원 → 60,000원 (∵ 시급의 최대) | $60,000-54,600$ $=5,400$원 |
| D | $59,400(1+0.05)$ $=62,370$원 → 60,000원 (∵ 시급의 최대) | $60,000-59,400$ $=600$원 |
| E | 48,000원 | $48,000-48,000=0$원 |

따라서 2023년과 2024년의 시급 차이가 가장 큰 강사는 C이다.

### 오답분석

① E강사의 2023년 시급은 48,000원이다.

② 2024년 D강사의 시급과 C강사의 시급은 60,000원으로 같음을 알 수 있다(∵ 강사가 받을 수 있는 최대 시급 60,000원).

④ 2023년 C강사의 시급 인상률을 $a$%라고 하면

$$52,000\left(1+\frac{a}{100}\right)=54,600 \rightarrow 520a=2,600$$

∴ $a=5$

즉, 2023년 C강사의 시급 인상률은 5%이므로, 2022년 수강생 만족도 점수는 4.0점 이상 4.5점 미만이다.

⑤ 2024년 A강사와 B강사의 시급 차이는 $57,750-47,250=$ 10,500원이다.

## 12 정답 ⑤

- 1 Set : 프랑스의 B와인이 반드시 포함된다(B와인 60,000원). 인지도와 풍미가 가장 높은 것은 영국 와인이지만 영국 와인은 65,000원이므로 포장비를 포함하면 135,000원이 되기 때문에 세트를 구성할 수 없다. 가격이 되는 한도에서 인지도와 풍미가 가장 높은 것은 이탈리아 와인이다.
- 2 Set : 이탈리아의 A와인이 반드시 포함된다(A와인 50,000원). 모든 와인이 가격 조건에 해당하고, 와인 중 당도가 가장 높은 것은 포르투갈 와인이다.

## 13 정답 ③

코드 생성 방법에 따른 A~E물품의 코드는 다음과 같다.
- A물품 : CTT－A－21－11－1
- B물품 : GAT－E－19－07－1
- C물품 : SLT－E－18－10－1
- D물품 : PDT－H－16－12－0
- E물품 : PST－S－20－08－0

C물품의 경우 중고가 아닌 새 제품으로 구매하였으므로 SLT－E－18－10－0의 ③은 옳지 않다.

## 14 정답 ③

A~E물품의 처분가를 구하면 다음과 같다.
- A물품 : 55만×(1－0.4)＝33만 원
- B물품 : 30만×(1－0.2)＝24만 원
- C물품 : 35만×(1－0.5)≒17만 원
- D물품 : 80만×(1－0.25)×0.5＝30만 원
- E물품 : 16만×(1－0.25)×0.5＝6만 원

따라서 A~E물품을 모두 처분할 경우 받을 수 있는 총금액은 33＋24＋17＋30＋6＝110만 원이다.

## 15 정답 ⑤

유효기간이 10년 이상 남은 물품은 A, C, D이며, 이를 제휴 업체를 통해 처분할 경우 구매가격의 총합인 55＋35＋80＝170만 원의 80%에 해당하는 170×0.8＝136만 원을 받을 수 있다.

## 16 정답 ③

문장은 되도록 간결체로 쓰는 것이 의미 전달에 효과적이며, 행은 문장마다 바꾸는 것이 아니라 그 내용에 따라 적절하게 바꾸어 문서가 난잡하게 보이지 않도록 하여야 한다.

## 17 정답 ②

제시문은 정부가 '국가 사이버안보 기본계획'을 토대로 사이버 위협에 대응하고 사이버안보 체계를 구축하기 위한 정부의 계획에 대해 설명하고 있다.

**오답분석**

① 제시문에 국가 부처별로 사이버보안 체계를 구축하기 위한 계획이 나타나 있으나, 그 유형에 대한 설명은 아니다.
③ 제시문은 정부의 계획을 설명하는 글로, 정부기관과 사이버보안의 관련성을 설명하는 글로 볼 수 없다.
④ 제시문은 정보통신보안시설 차원의 사이버보안이 아닌 국가 차원의 사이버보안에 대한 글이다.
⑤ 제시문은 사이버보안 위협에 대응하기 위한 정부의 계획을 설명하는 글로, 그 분야의 미래에 대한 내용은 아니다.

## 18 정답 ④

밑줄 친 ⊙은 공문서이다. 공문서는 정부 행정기관에서 대내적 혹은 대외적 공무를 집행하기 위해 작성하는 문서를 의미하며, 정부기관이 일반회사 또는 단체로부터 접수하는 문서 및 일반회사에서 정부기관을 상대로 사업을 진행하려고 할 때 작성하는 문서도 포함한다.
엄격한 규격과 양식에 따라 정당한 권리를 가진 사람이 작성해야 하며 최종 결재권자의 결재가 있어야 문서로서의 기능이 성립된다.

**오답분석**

① 비즈니스 메모에 대한 설명으로, 그 종류로는 전화 메모, 회의 메모, 업무 메모 등이 있다.
② 보고서에 대한 설명으로, 그 종류로는 영업보고서, 결산보고서, 일일업무보고서, 주간업무보고서, 출장보고서, 회의보고서 등이 있다.
③ 기안서에 대한 설명으로, 흔히 사내 공문서로 불린다.
⑤ 기획서에 대한 설명이다.

## 19 정답 ④

밀그램의 예상과 달리 65퍼센트의 사람들이 사람에게 분명히 해가 되는 450V까지 전압을 올렸고, 일부 실험자만이 '불복종'하였다.

## 20 정답 ④

1층에서 16층까지는 15층 차이이므로 0.2×15＝3kPa이 떨어진다. 따라서 16층의 기압은 200－3＝197kPa이다.

## 21

㉠ 노숙자쉼터 봉사자는 800명으로, 이 가운데 30대는 118명이다. 따라서 노숙자쉼터 봉사자 중 30대가 차지하는 비율은 $\frac{118}{800} \times 100 = 14.75\%$이다.

㉢ 무료급식소 봉사자 중 40 ~ 50대는 274+381=655명으로, 전체 1,115명의 절반 이상이다.

**오답분석**

㉡ 전체 봉사자 중 50대의 비율은 $\frac{1,500}{5,000} \times 100 = 32\%$이고, 20대의 비율은 $\frac{650}{5,000} \times 100 = 13\%$이다. 따라서 전체 봉사자 중 50대의 비율은 20대의 $\frac{32}{13} = 2.5$배이다.

㉣ 전체 보육원 봉사자는 총 2,000명으로, 이 중 30대 이하 봉사자는 148+197+405=750명이다. 따라서 전체 보육원 봉사자 중 30대 이하가 차지하는 비율은 $\frac{750}{2,000} \times 100 = 37.5\%$이다.

## 22

전체 실적은 45+50+48+42=185억 원이며, 1 ~ 2분기와 3 ~ 4분기의 실적의 비중을 각각 구하면 다음과 같다.

• 1 ~ 2분기 비중 : $\frac{45+50}{185} \times 100 = 51.4\%$

• 3 ~ 4분기 비중 : $\frac{48+42}{185} \times 100 = 48.6\%$

## 23

사망자가 30명 이상인 사고를 제외한 나머지 사고는 A, C, D, F이다. 네 사고를 화재규모가 큰 순, 복구비용이 많은 순으로 각각 나열하면 다음과 같으므로 ⑤는 옳은 설명이다.

• 화재규모 : A − D − C − F

• 복구비용 : A − D − C − F

**오답분석**

① 터널길이가 긴 순, 사망자가 많은 순으로 사고를 각각 나열하면 다음과 같다.

• 터널길이 : A − D − B − C − F − E

• 사망자 수 : E − B − C − D − A − F

따라서 터널길이와 사망자 수는 관계가 없다.

② 화재규모가 큰 순, 복구기간이 긴 순으로 사고를 각각 나열하면 다음과 같다.

• 화재규모 : A − D − C − E − B − F

• 복구기간 : B − E − F − A − C − D

따라서 화재규모와 복구기간은 관계가 없다.

③ 사고 A를 제외하고 복구기간이 긴 순, 복구비용이 많은 순으로 사고를 각각 나열하면 다음과 같다.

• 복구기간 : B − E − F − C − D

• 복구비용 : B − E − D − C − F

따라서 옳지 않은 설명이다.

④ 사고 A ~ E의 사고비용을 구하면 다음과 같다.

• 사고 A : 4,200억+1×5억=4,205억 원
• 사고 B : 3,276억+39×5억=3,471억 원
• 사고 C : 72억+12×5억=132억 원
• 사고 D : 312억+11×5억=367억 원
• 사고 E : 570억+192×5억=1,530억 원
• 사고 F : 18억+0×5억=18억 원

따라서 사고 A의 사고비용이 가장 많다.

## 24

3호선과 4호선의 7월 승차인원은 같으므로 1 ~ 6월 승차인원만 비교하면 다음과 같다.

• 1월 : 1,692−1,664=28만 명
• 2월 : 1,497−1,475=22만 명
• 3월 : 1,899−1,807=92만 명
• 4월 : 1,828−1,752=76만 명
• 5월 : 1,886−1,802=84만 명
• 6월 : 1,751−1,686=65만 명

따라서 3호선과 4호선의 승차인원 차이는 3월에 가장 컸다.

**오답분석**

① · ⑤ 제시된 자료를 통해 확인할 수 있다.

③ 8호선 7월 승차인원의 1월 대비 증가율은 $\frac{566-548}{548} \times 100 = 3.28\%$이다.

④ • 2호선의 2 ~ 7월의 전월 대비 증감 추이
: 감소 − 증가 − 감소 − 증가 − 감소 − 증가
• 8호선의 2 ~ 7월의 전월 대비 증감 추이
: 감소 − 증가 − 감소 − 증가 − 감소 − 증가
따라서 증감 추이는 동일하다.

## 25

호실별 환자 배치와 회진 순서는 다음과 같다.

| 101호<br>A, F환자 | 102호<br>C환자 | 103호<br>E환자 | 104호 |
|---|---|---|---|
| 105호 | 106호<br>D환자 | 107호<br>B환자 | 108호 |

병실 이동 시 소요되는 행동이 가장 적은 순서는 '101호 − 102호 − 103호 − 107호 − 106호'이다. 또한 환자 회진 순서는 A(09:40 ~ 09:50) → F(09:50 ~ 10:00) → C(10:00 ~ 10:10) → E(10:30 ~ 10:40) → B(10:40 ~ 10:50) → D(11:00 ~ 11:10)이다. 회진 규칙에 따라 101호부터 회진을 시작하고, 같은 방에 있는 환자는 연속으로 진료하기 때문에 A와 F환자를 진료한다. 따라서 회진할 때 3번째로 진료하는 환자는 C환자이다.

19 / 32

제3회 정답 및 해설

## 26             정답 ①

회진 순서는 A → F → C → E → B → D이므로 E환자는 B환자보다 먼저 진료한다.

**오답분석**

② 네 번째 진료 환자는 E이다.
③ 마지막 진료 환자는 D이다.
④ 회진은 11시 10분에 마칠 수 있다.
⑤ 10시부터 회진을 해도 마지막으로 진료하는 환자가 바뀌지 않는다.

## 27             정답 ③

제시된 사례에 따르면 혼잡한 시간대에도 같은 노선의 앞차를 앞지르지 못하는 버스 운행 규칙으로 인해 버스의 배차 간격이 일정하지 않은 문제가 나타났다.

## 28             정답 ②

A, B, C 셋 중 가해자가 1명, 2명, 3명인 경우를 각각 나누어 정리하면 다음과 같다.
ⅰ) 가해자가 1명인 경우
 • A 또는 C가 가해자인 경우 : 셋 중 두 명이 거짓말을 하고 있다는 B의 진술이 참이 되므로 성립하지 않는다.
 • B가 가해자인 경우 : B 혼자 거짓말을 하고 있으므로 한 명이 거짓말을 한다는 A, C의 진술이 성립한다.
ⅱ) 가해자가 2명인 경우
 • A와 B가 가해자인 경우 : A, B 중 한 명이 거짓말을 한다는 C의 진술과 모순된다.
 • A와 C가 가해자인 경우 : 가해자인 C는 거짓만을 진술해야 하나, A, B 중 한 명이 거짓말을 한다는 C의 진술이 참이 되므로 성립하지 않는다.
 • B와 C가 가해자인 경우 : 셋 중 한 명이 거짓말을 한다는 A의 진술과 모순된다.
ⅲ) 가해자가 3명인 경우
 A, B, C 모두 거짓말을 하므로 A, B, C 모두 가해자이다.
따라서 B가 가해자이거나 A, B, C 모두가 가해자이므로 확실히 가해자인 사람은 B이며, 확실히 가해자가 아닌 사람은 아무도 없다.

## 29             정답 ①

두 번째 문단에서 '강한 핵력의 강도가 겨우 0.5% 다르거나 전기력의 강도가 겨우 4% 다를 경우에도 탄소나 산소는 우주에서 합성되지 않는다. 따라서 생명 탄생의 가능성도 사라진다.'라고 했으므로 탄소가 없어도 생명은 자연적으로 진화할 수 있다고 한 ①은 제시문의 내용을 지지하고 있지 않다.

## 30             정답 ④

두 번째 문단에서 마이크로비드는 '면역체계 교란, 중추신경계 손상 등의 원인이 되는 잔류성유기오염물질을 흡착한다.'라고 하였다.

## 31             정답 ③

제시문은 가솔린 엔진과의 대조를 통해 디젤 엔진의 작동 원리와 특성을 설명하고 있다. 네 번째 문단의 '탄소가 많이 연결된 탄화수소물에 고온의 열을 가하면 탄소 수가 적은 탄화수소로 분해된다.'는 내용을 통해 탄소의 수가 많은 원유에 열을 가하면 탄소의 수가 적은 경유와 가솔린을 얻을 수 있다고 추론할 수 있다.

**오답분석**

① 경유는 가솔린보다 점성이 강하므로 손으로 만지면 경유가 더 끈적끈적할 것이다.
② 경유는 가솔린보다 훨씬 무거우므로 가솔린과 경유를 섞으면 경유가 가솔린 아래로 가라앉을 것이다.
④ 경유는 가솔린보다 증발하는 속도가 느리므로 가솔린이 경유보다 더 빨리 증발할 것이다.
⑤ 가솔린보다 경유가 에너지 밀도가 높으므로 같은 양의 연료를 태우면 경유가 더 큰 에너지를 발생시킬 것이다.

## 32             정답 ①

다섯 번째 문단에 따르면 디젤 엔진은 원리상 가솔린 엔진보다 더 튼튼하고 고장도 덜 난다.

**오답분석**

② 첫 번째 문단에 따르면 가솔린 엔진은 1876년에, 디젤 엔진은 1892년에 등장했다.
③ 다섯 번째 문단에 따르면 디젤 엔진에는 분진을 배출하는 문제가 있다. 그러나 디젤 엔진과 가솔린 엔진 중에 어느 것이 분진을 더 많이 배출하는지 언급한 내용은 없다.
④ 다섯 번째 문단에 따르면 디젤 엔진은 연료의 품질에 민감하지 않다.
⑤ 세 번째 문단에 따르면 가솔린 엔진의 압축비는 최대 12 : 1이고, 디젤 엔진은 25 : 1 정도이다. 따라서 디젤 엔진의 압축 비율이 가솔린 엔진보다 높다.

## 33             정답 ③

가장 필요한 정책의 비율에 대한 순위를 살펴보면 남성과 여성의 경우 1 ~ 4위까지는 정책이 같다. 하지만 5위를 볼 때 여성의 경우 '경찰의 신속한 수사'를, 남성의 경우 '접근이 쉬운 곳에서 가정폭력 예방교육 실시'가 필요하다고 봄으로써 순위가 서로 다름을 알 수 있다.

**오답분석**

① 가해자의 교정치료 프로그램 제공은 2.8%인 반면, 가해자에 대한 법적 조치 강화 정책이 필요하다고 보는 비율은 13.6%로 더 높음을 볼 때, 옳은 판단임을 알 수 있다.
② 폭력 허용적 사회문화의 개선 정책에 대해 여성은 24.2%, 남성은 25.7%로 다른 정책들보다 가장 필요하다고 보고 있다.
④ 상담, 교육 등 가해자의 교정치료 프로그램 제공 정책이 필요하다고 보는 비율은 전체의 2.8%로, 기타 항목을 제외하고 가장 낮음을 알 수 있다.
⑤ 가정폭력 관련 법 및 지원서비스 홍보 정책은 전체 비율로 보면 15.5%로, 두 번째로 높음을 알 수 있다.

## 34
정답 ②

• A업체

| 9 ① | 9 ① | 9 ① | 9 ① | 9 ① |

=50대(①은 무료)

$9 \times 5 \times 10$만=450만 원

450만 원에서 100만 원당 5만 원 할인=$4 \times 5$=20만 원

∴ $450-20$=430만 원

• B업체

| 8 ① | 8 ① | 8 ① | 8 ① | 8 ① | 5 |

=50대(①은 무료)

∴ $8 \times 5 \times 10$만=400만+$(5 \times 10$만$)$=450만 원

따라서 A업체가 20만 원 더 저렴하다.

## 35
정답 ④

먼저 층이 정해진 부서를 배치하고, 나머지 부서들의 층수를 결정해야 한다. 변경사항에서 연구팀은 기존 5층보다 아래층으로 내려가고, 영업팀은 기존 6층보다 아래층으로 내려간다. 또한, 생산팀은 연구팀보다 위층에 배치돼야 하지만 인사팀과의 사이에는 하나의 부서만 가능하므로 6층에 총무팀을 기준으로 5층 또는 7층 배치가 가능하다. 따라서 다음과 같이 4가지 경우가 나올 수 있다.

| 층수 | 경우 1 | 경우 2 | 경우 3 | 경우 4 |
|---|---|---|---|---|
| 7층 | 인사팀 | 인사팀 | 생산팀 | 생산팀 |
| 6층 | 총무팀 | 총무팀 | 총무팀 | 총무팀 |
| 5층 | 생산팀 | 생산팀 | 인사팀 | 인사팀 |
| 4층 | 탕비실 | 탕비실 | 탕비실 | 탕비실 |
| 3층 | 연구팀 | 영업팀 | 연구팀 | 영업팀 |
| 2층 | 전산팀 | 전산팀 | 전산팀 | 전산팀 |
| 1층 | 영업팀 | 연구팀 | 영업팀 | 연구팀 |

따라서 생산팀은 어느 경우에도 3층에 배치될 수 없다.

## 36
정답 ②

서울 지점의 C씨에게 배송할 제품과 경기남부 지점의 B씨에게 배송할 제품에 대한 기호를 모두 기록해야 한다.

• C씨 : MS11EISS
 - 재료 : 연강(MS)
 - 판매량 : 1box(11)
 - 지역 : 서울(E)
 - 윤활유 사용 : 윤활작용(I)
 - 용도 : 스프링(SS)
• B씨 : AHSS00SSST
 - 재료 : 초고강도강(AHSS)
 - 판매량 : 1set(00)
 - 지역 : 경기남부(S)
 - 윤활유 사용 : 밀폐작용(S)
 - 용도 : 타이어코드(ST)

## 37
정답 ⑤

(마) 문단의 주제는 공포증을 겪는 사람들의 상황 해석 방식과 공포증에서 벗어나는 방법이다. 공포증을 겪는 사람들의 행동 유형은 나타나 있지 않다.

## 38
정답 ④

충전지를 최대 용량을 넘어서 충전할 경우 발열로 인한 누액이나 폭발의 위험이 있다. 충전지를 충전하는 과정에서 충전지의 온도가 과도하게 상승한다면 최대 용량을 넘은 과충전을 의심할 수 있으므로 충전을 중지하는 것이 좋다.

**오답분석**

① 충전지를 크게 만들면 충전 용량과 방전 전류 세기를 증가시킬 수 있으나, 전극의 물질을 바꾸지 않는 한 공칭 전압은 변하지 않는다.
② 충전기의 전원 전압은 충전지의 공칭 전압보다 높아야 한다. 이때, 용량과 관계없이 리튬 충전지의 공칭 전압은 3.6V이므로 전원 전압이 3.6V보다 높은 충전기를 사용해야 한다.
③ 충전지를 방전 하한 전압 이하까지 방전시키면 충전지의 수명이 줄어들기 때문에 오래 사용하기 위해서는 방전 하한 전압 이하까지 방전시키지 않는 것이 좋으나, 니켈카드뮴 충전지의 경우 메모리 효과로 인해 완전히 방전되기 전 충전을 반복하면 충·방전 용량이 줄어든다.
⑤ 충전기로 리튬 충전지를 충전할 경우 만충전 전압에 이르면 정전압 회로로 전환하여 정해진 시간 동안 충전지에 공급하는 전압을 일정하게 유지한다. 그러나 공칭 전압은 변화하는 단자 전압의 평균일 뿐이므로 리튬 충전지의 만충전 전압이 3.6V인 것은 아니다.

## 39
정답 ④

(ㄷ)은 총계를 구하면 되고, 나머지는 총계에서 주어진 건수와 인원을 빼면 각 수치를 구할 수 있다.

(ㄹ) : $145-21-28-17-30-20$=29

**오답분석**

① (ㄱ) : $4,588-766-692-1,009-644-611$=866
② (ㄴ) : $241-27-25-49-31-36$=73
③ (ㄷ) : $33+24+51+31+32+31$=202
⑤ (ㅁ) : $2,490-338-180-404-566-436$=566

## 40

ㄴ. 2021년 고덕 차량기지의 안전체험 건수 대비 인원수는 $\frac{633}{33}$ ≒ 19.2명이며 도봉 차량기지의 안전체험 건수 대비 인원수인 $\frac{432}{24}$ = 18명보다 크다.

ㄷ. 2020년부터 2022년까지 고덕 차량기지의 안전체험 건수와 인원수는 둘 다 계속 감소하는 것으로 동일함을 알 수 있다.

**오답분석**

ㄱ. 2023년에 방화 차량기지 견학 안전체험 건수는 2022년과 동일한 29건이므로 옳지 않다.

ㄹ. 2023년 신내 차량기지의 안전체험 인원수는 2019년 대비 $\frac{692-385}{692}×100$ ≒ 44%로, 50% 미만 감소하였다.

## 41
정답 ①

SWOT 분석은 내부환경요인과 외부환경요인의 2개의 축으로 구성되어 있다. 내부환경요인은 자사 내부의 환경을 분석하는 것으로 자사의 강점과 약점으로 분석되며, 외부환경요인은 자사 외부의 환경을 분석하는 것으로 기회와 위협으로 구분된다.

## 42
정답 ①

A ~ E직원 가운데 C는 E의 성과급이 올랐다고 말했고, D는 E의 성과급이 줄었다고 말했으므로 C와 D 중 한 명은 거짓말을 하고 있다.
- C가 거짓말을 하고 있는 경우 : B, A, D 순으로 성과급이 올랐고, E와 C는 성과급이 줄어들었다.
- D가 거짓말을 하고 있는 경우 : B, A, D 순으로 성과급이 올랐고, C와 E도 성과급이 올랐지만, 순위는 알 수 없다.

따라서 어떤 경우이든 '직원 E의 성과급 순위를 알 수 없다.'는 ①의 진술은 항상 참이다.

## 43
정답 ①

조직은 다양한 사회적 경험과 사회적 지위를 토대로 한 개인의 집단이므로 동일한 내용을 제시하더라도 각 구성원은 서로 다르게 받아들이고 반응한다. 그렇기 때문에 조직 내에서 적절한 의사소통을 형성한다는 것은 결코 쉬운 일이 아니다.

**오답분석**

② 메시지는 고정되고 단단한 덩어리가 아니라 유동적이고 가변적인 요소이기 때문에 상호작용에 따라 다양하게 변형될 수 있다.

③·④·⑤ 제시된 갈등 상황에서는 표현 방식의 문제보다는 서로 다른 의견이 문제가 되고 있으므로 적절하지 않다.

## 44
정답 ①

제시문은 '발전'에 대한 개념을 설명하고 있다. 빈칸 앞에서는 발전에 대해 '모든 형태의 변화가 전부 발전에 해당하는 것은 아니다.'라고 하면서 '교통신호등'을 예로 들고, 빈칸 뒤에서는 '사태의 진전 과정에서 나중에 나타나는 것은 적어도 그 이전 단계에 내재적으로나마 존재했던 것의 전개에 해당한다는 것이다.'라고 서술하고 있다. 여기에 첫 번째 문장까지 고려한다면 빈칸에 들어갈 내용으로는 ①이 가장 적절하다.

## 45
정답 ⑤

네 번째 문단을 통해 물의 비열은 변하는 것이 아니라 고유한 특성이라는 내용을 확인할 수 있다.

## 46
정답 ④

선 그래프는 시간의 경과에 따른 수량의 변화를 선의 기울기로 나타내는 그래프로, 해당 자료를 표현하기에 적절하다.

**오답분석**

① 원 그래프 : 작성 시 정각 12시의 선을 시작선으로 하며, 이를 기점으로 하여 오른쪽으로 그리는 것이 보통이다. 또한 분할선은 구성비율이 큰 순서로 그리되, '기타' 항목은 구성 비율의 크기에 관계없이 가장 뒤에 그리는 것이 일반적이다.

② 점 그래프 : 지역 분포를 비롯하여 도시, 지방, 기업, 상품 등의 평가나 위치, 성격 등을 표시하는 데 주로 이용된다.

③ 띠 그래프 : 전체에 대한 부분의 비율을 나타낼 때 많이 쓰인다.

⑤ 꺾은선 그래프 : 시간이 흐름에 따라 변해가는 모습을 나타내는 데 많이 쓰인다. 날씨 변화, 에너지 사용 증가율, 물가의 변화 등을 나타내기에는 막대 그래프보다 꺾은선 그래프가 유용하다. 그래서 꺾은선 그래프를 읽을 때는 변화의 추이를 염두에 두고 자료를 분석하는 것이 좋다.

## 47
정답 ①

원 그래프는 전체 통계량에 대한 부분의 비율을 하나의 원의 내부에 부채꼴로 구분한 그래프로, 전체에 대한 구성 비율을 나타낼 때 적절한 도표이다.

## 48
정답 ⑤

편의를 위해 선택지를 바꾸면, 'GDP 대비 에너지 사용량은 B국이 A국보다 낮다.'로 나타낼 수 있다. 이때 GDP 대비 에너지 사용량은 원점에서 해당 국가를 연결한 직선의 기울기이므로 그래프에서 이를 살펴보면 B국이 A국보다 더 크다는 것을 알 수 있다. 따라서 옳지 않은 내용이다.

① 에너지 사용량이 가장 많은 국가는 최상단에 위치한 A국이고,
가장 적은 국가는 최하단에 위치한 D국이므로 옳은 내용이다.
② 원의 면적이 각 국가의 인구수에 정비례한다고 하였으므로 C
국과 D국의 인구수는 거의 비슷하다는 것을 알 수 있다. 그런
데 총 에너지 사용량은 C국이 D국에 비해 많으므로 1인당 에
너지 사용량은 C국이 D국보다 많음을 알 수 있다.
③ GDP가 가장 낮은 국가는 가장 왼쪽에 위치한 D국이고, 가장
높은 국가는 가장 오른쪽에 위치한 A국이므로 옳은 내용이다.
④ 분모가 되는 인구수는 B국이 더 크고, 분자가 되는 GDP는 B국
이 더 작으므로 1인당 GDP는 H국이 B국보다 높다는 것을 알
수 있다.

## 49
정답 ③

근무자 7은 5에게 연락이 가능하지 않으므로 ③은 옳지 않다.

## 50
정답 ①

연락이 가능한 방법을 표로 나타내면 다음과 같다.

|   |   | 1 |   | 6 |   |   |
|---|---|---|---|---|---|---|
|   |   | 3 |   | 6 |   |   |
| 2 |   |   | 4 |   | 6 |   |
|   | 8 |   |   | 1 | 6 |   |
|   |   | 7 |   | 2 | … |   |
|   |   |   |   | 3 | 6 |   |

근무자 2가 연락 가능한 근무자는 1, 3, 8이고, 6과 바로 연락할
수 있는 근무자는 1과 3이다. 따라서 2-1-6이든 2-3-6이든 2가
6에게 최대한 빠르게 연락하기 위해서는 중간에 1명만 거치면 된다.

# 제4회 모의고사 정답 및 해설

| 01 | 02 | 03 | 04 | 05 | 06 | 07 | 08 | 09 | 10 |
|----|----|----|----|----|----|----|----|----|----|
| ③ | ③ | ① | ③ | ③ | ② | ② | ② | ③ | ④ |
| 11 | 12 | 13 | 14 | 15 | 16 | 17 | 18 | 19 | 20 |
| ⑤ | ② | ③ | ② | ⑤ | ① | ⑤ | ④ | ② | ① |
| 21 | 22 | 23 | 24 | 25 | 26 | 27 | 28 | 29 | 30 |
| ② | ③ | ④ | ④ | ③ | ① | ① | ① | ③ | ④ |
| 31 | 32 | 33 | 34 | 35 | 36 | 37 | 38 | 39 | 40 |
| ③ | ③ | ⑤ | ③ | ③ | ② | ⑤ | ③ | ② | ④ |
| 41 | 42 | 43 | 44 | 45 | 46 | 47 | 48 | 49 | 50 |
| ③ | ② | ④ | ① | ③ | ④ | ⑤ | ⑤ | ③ | ④ |

## 01
정답 ③

제시된 논문에서는 '교통안전사업'을 시설 개선, '교통 단속', 교육 홍보 연구라는 3가지 범주로 나누어 '비용 감소 효과'를 분석하였고, 그 결과 사망자 사고비용 감소를 위해 가장 유효한 사업은 '교통 단속'이며, 중상자 및 경상자 사고비용 감소를 위해 가장 유효한 사업은 '보행환경 조성'으로 나타났다고 이야기한다. 따라서 논문의 내용을 4개의 단어로 요약하였을 때 적절하지 않은 단어는 '사회적 비용'이다.

## 02
정답 ③

빈칸의 앞부분에서는 K공사가 마닐라 신공항 사업에 참여하여 얻게 되는 이점에 대해 설명하고 있으며, 바로 앞 문장에서는 필리핀이 한국인들이 즐겨 찾는 대표적인 관광지임을 언급하고 있다. 따라서 빈칸에 들어갈 내용으로는 필리핀을 찾는 한국인 관광객들이 얻게 되는 이점과 관련된 ③이 가장 적절하다.

**오답분석**
①·②·⑤ 필리핀을 찾는 한국인 관광객과 관련이 없다.
④ K공사의 신공항 사업 참여로 인한 이점으로 보기 어렵다.

## 03
정답 ①

2022년 3개 기관의 전반적 만족도의 합은 $6.9+6.7+7.6=21.2$이고, 2023년 3개 기관의 임금과 수입 만족도의 합은 $5.1+4.8+4.8=14.7$이다. 따라서 2022년 3개 기관의 전반적 만족도의 합은 2023년 3개 기관의 임금과 수입 만족도의 합의 $\frac{21.2}{14.7}≒1.4$배이다.

## 04
정답 ③

2023년에 기업, 공공연구기관의 임금과 수입 만족도는 전년 대비 증가하였으나, 대학의 임금과 수입 만족도는 감소했으므로 옳지 않은 설명이다.

**오답분석**
① 2022년, 2023년 현 직장에 대한 전반적 만족도는 대학 유형에서 가장 높은 것을 확인할 수 있다.
② 2023년 근무시간 만족도에서는 공공연구기관과 대학의 만족도가 6.2로 동일한 것을 확인할 수 있다.
④ 사내분위기 측면에서 2022년과 2023년 공공연구기관의 만족도는 5.8로 동일한 것을 확인할 수 있다.
⑤ 2023년 직장유형별 근무시간에 대한 만족도의 전년 대비 감소율은 다음과 같다.
- 기업 : $\frac{6.5-6.1}{6.5}×100≒6.2\%$
- 공공연구기관 : $\frac{7.1-6.2}{7.1}×100≒12.7\%$
- 대학 : $\frac{7.3-6.2}{7.3}×100≒15.1\%$

따라서 2023년 근무시간에 대한 만족도의 전년 대비 감소율은 대학 유형이 15.1%로 가장 크기 때문에 옳은 설명이다.

## 05
정답 ③

업무 단계별 총 처리 비용을 계산하면 다음과 같다.
- 접수확인 : $500×54=27,000$원
- 서류심사 : $2,000×20=40,000$원
- 직무능력심사 : $1,000×38=38,000$원
- 학업성적심사 : $1,500×16=24,000$원
- 합격여부통지 : $400×54=21,600$원

따라서 총 처리 비용이 두 번째로 큰 업무 단계는 38,000원인 직무능력심사이다.

## 06
정답 ②

- 발송코드 : c4(충청지역에서 발송)
- 배송코드 : 304(경북지역으로 배송)
- 보관코드 : HP(고가품)
- 운송코드 : 115(15톤 트럭으로 배송)
- 서비스코드 : 01(당일 배송 서비스 상품)

## 07 정답 ②

제품 A의 분류코드는 코드 구성 순서대로 수도권인 경기도에서 발송되었으므로 a1, 울산지역으로 배송되므로 062, 냉동보관이 필요하므로 FZ, 5톤 트럭으로 운송되므로 105, 배송일을 7월 7일로 지정하였으므로 02가 연속되는 'a1062FZ10502'이다.

## 08 정답 ②

수건이나 휴지 등을 덧댄 후 마스크를 사용하면 밀착력이 감소해 미세입자 차단 효과가 떨어질 수 있다.

## 09 정답 ③

제시문의 맥락상 '뒤섞이어 있음'을 의미하는 '혼재(混在)'가 적절하다.
잠재(潛在) : 겉으로 드러나지 않고 속에 잠겨 있거나 숨어 있음

## 10 정답 ④

빈칸 앞에서는 치매안심센터의 효과적인 운영을 위한 정부차원의 적극적인 지원의 필요성을 다루고, 빈칸 뒤에서는 치매케어의 전문적 수행을 위한 노력과 정책적 지원의 필요성을 다루고 있다. 따라서 빈칸에 들어갈 접속어로는 '그 위에 더. 또는 거기에다 더'를 뜻하는 '또한'이 가장 적절하다.

## 11 정답 ⑤

2023년 지진발생 횟수의 2022년 대비 증가율이 가장 큰 지역은 6배 증가한 광주·전남이다. 지진발생 횟수가 전년 대비 증가한 지역만 보면 전북은 2배, 북한은 $\frac{25}{23} = 1.09$배, 서해는 $\frac{19}{6} =$ 3.17배, 남해는 $\frac{18}{11} = 1.64$배, 동해는 $\frac{20}{16} = 1.25$배 증가하였다. 따라서 2023년 전년 대비 지진발생 횟수의 증가율이 광주·전남 다음으로 두 번째로 높은 지역은 서해이다.

**오답분석**

① 연도별로 전체 지진발생 횟수 중 가장 많은 비중을 차지하는 지역은 해당연도에 지진발생 횟수가 가장 많은 지역이다. 지진발생 횟수가 가장 많은 지역은 2021년은 남해, 2022년과 2023년은 대구·경북으로 서로 다르다.

② 전체 지진발생 횟수 중 북한의 지진발생 횟수가 차지하는 비중은 2022년에 $\frac{23}{252} \times 100 = 9.1\%$, 2023년에 $\frac{25}{223} \times 100 =$ 11.2%이다. 따라서 11.2-9.1=2.1%p로, 5%p 미만 증가하였다.

③ 2021년 전체 지진발생 횟수 중 대전·충남·세종이 차지하는 비중은 $\frac{2}{44} \times 100 = 4.5\%$로, 2022년 전체 지진발생 횟수 중 동해가 차지하는 비중인 $\frac{16}{252} \times 100 = 6.3\%$보다 작다.

④ 전체 지진발생 횟수 중 수도권에서의 지진발생 횟수가 차지하는 비중을 분수로 나타내면 2021년에 $\frac{1}{44}$, 2022년에 $\frac{1}{252}$, 2023년에 $\frac{1}{223}$로 분자는 1로 동일하면서 분모는 2022년에 전년 대비 커졌다가 2023년에는 전년 대비 감소하였다. 따라서 2022년에는 비중이 전년 대비 감소하고, 2023년에는 비중이 전년 대비 증가했다.

## 12 정답 ②

7개의 팀을 두 팀씩 3개 조로 나누고, 한 팀은 부전승으로 둔다. 부전승 조가 될 수 있는 경우의 수는 7가지이고, 남은 6팀을 두 팀씩 3조로 나눌 수 있는 방법은 $_6C_2 \times _4C_2 \times _2C_2 \times \frac{1}{3!} = \frac{6 \times 5}{2}$
$\times \frac{4 \times 3}{2} \times 1 \times \frac{1}{3 \times 2} = 15$가지이다.
3개의 조로 나눈 다음 한 개의 조가 경기 후 부전승 팀과 시합을 하는 경우를 구하면 3가지가 나온다. 따라서 7개의 팀이 토너먼트로 경기를 할 수 있는 경우의 수는 7×15×3=315가지이다.

## 13 정답 ②

5월 10일의 가격을 $x$원이라고 하고, $x$값을 포함하여 평균을 구하면
$$\frac{400+500+300+x+400+550+300}{7} = 400과 같으므로$$
$x+2,450=2,800$
$\rightarrow x=2,800-2,450$
$\therefore x=350$

## 14 정답 ③

먼저 이슈 분석은 현재 수행하고 있는 업무에 가장 큰 영향을 미치는 핵심이슈 설정, 이슈에 대한 일시적인 결론을 예측해 보는 가설 설정, 가설검증계획에 의거하여 분석결과를 이미지화하는 Output 이미지 결정의 절차를 거쳐 수행된다. 다음으로 데이터 분석은 목적에 따라 데이터 수집 범위를 정하는 데이터 수집계획 수립, 정량적이고 객관적인 사실을 수집하는 데이터 수집, 수집된 정보를 항목별로 분류·정리한 후 의미를 해석하는 데이터 분석의 절차를 거쳐 수행된다. 마지막으로 원인 파악 단계에서는 이슈와 데이터 분석을 통해서 얻은 결과를 바탕으로 최종 원인을 확인한다. 따라서 원인 분석 단계는 ⓒ → ⑩ → ㉠ → ㉢ → ㉣ → ㉣의 순서로 진행된다.

## 15 정답 ⑤

A를 기준으로 A의 진술이 참인 경우와 A의 진술이 거짓인 경우가 있는데, 만약 A의 진술이 거짓이라면 B와 C가 모두 범인인 경우와 B와 C가 모두 범인이 아닌 경우로 나눌 수 있고, A의 진술이 참이라면 B가 범인인 경우와 C가 범인인 경우로 나눌 수 있다.

- A의 진술이 거짓이고, B와 C가 모두 범인인 경우 : B, C, D, E의 진술이 모두 거짓이 되어 5명이 모두 거짓말을 한 것이 되므로 조건에 어긋난다.
- A의 진술이 거짓이고, B와 C가 모두 범인이 아닌 경우 : B의 진술이 참이 되므로 C, D, E 중 1명만 거짓, 나머지는 참을 말한 것이 되어야 한다. C가 참이면 E도 반드시 참, C가 거짓이면 E도 반드시 거짓이므로 D가 거짓, C, E가 참을 말하는 것이 되어야 한다. 따라서 D와 E가 범인이 된다.
- A의 진술이 참이고, B가 범인인 경우 : B의 진술이 거짓이 되기 때문에 C, D, E 중 1명의 진술만 거짓, 나머지 진술은 참이 되어야 하므로 C, E의 진술이 참, D의 진술이 거짓이 된다. 따라서 B와 E가 범인이 된다.
- A의 진술이 참이고, C가 범인인 경우 : B의 진술이 참이 되기 때문에 C, D, E 중 1명의 진술만 참, 나머지 진술은 거짓이 되어야 하므로 C, E의 진술이 거짓, D의 진술이 참이 된다. 따라서 범인은 A와 C가 된다.

따라서 동시에 범인이 될 수 있는 사람을 나열한 것은 ⑤이다.

## 16
정답 ①

첫 번째 조건에 따라 1982년생인 B는 채용에서 제외되며, 두 번째 조건에 따라 영문학과 출신인 D와 1년의 경력을 지닌 E도 채용에서 제외된다. A와 C의 평가 점수는 다음과 같다.

(단위 : 점)

| 구분 | A | C |
| --- | --- | --- |
| 예상 출퇴근 소요시간 점수 | 6 | 9 |
| 희망연봉 점수 | 38 | 36 |
| 총 평가 점수 | 44 | 45 |

총 평가 점수가 낮은 사람의 순으로 채용을 고려하므로 점수가 더 낮은 A를 채용한다.

## 17
정답 ⑤

첫 번째 조건에 따라 1988년생인 A와 1982년생인 B, 1990년생인 D가 채용에서 제외된다. C와 E의 평가 점수는 다음과 같다.

(단위 : 점)

| 구분 | C | E |
| --- | --- | --- |
| 예상 출퇴근 소요시간 점수 | 27 | 9 |
| 희망연봉 점수 | 72 | 64 |
| 경력 점수 | -10 | -5 |
| 전공 점수 | -30 | -30 |
| 총 평가 점수 | 59 | 38 |

총 평가 점수가 낮은 사람 순서로 채용을 고려하므로 점수가 더 낮은 E를 채용한다.

## 18
정답 ④

응시원서 수수료 감면 신청 기간은 기능시험 시작일 기준으로 5일 전 18시까지이므로 환불 가능일과 동일한 5월 15일 18시까지 신청하여야 한다.

## 19
정답 ②

일그러진 달항아리, 휘어진 대들보, 삐뚜름한 대접에서 나타나는 미의식은 '형'의 어눌함을 수반하는 '상'의 세련됨이다.

## 20
정답 ①

미를 도덕이나 목적론과 연관시킨 톨스토이나 마르크스와 달리 칸트는 미에 대한 자율적 견해를 지녔다. 즉, 미적 가치를 도덕 등 다른 가치들과 관계없는 독자적인 것으로 본 것이다. 따라서 문학 작품을 감상할 때 다른 외부적 요소들은 고려하지 않고 작품 자체에만 주목하여 감상해야 한다는 절대주의적 관점이 이러한 칸트의 견해와 유사함을 추론할 수 있다.

## 21
정답 ②

제시문에서 옵트인 방식은 수신 동의 과정에서 발송자와 수신자 모두에게 비용이 발생한다고 했으므로 수신자의 경제적 손실을 막을 수 있다는 ②는 적절하지 않다.

## 22
정답 ③

산업 및 가계별로 지구온난화 유발 확률을 반영하여 대기배출량을 구하면 다음과 같다.

- 농업, 임업 및 어업
$$\left(10,400 \times \frac{30}{100}\right) + \left(810 \times \frac{20}{100}\right) + \left(12,000 \times \frac{40}{100}\right) + \left(0 \times \frac{10}{100}\right) = 8,082천 톤CO_2 eq.$$

- 석유, 화학 및 관련제품
$$\left(6,350 \times \frac{30}{100}\right) + \left(600 \times \frac{20}{100}\right) + \left(4,800 \times \frac{40}{100}\right) + \left(0.03 \times \frac{10}{100}\right) = 3,945.003천 톤CO_2 eq.$$

- 전기, 가스, 증기 및 수도사업
$$\left(25,700 \times \frac{30}{100}\right) + \left(2,300 \times \frac{20}{100}\right) + \left(340 \times \frac{40}{100}\right) + \left(0 \times \frac{10}{100}\right) = 8,306천 톤CO_2 eq.$$

- 건설업

$$\left(3,500 \times \frac{30}{100}\right) + \left(13 \times \frac{20}{100}\right) + \left(24 \times \frac{40}{100}\right) + \left(0 \times \frac{10}{100}\right)$$
$$= 1,062.2천 톤CO_2 eq.$$

- 가계부문

$$\left(5,400 \times \frac{30}{100}\right) + \left(100 \times \frac{20}{100}\right) + \left(390 \times \frac{40}{100}\right) + \left(0 \times \frac{10}{100}\right)$$
$$= 1,796천 톤CO_2 eq.$$

대기배출량이 많은 부문의 대기배출량을 줄여야 지구온난화 예방에 효과적이므로 '전기, 가스, 증기 및 수도사업' 부문의 대기배출량을 줄여야 한다.

## 23　　　　　　　　　　　　　　　　　정답 ④

미국의 점수 총합은 $4.2 + 1.9 + 5.0 + 4.3 = 15.4$점으로, 프랑스의 총점인 $5.0 + 2.8 + 3.4 + 3.7 = 14.9$점보다 높다.

### 오답분석
① 기술력 분야에서는 프랑스의 점수가 제일 높다.
② 성장성 분야에서 점수가 가장 높은 국가는 한국이고, 시장지배력 분야에서 점수가 가장 높은 국가는 미국이다.
③ 브랜드파워 분야에서 각국 점수 중 최댓값과 최솟값의 차이는 $4.3 - 1.1 = 3.2$점이다.
⑤ 시장지배력 분야의 점수는 일본이 1.7점으로, 3.4점인 프랑스보다 낮다.

## 24　　　　　　　　　　　　　　　　　정답 ④

- (가) 하드 어프로치 : 하드 어프로치에 의한 문제해결 방법은 상이한 문화적 토양을 가지고 있는 구성원을 가정하고, 서로의 생각을 직설적으로 주장하고 논쟁이나 협상을 통해 서로의 의견을 조정해 가는 방법이다.
- (나) 퍼실리테이션 : 퍼실리테이션이란 '촉진'을 의미하며, 어떤 그룹이나 집단이 의사결정을 잘 하도록 도와주는 일을 의미한다. 퍼실리테이션에 의한 문제해결 방법은 깊이 있는 커뮤니케이션을 통해 서로의 문제점을 이해하고 공감함으로써 창조적인 문제해결을 도모한다.
- (다) 소프트 어프로치 : 소프트 어프로치에 의한 문제해결 방법은 대부분의 기업에서 볼 수 있는 전형적인 스타일로 조직구성원들을 같은 문화적 토양을 가지고 이심전심으로 서로를 이해하는 상황을 가정한다.

## 25　　　　　　　　　　　　　　　　　정답 ③

주어진 조건에 의하면 D면접자와 E면접자는 2번과 3번 의자에 앉아 있고, A면접자는 1번과 8번 의자에 앉을 수 없다. B면접자는 6번 또는 7번 의자에 앉을 수 있다는 점과 A면접자와 C면접자 사이에는 2명이 앉지 않는다는 조건까지 모두 고려하면 A면접자와 B면접자가 서로 이웃해 있을 때, 다음과 같은 두 가지 경우를 확인할 수 있다.

- B면접자가 6번에 앉을 경우

| 구분 | 1 | 2 | 3 | 4 | 5 | 6 | 7 | 8 |
|---|---|---|---|---|---|---|---|---|
| 경우 1 | | D | E | | A | B | | C |
| 경우 2 | | D | E | C | | B | A | |
| 경우 3 | | D | E | A | | B | C | |
| 조건 | A (×) C (×) | | | | | | | A (×) |

- B면접자가 7번에 앉을 경우

| 구분 | 1 | 2 | 3 | 4 | 5 | 6 | 7 | 8 |
|---|---|---|---|---|---|---|---|---|
| 경우 1 | | D | E | C (×) | | A | B | |
| 경우 2 | | D | E | | | A | B | C (×) |
| 경우 3 | | D | E | | A | | B | C |
| 조건 | A (×) C (×) | | | | | | | A (×) |

→ B면접자가 7번에 앉는 경우 1과 경우 2에서는 A면접자와 C면접자 사이에 2명이 앉는다는 조건이 성립되지 않는다.

따라서 A면접자와 B면접자가 서로 이웃해 앉는다면 C면접자는 4번 또는 8번 의자에 앉을 수 있다.

### 오답분석
① 주어진 조건에 의하면 A면접자는 1번과 8번 의자에 앉지 않고, 2번과 3번 의자는 D면접자와 E면접자로 확정되어 있다. 그리고 C면접자와의 조건 때문에 6번 의자에도 앉을 수 없다. 따라서 A면접자는 4번, 5번, 7번 의자에 앉을 수 있으므로 A면접자가 4번에 앉는 것이 항상 옳다고 볼 수 없다.
② 주어진 조건에서 C면접자는 D면접자와 이웃해 앉지 않는다고 하였다. D면접자는 2번 의자로 확정되어 있으므로 C면접자는 1번 의자에 앉을 수 없다.
④ B면접자가 7번 의자에 앉고 A면접자와 B면접자 사이에 2명이 앉도록 하면, A면접자는 4번 의자에 앉아야 한다. 그런데 A면접자와 C면접자 사이에 2명이 앉는다는 조건이 성립되려면 C면접자는 1번 의자에 앉아야 하는데, C면접자는 D면접자와 이웃해 있지 않다고 하였으므로 옳지 않다.
⑤ C면접자가 8번에 앉는 것과는 상관없이 B면접자는 6번 또는 7번 의자에 앉을 수 있다. 따라서 B면접자가 6번에 앉는다는 것은 항상 옳다고 볼 수 없다.

## 26 정답 ①

제시문은 낙수 이론에 대해 설명하고, 그 실증적 효과를 언급한 후에 비판을 제기하고 있다. 따라서 낙수 이론의 실증적 효과에 대해 설명하는 (가)가 제시된 문단 바로 뒤에 와야 하며, 다음으로 비판을 제기하는 (나)가 그 뒤에 와야 한다. 또한, (라)에서는 제일 많이 제기되는 비판에 대해 다루고 있고, (다)에서는 '또한 제기된다.'라는 표현을 사용하고 있으므로 (라)가 (다) 앞에 오는 것이 적절하다. 따라서 이어질 문단을 순서대로 바르게 나열한 것은 ①이다.

## 27 정답 ①

제시문에서는 냉전의 기원을 서로 다른 관점에서 바라보고 있는 전통주의, 수정주의, 탈수정주의에 대해 각각 설명하고 있다.

② 여러 가지 의견을 제시할 뿐, 어느 의견에 대한 우월성을 논하고 있지는 않다.

## 28 정답 ①

E모델은 데이터가 없는 휴대폰이므로 E모델을 제외한 각 모델의 휴대폰 결정 계수를 구하면 다음과 같다.
• A모델 결정 계수
  : $24 \times 10,000 + 300,000 \times 0.5 + 34,000 \times 0.5 = 407,000$
• B모델 결정 계수
  : $24 \times 10,000 + 350,000 \times 0.5 + 38,000 \times 0.5 = 434,000$
• C모델 결정 계수
  : $36 \times 10,000 + 250,000 \times 0.5 + 25,000 \times 0.5 = 497,500$
• D모델 결정 계수
  : $36 \times 10,000 + 200,000 \times 0.5 + 23,000 \times 0.5 = 471,500$
따라서 K씨는 결정 계수가 가장 낮은 A모델을 구입한다.

## 29 정답 ③

2주 동안 듣는 강연은 총 5회이다. 그러므로 금요일 강연이 없는 주의 월요일에 첫 강연을 들었다면 5주 차 월요일 강연을 듣기 전까지 10개의 강연을 듣게 된다. 즉, 5주 차 월요일, 수요일 강연을 듣고 6주 차 월요일의 강연이 13번째 강연이 된다.
따라서 6주 차 월요일이 13번째 강연을 듣는 날이므로 8월 1일 월요일을 기준으로 35일 후가 된다. 8월은 31일까지 있기 때문에 $1 + 35 - 31 = 5$일, 즉 9월 5일이 된다.

## 30 정답 ④

ⓒ에는 약점을 보완하여 위협에 대비하는 WT전략이 들어가야 한다. ④의 전략은 풍부한 자본, 경영상태라는 강점을 이용하여 위협에 대비하는 ST전략이다.

① ㉠(WO전략) : 테크핀 기업과의 협업 기회를 통해 경영 방식을 배워 시중은행의 저조한 디지털 전환 적응력을 개선하려는 것이므로 적절하다.
② ㉠(WO전략) : 테크핀 기업과 협업을 하며, 이러한 혁신기업의 특성을 파악해 발굴하고 적극적으로 대출을 운영함으로써 전당포식의 소극적인 대출 운영이라는 약점을 보완할 수 있다는 것으로 적절하다.
③ ㉡(ST전략) : 오프라인 인프라가 풍부하다는 강점을 이용하여, 점유율을 높이고 있는 기업들에 대해 점유율 방어를 하고자 하는 전략이므로 적절하다.
⑤ ㉢(WT전략) : 디지털 문화에 소극적인 문화를 혁신하여 디지털 전환 속도를 높임으로써 테크핀 및 핀테크 기업의 점유율 잠식으로부터 방어하려는 내용이므로 적절하다.

## 31 정답 ③

최은빈을 제외한 대학 졸업자 중 (서류점수)+(필기시험 점수)+(개인 면접시험 점수)를 구하면 다음과 같다.
• 이선빈 : $84 + 86 + 35 = 205$점
• 유미란 : $78 + 88 + 32 = 198$점
• 김지은 : $72 + 92 + 31 = 195$점
• 이유리 : $92 + 80 + 38 = 210$점
따라서 이선빈과 이유리가 경영지원실에 채용된다.
경영지원실 채용 후 나머지 세 사람(유미란, 김지은, 최은빈)의 그룹 면접시험 점수와 영어시험 점수 합을 구하면 다음과 같다.
• 유미란 : $38 + 80 = 118$점
• 김지은 : $40 + 77 = 117$점
• 최은빈 : $39 + 78 = 117$점
따라서 유미란이 기획조정실에 채용되어 불합격자는 김지은, 최은빈이 된다.

## 32 정답 ②

변경된 직원 채용 규정에 따른 환산점수를 계산하면 다음과 같다.
• 이선빈 : $(84 \times 0.5) + 86 + 35 = 163$점
• 유미란 : $(78 \times 0.5) + 88 + 38 = 165$점
• 김지은 : $(72 \times 0.5) + 92 + 40 = 168$점
• 최은빈 : $(80 \times 0.5) + 82 + 40 = 162$점
• 이유리 : $(92 \times 0.5) + 80 + 38 = 164$점
따라서 가장 점수가 낮은 응시자 2명인 이선빈, 최은빈이 불합격자가 된다.

## 33 정답 ⑤

제시된 기사문은 미세먼지 특별법 제정과 시행 내용에 대해 설명하고 있다. 따라서 ⑤가 제목으로 가장 적절하다.

## 34
정답 ④

B대리는 A사원의 질문에 대해 명료한 대답을 하지 않고 모호한 태도를 보이고 있으므로 협력의 원리 중 태도의 격률을 어기고 있음을 알 수 있다.

## 35
정답 ②

전체 1인 가구 중 서울·인천·경기의 1인 가구 비율은
$\frac{1,012+254+1,045}{5,279}\times100\fallingdotseq43.78\%$이므로 옳은 설명이다.

**오답분석**

① 강원특별자치도의 1인 가구 비율은 $\frac{202}{616}\times100\fallingdotseq32.79\%$이고, 충청북도의 1인 가구 비율은 $\frac{201}{632}\times100\fallingdotseq31.80\%$이므로 강원특별자치도가 더 높다.

③ 도 지역 가구 수의 총합은 4,396+616+632+866+709+722+1,090+1,262+203=10,496천 가구이고, 서울특별시 및 광역시 가구 수는 19,017-10,496=8,521천 가구이므로 도 지역 가구 수의 총합이 더 크다.

④ 경기도를 제외한 도 지역 중 1인 가구 수가 가장 많은 지역은 경상북도이지만, 전체 가구 수가 가장 많은 지역은 경상남도이므로 옳지 않다.

⑤ 전라북도와 전라남도의 1인 가구 수 합의 2배는 (222+242)×2=928천 가구이므로 경기도의 1인 가구 수보다 적다.

## 36
정답 ⑤

살인 신고건수에서 여성 피해자가 남성 피해자의 2배일 때, 남성 피해자의 살인 신고건수는 1.32÷3=0.44백 건이다. 따라서 남성 피해자 전체 신고건수인 132×0.088=11.616백 건에서 살인 신고건수가 차지하는 비율은 $\frac{0.44}{11.616}\times100\fallingdotseq3.8\%$로, 3% 이상이다.

**오답분석**

① 데이트 폭력 신고건수는 피해유형별 신고건수를 모두 합하면 총 81.84+22.44+1.32+6.6+19.8=132백 건이다. 또한, 신고유형별 신고건수는 총 5.28+14.52+10.56+101.64=132백 건임을 알 수 있다.

② 112 신고로 접수된 건수는 체포감금, 협박 피해자로 신고한 건수의 $\frac{101.64}{22.44}\fallingdotseq4.5$배이다.

③ 남성 피해자의 50%가 폭행, 상해 피해자로 신고했을 때 신고건수는 132×0.088×0.5=5.808백 건이다. 이는 폭행, 상해의 전체 신고건수 중 $\frac{5.808}{81.84}\times100\fallingdotseq7.1\%$이다.

④ 방문신고 건수의 25%가 성폭행 피해자일 때 신고건수는 14.52×0.25=3.63백 건이다. 이는 전체 신고건수에서 $\frac{3.63}{132}\times100\fallingdotseq2.8\%$를 차지한다.

## 37
정답 ③

5장의 카드에서 2장을 뽑아 두 자리 정수를 만드는 경우의 수
: 4×4=16가지(∵ 십의 자리에는 0이 올 수 없음)
십의 자리가 홀수일 때와 짝수일 때를 나누어 생각해 보자.

• 십의 자리가 홀수, 일의 자리가 짝수일 경우의 수 : 2×3=6가지
• 십의 자리가 짝수, 일의 자리가 짝수일 경우의 수 : 2×2=4가지

따라서 구하는 확률은 $\frac{6+4}{16}=\frac{5}{8}$이다.

## 38
정답 ③

2014 ~ 2023년 평균 부채 비율은 (61.6+100.4+86.5+80.6+79.9+89.3+113.1+150.6+149.7+135.3)÷10=104.7%이므로 10년간의 평균 부채 비율은 90% 이상이다.

**오답분석**

① K공사의 자산과 부채는 2016년부터 8년간 꾸준히 증가한 것을 확인할 수 있다.

② 전년 대비 부채 비율이 증가한 해는 2015년, 2019년, 2020년, 2021년이고 연도별 부채 비율 증가폭을 계산하면 다음과 같다.
• 2015년 : 100.4-61.6=38.8%p
• 2019년 : 89.3-79.9=9.4%p
• 2020년 : 113.1-89.3=23.8%p
• 2021년 : 150.6-113.1=37.5%p
따라서 부채 비율이 전년 대비 가장 많이 증가한 해는 2015년이므로 옳은 설명이다.

③ 2023년의 자산과 자본은 10년 중 가장 많았지만, 그만큼 부채도 가장 많은 것을 확인할 수 있다.

⑤ 전년 대비 2018년 자본금 증가폭은 33,560-26,278=7,282억 원으로, 2015 ~ 2023년 중 자본금의 변화가 가장 크다.

## 39
정답 ③

한글 자음과 한글 모음의 치환 규칙은 다음과 같다.

• 한글 자음

| ㄱ | ㄴ | ㄷ | ㄹ | ㅁ | ㅂ | ㅅ |
|---|---|---|---|---|---|---|
| a | b | c | d | e | f | g |
| ㅇ | ㅈ | ㅊ | ㅋ | ㅌ | ㅌ | ㅎ |
| h | i | j | k | l | m | n |

• 한글 모음

| ㅏ | ㅑ | ㅓ | ㅕ | ㅗ | ㅛ | ㅜ |
|---|---|---|---|---|---|---|
| A | B | C | D | E | F | G |
| ㅠ | ㅡ | ㅣ | | | — | |
| H | I | J | | | — | |

• 6 : 토요일
• hJd ㅐ cE : 이래도
• aAenJ : 감히
• aIeaEdId : 금고를

- hDdgG : 열 수
- hJㅆcAaE : 있다고

6hJdㅐcEaAenJaIeaEdIdhDdgGhJㅆcAaE

→ 이래도 감히 금고를 열 수 있다고

## 40　　　　　　　　　　　　　정답 ④

오답분석

① 7hEeFnAcA → 일요일의 암호 '오묘하다'

② 3iJfhㅔaAbcA → 수요일의 암호 '집에간다'

③ 2bAaAbEdcA → 화요일의 암호 '나가놀다'

⑤ 1kAbjEgGiCh → 월요일의 암호 '칸초수정'

## 41　　　　　　　　　　　　　정답 ③

제시문에서는 개념을 이해하면서도 개념의 사례를 식별하지 못하는 경우, 개념의 사례를 식별할 수 있으나 개념을 이해하지 못하는 경우를 통해 개념의 사례를 식별하는 능력과 개념을 이해하는 능력은 서로 필요충분조건이 아니라고 주장한다. ③은 개념을 이해하지 못하면 개념의 사례를 식별하지 못하는 인공지능의 사례로, 오히려 개념의 사례를 식별해야만 개념을 이해할 수 있다는 주장을 강화한다. 따라서 제시문의 논지를 약화시키는 내용으로 ③이 가장 적절하다.

오답분석

① 개념을 이해하지 못해도 개념의 사례를 식별할 수 있다는 사례로, 제시문의 논지를 강화한다.

② 개념의 사례를 식별할 수 있으나 개념을 이해하지 못할 수 있다는 사례로, 제시문의 논지를 강화한다.

④ 침팬지가 정육면체 상자를 구별하는 것이 아니라 숨겨진 과자를 찾아내는 사례로, 제시문의 내용과 관련이 없다.

⑤ 개념의 사례를 식별할 수 없어도 개념을 이해할 수 있다는 사례로, 제시문의 논지를 강화한다.

## 42　　　　　　　　　　　　　정답 ②

제시문은 강이 붉게 물들고 산성으로 변화하는 이유인 티오바실러스와 강이 붉어지는 것을 막기 위한 방법에 대해 설명하고 있다. 따라서 (가) 철2가 이온($Fe^{2+}$)과 철3가 이온($Fe^{3+}$)의 용해도가 침전물 생성에 중요한 역할을 함 → (라) 티오바실러스가 철2가 이온($Fe^{2+}$)을 산화시켜 만든 철3가 이온($Fe^{3+}$)이 붉은 침전물을 만듦 → (나) 티오바실러스는 이황화철($FeS_2$)을 산화시켜 철2가 이온($Fe^{2+}$)과 철3가 이온($Fe^{3+}$)을 얻음 → (다) 티오바실러스에 의한 이황화철($FeS_2$)의 가속적인 산화를 막기 위해서는 광산의 밀폐가 필요함의 순서대로 나열하는 것이 적절하다.

## 43　　　　　　　　　　　　　정답 ④

ㄱ. 풍력의 경우 2021 ～ 2023년 동안 출원 건수와 등록 건수가 매년 증가하였으므로 옳지 않은 설명이다.

ㄷ. 2023년 등록 건수가 많은 상위 3개 기술 분야의 등록 건수 합은 2,126건(＝950＋805＋371)으로 2023년 전체 등록 건수(3,166건)의 약 67%를 차지한다. 따라서 옳지 않은 설명이다.

ㄹ. 2023년 출원 건수가 전년 대비 50% 이상 증가한 기술 분야는 태양광 / 열 / 전지, 석탄가스화, 풍력, 지열로 4개이므로 옳지 않은 설명이다.

오답분석

ㄴ. 2022년에 출원 건수가 전년 대비 감소한 기술 분야는 태양광 / 열 / 전지, 수소바이오 / 연료전지, 석탄가스화로 3개이다. 모두 2023년 등록 건수도 전년 대비 감소하였으므로 옳은 설명이다.

## 44　　　　　　　　　　　　　정답 ①

네 번째 조건에 따라 Q팀장은 토마토 파스타, S대리는 크림 리소토를 주문한다. 이때, L과장은 다섯 번째 조건에 따라 토마토 리소토나 크림 리소토를 주문할 수 있는데, 만약 L과장이 토마토 리소토를 주문한다면, 두 번째 조건에 따라 M대리는 토마토 파스타를 주문해야 하고, 사원들은 둘 다 크림소스가 들어간 메뉴를 주문할 수밖에 없으므로 조건과 모순이 된다. 따라서 L과장은 크림 리소토를 주문했다. 다음으로 사원 2명 중 1명은 크림 파스타, 다른 한 명은 토마토 파스타나 토마토 리소토를 주문해야 하는데, H사원이 파스타면을 싫어하므로 J사원이 크림 파스타, H사원이 토마토 리소토, M대리가 토마토 파스타를 주문했다.

다음으로 일곱 번째 조건에 따라 J사원이 사이다를 주문하였고, H사원은 J사원과 다른 음료를 주문해야 하지만 여덟 번째 조건에 따라 주스를 함께 주문하지 않으므로 콜라를 주문했다. 또한 여덟 번째 조건에 따라 주스를 주문한 사람은 모두 크림소스가 들어간 메뉴를 주문한 사람이어야 하므로 S대리와 L과장이 주스를 주문했다. 마지막으로 여섯 번째 조건에 따라 M대리는 사이다를 주문하고, Q팀장은 콜라를 주문했다. 이를 정리하면 다음과 같다.

| 구분 | Q팀장 | L과장 | S대리 | M대리 | H사원 | J사원 |
| --- | --- | --- | --- | --- | --- | --- |
| 토마토 파스타 | ○ | | | ○ | | |
| 토마토 리소토 | | | | | ○ | |
| 크림 파스타 | | | | | | ○ |
| 크림 리소토 | | ○ | ○ | | | |
| 콜라 | ○ | | | | ○ | |
| 사이다 | | | | ○ | | ○ |
| 주스 | | ○ | ○ | | | |

따라서 사원들 중 주스를 주문한 사람은 없다.

## 45 정답 ③

44번의 결과로부터 S대리와 L과장은 모두 주스와 크림 리소토를 주문했다.

## 46 정답 ④

미생물을 끓는 물에 노출하면 영양세포나 진핵포자는 죽일 수 있으나, 세균의 내생포자는 사멸시키지 못한다. 멸균은 포자, 박테리아, 바이러스 등을 완전히 파괴하거나 제거하는 것이므로 물을 끓여서 하는 열처리 방식으로는 멸균이 불가능함을 알 수 있다. 따라서 빈칸에 들어갈 내용으로 소독은 가능하지만, 멸균은 불가능하다는 ④가 가장 적절하다.

## 47 정답 ⑤

먼저 '빅뱅 이전에는 아무것도 없었다.'는 '영겁의 시간 동안 우주는 단지 진공이었을 것이다.'를 의미한다는 (라) 문단이 오는 것이 적절하며, 다음으로 '이런 식으로 사고하려면', 즉 우주가 단지 진공이었다면 왜 우주가 탄생하게 되었는지를 설명할 수 없다는 (다) 문단이 이어져야 한다. 다음으로 우주 탄생 원인을 설명할 수 없는 이유를 이야기하는 (나) 문단과 이와 달리 아예 다른 방식으로 해석하는 (가) 문단이 순서대로 오는 것이 적절하다. 따라서 (라) − (다) − (나) − (가) 순으로 나열해야 한다.

## 48 정답 ⑤

- 2017년 전체 관람객 : $6,688+3,355=10,043$명
- 2017년 전체 관람객 중 외국인 관람객이 차지하는 비중
  : $\dfrac{1,877}{10,043}\times100≒18.69\%$
- 2023년 전체 관람객 : $7,456+6,259=13,715$명
- 2023년 전체 관람객 중 외국인 관람객이 차지하는 비중
  : $\dfrac{3,849}{13,715}\times100≒28.06\%$
→ 2017년과 2023년의 전체 관람객 중 외국인 관람객이 차지하는 비중의 차 : $28.06-18.69=9.37\%p$
따라서 2023년의 전체 관람객 수에서 외국인 관람객이 차지한 비중이 2017년에 비해 10%p 미만으로 증가했다.

**오답분석**

① 2017년 외국인 관광객 수는 1,877명이고, 2023년 외국인 관광객 수는 3,849명이다. 따라서 2017년 대비 2023년 외국인 관광객 수의 증가율은 $\dfrac{3,849-1,877}{1,877}\times100≒105.06\%$이다.

② 제시된 자료에 의하여 무료관람객 수는 지속적으로 증가하는 것을 알 수 있다. 2018 ∼ 2023년 무료관람객 수의 전년 대비 증가 폭을 구하면 다음과 같다.
- 2018년 : $3,619-3,355=264$명
- 2019년 : $4,146-3,619=527$명
- 2020년 : $4,379-4,146=233$명
- 2021년 : $5,539-4,379=1,160$명
- 2022년 : $6,199-5,539=660$명
- 2023년 : $6,259-6,199=60$명
따라서 2021년의 무료관람객 수는 전년 대비 가장 많이 증가했고, 2023년의 무료관람객 수는 전년 대비 가장 적게 증가했다.
③ 2022년을 제외한 나머지 해의 경우 유료관람객 수가 무료관람객 수보다 많음을 확인할 수 있다.
④ 제시된 자료를 통해 알 수 있다.

## 49 정답 ③

매우 노력함과 약간 노력함의 비율 합은 다음과 같다.

| 구분 | 남성 | 여성 | 취업 | 실업 및 비경제활동 |
|---|---|---|---|---|
| 비율 | 13.6 +43.6 =57.2% | 23.9 +50.1 =74.0% | 16.5 +47.0 =63.5% | 22.0 +46.6 =68.6% |

따라서 남성보다 여성이 비율이 높고, 취업자보다 실업 및 비경제활동자의 비율이 높다.

**오답분석**

① 10세 이상 국민들 중 '전혀 노력하지 않음'과 '매우 노력함'은 '약간 노력함'과 '별로 노력하지 않음'에 비해 비율의 숫자의 크기가 현저히 작음을 알 수 있다. 따라서 '약간 노력함'과 '별로 노력하지 않음'만 정확하게 계산해 보면 된다.
- 약간 노력함 : $41.2+39.9+46.7+52.4+50.4+46.0+44.8=321.4\%$
- 별로 노력하지 않음 : $39.4+42.9+36.0+29.4+25.3+21.6+20.9=215.5\%$
따라서 약간 노력하는 사람 비율의 합이 더 높은 것을 알 수 있다.
② 20 ∼ 29세 연령층에서는 별로 노력하지 않는 사람의 비중이 제일 높다.
④ 10세 이상 국민들 중 환경오염 방지를 위해 매우 노력하는 사람의 비율이 가장 높은 연령층은 31.3%인 70세 이상이다.
⑤ 우리나라 국민들 중 환경오염 방지를 위해 전혀 노력하지 않는 사람의 비율이 가장 높은 연령층은 6.4%인 20 ∼ 29세이다.

## 50

다섯 번째 조건에 따라 C항공사는 가장 앞 번호인 1번 부스에 위치하며, 세 번째 조건에 따라 G면세점과 H면세점은 양쪽 끝에 위치한다. 이때 네 번째 조건에서 H면세점 반대편에는 E여행사가 위치한다고 하였으므로 5번 부스에는 H면세점이 위치할 수 없다. 따라서 5번 부스에는 G면세점이 위치한다. 또한 첫 번째 조건에 따라 같은 종류의 업체는 같은 라인에 위치할 수 없으므로 H면세점은 G면세점과 다른 라인인 4번 부스에 위치하고, 네 번째 조건에 따라 4번 부스 반대편인 8번 부스에는 E여행사가, 4번 부스 바로 옆인 3번 부스에는 F여행사가 위치한다. 나머지 조건에 따라 부스의 위치를 정리하면 다음과 같다.

• 경우 1

| C항공사 | A호텔 | F여행사 | H면세점 |
| --- | --- | --- | --- |
| 복도 | | | |
| G면세점 | B호텔 | D항공사 | E여행사 |

• 경우 2

| C항공사 | B호텔 | F여행사 | H면세점 |
| --- | --- | --- | --- |
| 복도 | | | |
| G면세점 | A호텔 | D항공사 | E여행사 |

따라서 항상 참이 되는 것은 ④이다.